新时代
农业经济系列

刘 兵 主编

农产品营销与推广
（图解案例版）

化学工业出版社

内容简介

本书从市场环境、产品定位、营销渠道、物流技术、质量标准、品牌塑造等多维度全面阐述农产品营销。本书侧重实务指导，采用较多的图表和农产品营销案例进行解读；立足农产品的自身特点，制定相应的营销推广策略；帮助读者建立农产品营销意识、品牌意识，并为读者提供多种思路进行营销渠道的选择以及挖掘。此外，本书还结合时代背景，融入移动互联的概念，对如何打造农产品品牌进行讲解。书中结合实践设置了一些思考题，引导读者思考与讨论。本书适合普通高等学校相关专业作为教材，也可供农产品生产经营者阅读参考。

图书在版编目（CIP）数据

农产品营销与推广：图解案例版/刘兵主编.—北京：化学工业出版社，2022.6
（新时代农业经济系列）
ISBN 978-7-122-40893-8

Ⅰ.①农… Ⅱ.①刘… Ⅲ.①农产品-市场营销学-图解 Ⅳ.①F762-64

中国版本图书馆CIP数据核字（2022）第036631号

责任编辑：张林爽　　　　　　　　　　　文字编辑：张春娥
责任校对：宋　夏　　　　　　　　　　　装帧设计：张　辉

出版发行：化学工业出版社（北京市东城区青年湖南街13号　邮政编码100011）
印　　装：三河市延风印装有限公司
710mm×1000mm　1/16　印张15　字数268千字　2022年5月北京第1版第1次印刷

购书咨询：010-64518888　　　　　　　　　售后服务：010-64518899
网　　址：http://www.cip.com.cn

凡购买本书，如有缺损质量问题，本社销售中心负责调换。

定　　价：75.00元　　　　　　　　　　　　　　　　　　　　版权所有　违者必究

前　言

市场营销学大师菲利普·科特勒认为："营销学不仅适用于产品与服务，也适用于组织与人，所有的组织不管是否进行货币交易，事实上都需要搞营销。"因此可以说营销无处不在，我们每个人都有必要学习营销与推广。

农产品的营销与推广同我们的生活密切相关。农产品行业是人类社会中最古老的行业，是国民经济发展的起点和基础。随着经济的发展，农产品行业的总产值必然会稳定增长，农产品行业必将迎来生机勃勃的未来。然而，与其他产品相比，农产品具有较多特殊性，做好农产品的营销与推广也是不容易的。

本书将为读者介绍农产品市场营销与推广活动的主要内容，为了帮助读者理解，书中穿插了较多的农产品营销案例，并且还结合实践设置了一些问题，引导读者进一步思考与讨论。本书适合普通高等学校相关专业的师生作为教材使用，也可供农产品生产经营者阅读参考。

本书由天津农学院刘兵主编，负责各章节主要内容的编写。天津国际生物医药联合研究院杨微和天津农学院的王安琪参加3部分案例的编写。杨微负责第9、10、15章中有关农产品检测、质量认证、畜产品营销与推广等案例内容的编写；王安琪负责第3、4、7、10、11、12章的部分案例搜集和整理。另外，本书许多案例都来自农产品经营者的实际营销活动，有的是通过访谈获得的第一手资料，有的是引用新闻媒体报道，在此向这些农产品营销实践者表示敬意。

由于编者水平有限，书中难免有不妥和疏漏之处，恳请同行专家和广大读者批评指正，同时也欢迎广大读者来信交流，编者的电子邮箱为XuanDeLiu@qq.com。

刘　兵

2022年1月于天津

目录

第1章 初识农产品营销 ········· 1

导入案例：乡村青年的创业梦想 ········· 1
1.1 基本概念 ········· 2
1.2 生机勃勃的农产品行业 ········· 4
1.3 农产品营销和推广 ········· 6
1.4 农产品营销与推广的特殊性 ········· 8
1.5 市场营销观念要与时俱进 ········· 11
1.6 农产品营销与推广的主要内容 ········· 14
思考题 ········· 15

第2章 适应营销环境 ········· 16

导入案例：一位批发商的传奇故事 ········· 16
2.1 初识营销环境 ········· 17
2.2 农产品营销的宏观环境 ········· 17
2.3 农产品营销的微观环境 ········· 22
2.4 营销情报获取 ········· 26
2.5 营销环境常用分析方法 ········· 29
思考题 ········· 35

第3章 洞察农产品需求 ········· 36

导入案例：国外食品营销的成功经验 ········· 36
3.1 理清概念：需要、欲望和需求 ········· 37

3.2	需求的类型	38
3.3	需求法则和需求弹性	39
3.4	农产品需求的主要影响因素	41
3.5	农产品需求的特性	42
3.6	准确估计和预测农产品市场需求	44
思考题		46

第4章　解析消费者行为 ………………………………… 48

导入案例：经营良心食品，消费者却不买账		48
4.1	消费者购买行为模式	49
4.2	农产品消费者行为的影响因素	50
4.3	农产品消费者购买决策过程	55
思考题		57

第5章　目标营销 ………………………………………… 58

导入案例：靠目标营销，创造高价值大米		58
5.1	初识目标营销	59
5.2	第一步：有效细分市场	59
5.3	第二步：合理确定目标市场	62
5.4	第三步：找准市场定位	65
思考题		68

第6章　农产品定价 ……………………………………… 69

导入案例：菜价、肉价"过山车"式变化		69
6.1	农产品价格决定因素	70
6.2	如何发现农产品价格	73
6.3	把握农产品价格周期性波动	76
6.4	农产品定价的策略	79
思考题		80

第 7 章　农产品营销渠道 ········· 81

导入案例：大学生村官的营销难题 ········· 81
7.1　把握营销渠道的本质 ········· 82
7.2　农产品营销渠道的主要角色 ········· 84
7.3　农产品营销渠道的结构 ········· 88
7.4　农产品营销渠道管理 ········· 93
思考题 ········· 97

第 8 章　农产品营销场所 ········· 98

导入案例：对话秦主管——批发市场的事业 ········· 98
8.1　农产品批发市场 ········· 100
8.2　农产品零售市场 ········· 113
8.3　农产品期货市场 ········· 115
思考题 ········· 121

第 9 章　农产品物流关键技术 ········· 122

导入案例：日本青森苹果经验借鉴之一 ········· 122
9.1　初识农产品物流技术 ········· 123
9.2　农产品商品化处理 ········· 124
9.3　农产品贮运 ········· 125
9.4　农产品加工 ········· 130
9.5　农产品配送 ········· 131
9.6　农产品质量检测 ········· 133
9.7　食品安全可追溯体系 ········· 136
思考题 ········· 137

第 10 章　农产品标准与质量认证 ········· 138

导入案例：日本客商考察苹果基地 ········· 138
10.1　标准与标准化 ········· 139

10.2　标准的分类 140
10.3　农产品标准和分级 143
10.4　农产品质量认证 145
思考题 152

第 11 章　农业新产品开发 153

导入案例：小甘薯带来的大商机 153
11.1　农产品整体概念 154
11.2　唯有新产品才可创造未来 156
11.3　农业新产品开发意义 157
11.4　农业新产品开发过程 158
思考题 160

第 12 章　农产品品牌营销 161

导入案例：褚橙品牌的创立 161
12.1　品牌 162
12.2　农产品品牌的特性 164
12.3　农产品品牌的类型 165
12.4　农产品品牌创建的要点 170
思考题 175

第 13 章　农产品市场推广方式 176

导入案例：日本青森苹果经验借鉴之二 176
13.1　广告推广 177
13.2　人员推广 180
13.3　公共关系推广 182
13.4　营业推广 183
13.5　事件营销 184
13.6　口碑营销 186

13.7　网络营销 ······ 187
思考题 ······ 190

第 14 章　农产品国际营销与推广 ······ 191

导入案例：加工蔬菜畅销日本市场 ······ 191
14.1　农产品国际营销与国际贸易 ······ 192
14.2　农产品国际贸易的产品结构 ······ 193
14.3　农产品国际市场的特点 ······ 195
14.4　农产品国际营销与推广的要点 ······ 196
思考题 ······ 200

第 15 章　各类农产品营销与推广 ······ 201

导入案例：未来谁来养活中国？ ······ 201
15.1　粮食产品营销与推广 ······ 202
15.2　棉花营销与推广 ······ 210
15.3　果蔬产品营销与推广 ······ 213
15.4　畜产品营销与推广 ······ 217
15.5　水产品营销与推广 ······ 223
15.6　烟草产品营销与推广 ······ 226
思考题 ······ 229

参考文献 ······ 230

第1章 初识农产品营销

现代管理学之父彼得·德鲁克认为,企业的目的只有一个,就是创造顾客;基本职能只有两个,即市场营销和创新。市场营销和创新产生收益,而其他所有活动只产生成本。

导入案例:乡村青年的创业梦想

李春晓是甘肃某贫困村的一个小伙子,他高考落榜后的一年里天天待在家里看小说、想事情,而村里其他年轻人都进城务工了,为此父亲没少数落他。"燕雀安知鸿鹄之志啊",春晓想,"我要在村里干一番大事,把这里的土特产推广出去,靠卖紫皮洋芋赚大钱,改变家乡的贫困落后面貌"。志向确实远大,然而一年过去了,也没见春晓行动起来。因为他并不清楚市场在哪里,营销是什么,推广怎么做。后来,经人介绍他去给陕西一位果蔬批发商吕老板打工,在那里增长了不少经验,他还利用闲暇时间读了一些营销书籍。几年之后,他离开陕西回家创业,想从一个收洋芋的小商贩做起,一步一步地实现自己的人生目标。

其实,做好农产品营销与推广绝非易事,不仅要有坚定的意志和新颖的想法,要积累丰富的实践经验,而且要具备扎实的营销理论基础。以下内容将带你初步认识农产品市场营销与推广。

案例来源: 作者根据现实生活编写。

1.1 基本概念

1.1.1 市场

市场是一个内涵丰富的词汇，可以从不同角度去界定它：① 市场是商品、资源交易的实体场所。日常生活中，人们习惯将市场看作是买卖物品的场所、地点，比如菜市场、批发市场等。本书第8章介绍的"市场"采用的是这一概念。② 市场是商品交换关系的总和，是供给与需求关系的统一体。这是从经济学角度提出的市场概念，比如说某国粮食"市场"长期由供给者主导（即卖方市场），市场价格较高。本书第6章分析的"市场"主要采用的是这一概念。③ 市场是在一定时空条件下具有现实和潜在需求的顾客集合。这是从营销学角度提出的市场概念，比如当人们说："中国的咖啡市场巨大"时，并不是指咖啡交易场所大，而是指中国消费者对咖啡的需求量巨大，即现实和潜在的购买者众多。所谓企业要面向市场，就是指要面向顾客的需求。

1.1.2 市场营销

很多人认为市场营销就是销售，营销者所扮演的角色就是推销人员，成功的市场营销意味着把企业的产品快速推销出去，从而获取较高利润。然而这种理解是片面的，它并未抓住市场营销的根本问题。现代营销学之父菲利普·科特勒认为，市场营销并不是以精明的方式兜售自己的产品或服务，而是一门真正创造顾客价值的艺术。

市场营销的本质在于市场需求的识别与满足，意味着将不同的商品销售给不同的客户，而营销的目的是企业在这一过程中实现利润最大化。菲利普·科特勒（2016）给出最简洁的市场营销定义是"有利可图地满足需求"。在市场经济条件下，优秀的企业都善于快速、准确地识别私人或社会的需求，并通过产品创造和价值交换不断满足市场需求，从而推动着企业自身利润的增长。例如，当腾讯公司发现国民需要更简洁、易上手、更私密、方便支付的通信工具时，就开发了微信这一款新产品。自2011年微信软件创立以来，随着其功能的不断优化，用户数量持续快速增长，这也为腾讯公司带来了越来越多的流量收入。据《微信年度数据报告》显示，2018年，平均每天登录微信的用户数量高达10.1亿个，其中55岁以上的活跃用户有6300万个，这些中老年用户能够利用微信的视频通话、群聊、阅读、朋友圈、移动支付等功能。再如，当比亚迪公司发现，环境与可持续发展问题受到普遍的关注，社会需要发展清洁能源汽车时，就率先拓展新能源汽车领域，成为我国新能源汽车行业的领先者，并逐步开拓欧洲、拉美、中东、日本、非洲、澳大利亚等海外市场。由于不断满足社会对新能源的需求，比亚迪获得了国家的大力支持。据公司财务数据显示，从2011年到2018年，比亚迪获得的政府补助逐年增加，从3.0亿元涨至20.7亿元，这8年比亚迪计入损益的政府补助总额达到69.7亿元。

案例：蒙牛成功的关键

1999年成立的蒙牛乳业（集团）公司，是高速成长和后来居上的企业典范，创造了5年（1999—2004年）销售额增长200倍、投资收益率达5000%的"中国奇迹"。2005年总收入突破100亿元，2006年销售额达162亿元。

蒙牛抓住市场机会是其成功的关键。蒙牛抓住了当时中国13亿人（特别是青少年）需要乳品强壮身体这一基本需求。乳制品消费全世界人均约100千克/年，发达国家人均300千克/年，而中国仅为人均10千克/年。蒙牛卓越地捕捉了这一巨大而长远的市场机会。"每天一斤奶，强壮中国人"成为其强大的市场驱动力。

资料来源：科特勒等著. 营销管理. 卢泰宏等译. 第13版. 中国人民大学出版社，2009：60。

1.1.3 市场推广

市场推广是市场营销活动的一部分。其中"推广"一词并非难懂的专业术语，其含义可从字面上理解，"推"有用力推动之意，"广"有扩大范围之意，"推广"可定义为，扩大某事物的施行或作用范围。本书把市场推广定义为，利用一定的媒介和营销手段，将产品信息面向目标市场传播出去，让更多的经销商和消费者认同产品的价值，从而扩大市场份额的过程。例如，近些年很多国产影片在上映之前，都会通过新闻媒体、海报、影评网站、自媒体、见面会等形式进行宣传，增加影片知名度，并有效融入广告、公关、事件、口碑、渠道等营销手段，唤起目标人群的观影欲望，从而提高影片的票房收入。

1.1.4 市场营销与推广一般过程

如图1-1所示为简化的市场营销系统，在这个系统中存在着大量的消费者（个人买家或组织买家），他们各自都有某些需求，并拥有可供交换的购买能力；同时，存在着由企业及其竞争者构成的行业（即卖家），他们能够提供满足消费者需求的产品。买家和卖家之间有四种流程关系，内环表示产品与货币的交换，外环表示信息的交换。具体来讲，企业首先要通过对消费者的观察，准确识别市场需求，然后根据需求信息创造相应的产品，再通过市场推广，让更多的消费者认同产品价值，进而实现产品价值增值。消费者用货币交换产品价值，使自己的需求得到满足。并且还要考虑到，每个企业都存在于一定的环境中，其营销与推广活动要受到包括市场竞争者在内的外部环境的限制，这就要求企业要观察和适应营销环境的变化，并采取相应的营销策略，为自己创造持续盈利的发展空间。

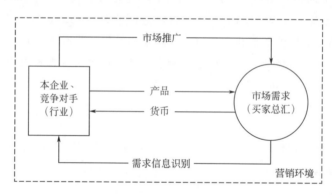

图1-1 简化的市场营销系统

1.2 生机勃勃的农产品行业

农产品是指来源于农林牧渔业部门的初级产品，即在农业活动中获得的植物、动物、微生物及其产品。农产品行业是人类社会中最古老的行业之一。到了近代，由于其他行业的快速成长，农产品行业在GDP中所占份额持续下降，直接吸纳就业的人数也持续减少。据中国统计年鉴显示，2017年，全国农林牧渔业产值达到68009亿元，占GDP总量的8.2%，这一比重比2007年下降了

2.4%；第一产业就业的人数为2.1亿，占全社会总就业人数比重的27.0%，这一比重比2007年降低了13.8%。然而，农产品行业的成就不能仅依据它对GDP的直接贡献量和直接吸纳的就业人数来判断。

农产品行业的贡献主要体现在以下几方面：第一，食物贡献。在人类历史的各个阶段，获得充足的食物一直是根本问题，而农产品行业的发展能够为人类社会提供越来越多的食物保障，有利于社会稳定。诺贝尔和平奖获得者诺曼·布劳格（Norman E. Borlaug）说过："你无法在人们饥肠辘辘中建立一个和平的世界。"可见，民以食为天，农产品是人类生存和发展的第一需求和物质基础。第二，原料贡献。农产品行业为食品加工业、日用化工业、服装制造业、餐饮服务业等相关行业的发展提供原料保障，这些行业的发展带来了GDP和就业人数的增长。第三，市场贡献。农产品行业与其支撑行业之间的关系密不可分，例如农产品生产者作为农机具、化肥农药、饲料、农业设施、农技服务、农产品储运、农产品信息服务、交易服务等众多行业产品的需求者，农产品行业的发展必然带动这些支撑行业市场规模的扩大，进而拉动整个国民经济的增长。第四，外汇贡献。许多国家经济发展的实践表明，通过出口具有相对优势的农产品来赚取外汇，进而支援本国的工业发展。

总之，农产品行业是整个产业体系发展的起点和基础，如图1-2所示是它与其他行业之间存在的内在关系，农产品行业的发展将会对食品加工、日用化工、服装制造、餐饮服务、农机具、化肥农药、农用设施、农技服务、农产品储运、信息服务、批发交易、国际贸易等相关行业的发展产生促进作用。随着经济的

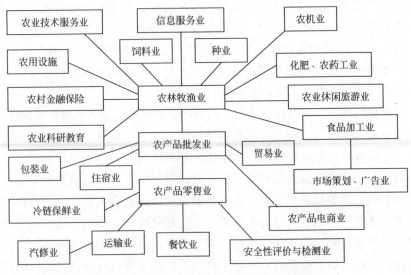

图1-2　农产品行业与其他行业之间存在联系

发展，农产品行业的总产值必然会稳定增长，农产品行业未来的事业机会和商业机会始终存在，只待卓越的企业家深入研究和准确把握。

1.3 农产品营销和推广

农产品的营销与推广与我们的生活密切关联，它表现在生活的方方面面。它可以是生产者根据往年的玉米行情，制订今年的生产计划；也可以是年轻人在互联网上做直播，推广自家经销的生蚝产品；也可以是粉丝加工商与原料供应商签订合同，保障供货的稳定性；还可以是市郊的瓜菜合作社通过建立会员制模式，向市民配送优质蔬菜；也可以是地方政府为了扶持当地肉羊产业发展，在交易场所、疫病防治、交通运输等方面给予政策支持；或可以是载着山东大蒜的货轮驶入韩国釜山港口，接受海关检验；还可以是新生儿妈妈在超市认真比较不同品牌的奶粉。这些仅仅是农产品营销与推广内容的一部分而已。

1.3.1 农产品市场营销的涵义

根据前面科特勒对市场营销的定义，农产品市场营销亦可简洁地定义为"有利可图地满足农产品市场需求"。这一定义概括了市场营销的共性内涵，但农产品市场营销还具有其本身独有的属性和特征。美国农产品营销学先驱理查德·库尔斯（2006）指出：农产品市场营销"有两个重要的特性显而易见：第一，农产品市场营销过程是动态的，是按一定顺序发生的一系列行为和事件；第二，如果产品和服务要以某种既定的形式从生产者转移到消费者手中，那么这一系列行为和事件之间的协调变得十分重要"。

这里把农产品市场营销定义为：在农产品从生产到最终消费的流通过程中，为了满足顾客需求并实现农产品价值增值，各类营销主体实施的一系列商业活动。可以从以下几方面来把握农产品市场营销的内涵：

第一，农产品市场营销活动贯穿于农产品从生产到最终消费的全过程。农产品营销是一个整体营销过程，各主体、各环节需要分工协作，只有作为一个有机整体才能更有效地为目标市场服务。在现代农产品营销活动中，农产品生产经营者会从流通全过程统筹考虑问题，以最终消费者需求为导向，生产出更具市场竞争优势的农产品。农产品生产和其他环节不可分割，市场营销过程开始于生产环节，这就要求经营者在农产品生产之前及时获取信息来研究市场，做出正确的产品决策,合理制订生产计划。因此,要把农产品营销和农产品生产严格区分开来,是不容易做到的。

第二,农产品营销的本质是满足顾客需求。由于农产品营销具有社会属性,在整个营销过程中,每个营销主体要以社会、客户及最终消费者的需求为根本出发点,并通过产品创造和价值交换不断满足顾客需求,从而实现自身持续盈利。随着农产品相对过剩时代的到来,客观迫切要求农产品生产经营者抛弃以生产为导向或以推销为导向的营销观念,确立以市场需求为中心的现代营销观念。要求农产品营销主体不仅要研究顾客对农产品的现实需求,还要研究其潜在需求,并进一步研究如何引导和创造需求。在实现顾客价值的同时,农产品生产经营者也从市场交易过程中获得了利润回报。

第三,农产品营销是农产品价值增值的过程。要使一种农产品从生产阶段转移到消费阶段,并满足消费者需求,这一过程中要执行许多业务活动,主要包括农产品的生产、加工、储存、运输、交易、推广和售后服务等。通过这些业务活动,创造多种产品效用,并实现农产品价值增值。例如,农民生产小麦,而消费者需要的是面包,因此相关营销者在小麦流通过程中创造了多种产品效用,在加工环节,面粉厂和面包厨师改变了小麦的形态,为消费者创造了形态效用;在储存环节,服务商改变了小麦和面包的保质时间和使用时间,创造了时间效用;在运输环节,批发商和物流公司把小麦和面包从产地转移到消费地,创造了空间效用;在交易和推广环节,零售商帮助消费者挑选和购买中意的面包,创造了获取效用。在上述小麦效用不断创造的同时,也创造了消费者愿意为之付费的价值。

第四,农产品营销主体的类型多样。农产品市场营销的主体不仅是农产品经销企业,还包括许多参与农产品效用创造的相关主体,如农产品生产商(包括农户、农业企业、合作社等)、收购商、信息服务商、批发商、运输商、仓储商、食品加工商、配送商、零售商、餐饮服务商等。这些营销主体之间形成错综复杂的关系,因此农产品营销过程中的关系协调显得非常重要。

1.3.2 农产品市场推广定义

农产品市场推广可以定义为,利用一定的媒介和营销手段,将某企业或地区的农产品及品牌信息面向目标市场传播出去,让更多的经销商和消费者认同这些农产品及品牌的价值,从而扩大市场份额的过程。例如,2019年春节前夕,合肥市的75家农产品企业通过政府举办的新春展会向本市消费者和经销商推广特色农产品,参展产品包括虾稻米、蔬菜、水果、茶叶、蛋禽、牛羊肉、石斛、蝴蝶兰、加工食品等350余种。农产品市场推广除了展会推广，还有其他多种方式，具体在第13章介绍。

1.4 农产品营销与推广的特殊性

农产品与其他产品在自然属性、流通过程、市场表现、社会影响等方面存在较大差异，这就决定了农产品营销与推广具有明显的特殊性（参见图1-3）。认识到这些特殊性，才能做好农产品的营销与推广。

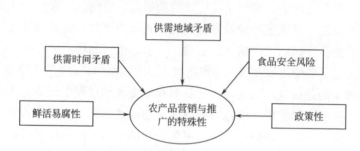

图1-3　农产品营销与推广的特殊性

1.4.1 农产品具有鲜活易腐性

农产品大多是生物性、自然性产品，如鲜菜、瓜果、鲜肉、牛奶、活鱼、花卉等，对环境较为敏感，在运销过程中容易失去生物活性，出现腐败变质，导致农产品价值降低甚至失去价值。这也造成了农产品营销与推广具有较强的时限性。农产品经营者在农产品运销过程中必须注重贮藏保鲜技术的应用，减少农产品价值损失。

1.4.2 供给季节性与需求连续性的矛盾

从时间来看，农产品生产周期较长，供给具有较强的季节性。表1-1列举了我国几类农产品的一些主产地和集中上市时间（可结合现实生活思考，农产品供给季节性对消费者的影响）。随着季节的变化，消费者会不断改变农产品的消费结构。对于许多必需农产品，消费者的需求是连续不断、缺乏弹性的，需求量一般不会随着季节等因素的变化而增加或减少。因此，农产品的供给季节性和需求连续性构成了一个营销矛盾。这一矛盾要求农产品营销者做好农产品储备工作，密切关注农产品价格变动，防范农产品市场风险。

表1-1　几类农产品产地和集中上市时间

省区	具体产地	具体产品	集中上市时间
东三省	五常、松原、盘锦	稻米	10月至11月份
江苏	无锡、泰州	稻米	9月至11月份
河北	张家口坝上地区	萝卜、白菜、甘蓝	8月至9月份
四川	彭州市	萝卜、白菜、甘蓝	12月至次年2月份
海南	文昌、万宁、三亚市	黄瓜、辣椒、豇豆	2月至5月份
福建	漳州市平和县	蜜柚	9月至11月份
江西	赣南地区	脐橙	11月至次年1月份
陕西	延安市富县	苹果	10月至12月份
山东	烟台市栖霞县	苹果	10月至12月份
云南	大理市宾川县	葡萄	5月至6月份
新疆	吐鲁番市	葡萄	7月至9月份
辽宁	锦州北镇市	葡萄	9月至10月份
贵州	威宁县	马铃薯	2月至3月份
山东	滕州市	马铃薯	5月至7月份
四川	凉山州	马铃薯	6月至8月份
甘肃	定西市安定区	马铃薯	8月至10月份
内蒙古	呼和浩特市武川县	马铃薯	9月至11月份

注：以上内容根据实地调查和网上公开资料整理，付艳丽校对。

1.4.3　供给地域性和需求普遍性的矛盾

从地区分布来看，农产品供给具有较强的地域性，随着各地优势主产区的形成，我国农产品供给在优势产地大量集中，各地农产品种类和数量分布极不均衡。而农产品需求具有普遍性，各个地区的居民对农产品都有相对共性的需求，可以说是"人人有需求，处处有消费"。因此，农产品的供给地域性和需求普遍性构成了一个营销矛盾。这一矛盾造成了大量农产品在全国范围内（甚至世界范围内）跨区域流通，例如我国逐渐形成了"南菜北运""西果东送""北粮南调"的农产品流通格局。

1.4.4 农产品营销中的食品安全风险

由于大部分农产品都是供人食用的，在农产品营销与推广过程中，必须注意食品安全问题可能引发的各种风险。按照主观故意程度，食品安全风险可分为主观风险（主观故意带来的食品安全风险）和客观风险（难以控制的客观因素或人为过失造成的食品安全风险）。例如，养殖户在生猪喂养过程中故意非法添加瘦肉精带来的食品安全风险，就属于主观风险。又如，海南农户给豇豆喷农药时不慎过量，豇豆运往内地市场后被检测出农药残留量超标，导致海南全岛豇豆销售受阻，这是由人为过失造成的食品安全风险，属于客观风险。进入移动互联网时代，公众关注的食品安全信息传播速度加快，但是由于网络信息源的混乱性，可能会给农产品营销带来更多的客观风险。

1.4.5 农产品营销的政策性

农业是国民经济的基础，农产品是关乎国计民生的重要产品，农产品营销关系到整个国民经济的运行状况、农民收入水平以及居民生活质量等重要方面，因此国家有必要对农产品市场和营销活动进行干预。在我国，农业仍然属于传统弱势产业，其发展过程中面临着巨大的自然风险和市场风险，农产品生产经营以分散的小农户为主，小农户与大市场之间的矛盾逐渐突出，国家对农业的支持和保护显得尤为重要，相应的政策对农产品营销的影响更加明显。

问题讨论：农产品营销领域的就业意向

农产品营销行业属于传统行业，但这一行业也在不断地发展变化，如今的需求状况、交通条件、分级包装、保鲜冷链、食品加工、信息技术、产销组织、营销手段、交易方式等方面与过去（几十年前）相比，都发生了巨大的变化。未来的农产品营销（如十年、二十年之后）也将异于现在，一些新的行业和工作岗位会涌现出来。

综上，你是否认为农产品行业还有很多发展机会，你是否打算或已经进入这一领域从事农产品市场营销相关的工作？谈谈你所了解的相关工作岗位有哪些，以及选择（或不选择）农产品行业就业的原因。

1.5 市场营销观念要与时俱进

农产品营销与推广活动都是在特定的思想或理念指导下进行的,这种思想或理念就是所谓的市场营销观念。市场营销观念决定了企业如何看待顾客和社会利益,如何处理企业、社会和顾客三方的利益协调。事实上,每一个从事营销的企业和个人都有自身的一套营销观念,只是由于其中的一些不善于总结和提炼,无法准确表达自己的营销观念,或者是并不清楚这一营销观念是否正确。

对于农产品营销者来说,应该判断自己的营销观念属于哪一种,并根据营销环境的变化,适时加以改进,不要让过时的营销观念阻挡企业前进的步伐。

1.5.1 生产导向观念

生产导向观念是指导农产品营销活动的最古老的经营理念。这一观念的核心内容是,企业一切的业务活动都以生产为中心,以产定销,通过提高效率、增加产量来获得规模效益。其典型的口号是:"我们生产什么,就卖什么"。在社会生产力不发达、物资短缺或产品生产成本高的情况下,广大消费者买不到或买不起产品成为主要问题时,生产观念便产生了。在20世纪90年代以前,我国各地农产品生产经营者都普遍奉行生产观念,农民认识到只有提高产量,才能赚到钱。现在还有不少生产者仍然受这一观念影响,认为产量就是效益,一味追求产量的增长,最终的结果是导致农产品相对过剩。

1.5.2 产品导向观念

产品导向观念是一种与生产观念相似的经营理念,都是重生产、轻市场。如果说生产观念强调的是"以量取胜",那么产品观念就是带有"以质取胜"的特点。产品观念的核心内容是,消费者都会选择购买质量好、性能高或具有特色的产品,企业应致力于生产优质产品,并不断加以改进。然而,如果企业对于自身的产品过于自信,容易患上"营销近视症",看不到营销环境及市场需求在不断变化,容易使企业经营陷入困境。自古以来,许多经营者都奉行"酒好不怕巷子深"的经商之道,然而在如今产品普遍供大于求的买方市场上,如果不注重市场需求和营销策略,无论农产品的品质有多好,都可能销售不理想。

1.5.3 推销导向观念

推销导向观念（或销售导向观念）是前两种观念的发展和延伸，这是一种强化推销，并把推销作为企业经营活动核心的经营理念。这一观念的核心内容是，顾客往往具有一种购买惰性或抗衡心理，如果顺其自然，顾客通常不会积极主动地购买产品。因此，企业必须采取积极的市场推广活动，促使顾客实施购买行为。其典型的口号是："我们卖什么，就让顾客买什么"。推销观念兴起于"卖方市场"向"买方市场"转变的过渡阶段，在这个阶段，市场上的产品由短缺转变为过剩状态，竞争对手大量涌现，此时企业要想生存和发展，仅凭质量好的产品还不够，还必须大力开展推广和销售工作。在市场经济条件下，推销观念被大量用于推销那些"非渴求产品"，即消费者一般不会主动想到要去购买的商品。

但是随着市场经济的发展，市场竞争日益激烈，消费者需求多样化和个性化日趋明显，推销导向观念也越来越不适应未来营销环境的变化。在这一观念指导下的企业一般是以产品为中心进行推销，只是单纯介绍产品本身的特点，往往忽视消费者的需求。如果产品不符合客户需要，即使产品本身没有质量问题，推广方面也做得周全（如广告大量投放、折扣力度加大等），但还是得不到客户的青睐，还可能让顾客产生腻烦心理，进而导致客户大量流失。

1.5.4 营销导向观念

营销导向观念是作为应对上述三个观念面临的挑战而产生的一种新理念。20世纪50年代以来，随着社会生产力不断发展，产品供给能力快速提升，市场竞争日趋激烈，消费者对产品有了更大的选择权，市场需求趋向于多样化和层次化。为适应新形势的变化，许多企业都改变了以企业为中心的思维方式，转向以目标顾客为中心，通过整合营销手段，不断满足目标顾客的需求和欲望。其典型的口号是："顾客需要什么，我们就生产什么"。例如，荷兰近几十年来一直根据国际市场需求开展农产品营销，顾客需要什么就提供什么，顾客什么时间需要就什么时间提供。为此，荷兰政府和公司投入巨资研发新品种，如常见的花卉就有十几万个品种，以保证花卉的开花时间、颜色、大小、高低等方面都能满足不同顾客的需求。如今，营销导向观念作为现代市场营销观念被各行业普遍接受。现代市场营销观念还注重营销组合，即企业在从事市场营销活动时，必须综合运用各种可以控制的营销工具和策略（如产品、价格、渠道、促销等策略），对它们实行最优化组合，以获取最佳的市场营销效果。

自20世纪80年代以来，随着企业营销过程中服务性要素的引入，"全面质量管理""顾客满意""顾客忠诚"等顾客关系理念迅速传播，企业更加注重顾客导向，维护、发展与顾客的长期关系成为营销的重要任务。

1.5.5 社会营销观念

在营销实践中，由于受到营销导向观念的影响，很多企业过度强调满足顾客需求，以至于在满足目标市场需求的过程中，不惜以社会、公众利益为代价，产生资源浪费、环境污染、健康受损或风气恶化等不良后果。例如，化肥、农药等产品满足了广大农业生产者对提高农产品产量的需求，但同时这些产品的残留也长期污染了土壤和水源等人类赖以生存的资源环境。

进入20世纪70年代，社会营销观念开始形成和发展，这是对营销导向观念的重要补充和完善。这一观念的核心内容是：企业在提供产品及开展营销活动时，不仅要满足市场需求，而且要符合消费者和社会的长远利益。即企业要承担起社会责任，兼顾消费者、社会和企业三者的利益，实现长远发展和稳定盈利。如今，很多知名农产品企业都注重社会营销，尽力树立一个良好的社会形象。

1.5.6 五类营销观念的比较

将以上的五种营销观念进行比较，如表1-2所示。这五种观念可以划分为两大类，前三种观念（包括生产导向观念、产品导向观念、推销导向观念）属于传统营销观念，后两种观念（营销导向观念和社会营销观念）属于现代营销观念。为了有效开展农产品市场营销活动，农产品生产经营者应该与时俱进，把现代营销观念作为指导思想。

表 1-2 五种营销观念比较

营销观念	中心和出发点	适用条件	基本手段	目的
生产导向	企业/产品	卖方市场	增加产量	企业获利
产品导向	企业/产品	卖方市场	提高品质	企业获利
推销导向	企业/产品	非渴求产品	加强推销	企业获利
营销导向	顾客/需求	买方市场	整合营销	通过满足市场需求持续获利
社会营销	社会利益/需求	买方市场	整合营销	兼顾消费者、社会和企业三方利益，长久获利

1.6　农产品营销与推广的主要内容

完整的农产品营销与推广活动应该包括以下几方面内容：

（1）营销环境分析　任何企业都置身于一定的环境中，时刻受到营销环境的影响。营销活动实质上是经营者不断适应环境变化的动态过程。农产品经营者要不断观察营销环境的变化，及时预见环境威胁，捕捉和把握市场机会。

（2）市场需求识别　营销的本质在于识别和满足市场需求，识别需求在先，满足需求在后。农产品经营者要了解农产品需求的特性和主要影响因素，在目标市场确定后，准确估计和预测目标市场的需求。

（3）消费者行为分析　农产品消费者市场是最终归宿，它决定着农产品价值实现。因此，农产品营销者无论是否直接为消费者服务，都需要研究农产品消费者的购买行为，分析农产品消费者行为的影响因素和决策过程。

（4）农产品目标营销　在营销环境分析的基础上，农产品经营者要做好市场细分，然后合理选择目标市场，最后进行市场定位。

（5）农产品市场价格分析　价格是反映市场需求与供给变动的重要指标，价格还关系到经营成本、竞争力、调节供给、价格政策等重要事项。农产品经营者要掌握农产品价格变动规律，在价格分析的基础上结合实际情况采取适当的定价策略。

（6）农产品营销渠道选择与管理　如果一个企业只了解市场需求，却没有营销渠道，那么市场需求对于这个企业而言，仅仅是"美丽的海市蜃楼"。农产品经营者要明确选择或构建营销渠道的依据，采取相应的渠道策略，努力获得渠道权力，维护和调整渠道关系。

（7）农产品营销场所选择　在农产品流通过程中，营销场所与营销渠道同样重要。选取营销渠道解决的是和谁做生意的问题，而确定营销场所解决的是"何时""在哪里"做生意的问题。农产品经营者应认识并充分利用好各类营销场所的功能。

（8）农产品物流技术应用　由于农产品的特性，物流技术在农产品流通过程中发挥着重要作用。农产品经营者要适当应用关键的物流技术，提高物流效率，保障农产品经营效益。

（9）农产品标准与质量认证　在现代社会的农产品营销活动中，农产品标准、分级和质量认证的重要性渐渐凸显。农产品经营者应根据目标客户的需求，加强农产品标准化管理，通过相应的质量认证。

（10）农业新产品开发　随着科学技术的不断发展和市场竞争的不断加剧，农产品经营者要想生存和发展，必须通过开发新产品，迎合多样化的市场需求，甚至创造需求，来开拓市场。

（11）农产品品牌营销　未来的营销是品牌之间的竞争。农产品经营者应充分理解农产品品牌的内涵、特性和类型，把握农产品品牌创建的要点。

（12）农产品市场推广　除了上述营销活动之外，还有一项重大任务就是进行市场推广，让广大客户知道该产品及品牌的存在、特性和优点，增强他们的购买意愿。农产品经营者应根据实际情况选用适当的市场推广方式。

（13）农产品国际营销与推广　随着农产品市场逐渐开放，国际市场对国内农产品营销的影响越来越大。大量国外农产品纷纷进入国内市场，导致本国农产品足不出户就必须参与国际市场的竞争；本国很多农产品企业也纷纷走出国门，主动参与到农产品国际市场竞争中。农产品经营者应了解国际市场的特点，采取相应的营销策略。

（14）分类农产品营销与推广　不同种类农产品之间的营销存在一些差异，农产品经营者要在实践中注意区分各类农产品的市场供求和流通特点，并准确把握营销与推广的要点。

思考题

1. 通过现实生活中一些成功的营销案例，思考市场营销与推广的本质。
2. 谈谈农产品行业在国民经济中的地位，以及农产品营销与推广的重要性。
3. 设想你经营一家农产品企业，如何开展农产品营销与推广的一般过程。
4. 做农产品销售必须注意的农产品营销与推广的特殊性有哪些？
5. 设想你经营一家农产品企业，谈谈应以什么样的营销观念作为指导思想。

第 2 章 适应营销环境

"物竞天择,适者生存",这一生存法则同样适用于经济社会。只有适应营销环境的企业才能生存和发展,反之则可能被淘汰。

 导入案例:一位批发商的传奇故事

1974年云南地区发生大地震,年仅十岁的鸿飞(化名)成了孤儿,到处流浪。生活教会了他如何适应现实的残酷环境。十一二岁时,无依无靠、身体瘦弱的他靠捡垃圾、做苦力为生,那时他认识到靠勤劳的双手能够活下来。1978年,一次偶然的机会,让十四岁的鸿飞踏上了一列从昆明开往成都的火车。沿途之上连绵不断的山林引起他的注意,他认为其中必有可充饥的食物,于是还没到成都站他就下了火车,奔向一片密林深处。回忆起父亲曾教他的野外生存技巧,他靠挖野菜、摘浆果、捕小虫,在山林中艰难地活了下来,期间也得到了当地老乡们的帮助。1980年开始,鸿飞辛苦地往返于山林和附近乡镇之间,逐渐地把自己挖的野菜卖给乡镇居民换粮食,随着销量越来越多,他的生活也变得越来越好了。十八九岁时,他发现附近许多村民开始扩大蔬菜种植面积,于是尝试向分散的菜农收菜,再集中起来销往更大的县城市场。他成为了当地较早从事蔬菜运销的个体户。20世纪90年代后,他的蔬菜业务越做越大,迅速发展成为华西、华中地区较大的果蔬批发商。进入21世纪之后,他成立了农产品经销公司,在全国果蔬重要产区和销区布局自己的收购及分销网点,并在主要批发点投资兴建配套的果蔬保鲜库,适应了果蔬远距离运销的要求。然而在近几年,鸿飞公司的果蔬批发生意越来越难做了,业务量及利润出现萎缩。他感觉到自己老了,对复杂多变的商业环境越来越不敏感,对不断出现的新事物也难以理解和接受，他急需年轻的人才和新的思想。

从上述鸿飞的创业经历来看，他的企业就是在不断识别和适应外部环境过程中逐步发展壮大的，但是近些年来农产品营销环境更加复杂多变，许多传统涉农企业发展面临困境。本章将带你认识农产品营销环境，并了解营销环境的分析方法。

案例来源： 作者根据现实生活编写。

2.1　初识营销环境

任何组织和个人都置身于一定的环境中，无时无刻不受到外部环境的影响。企业的营销活动实质上是其不断适应外部环境变化的动态过程。谁能很好地适应环境，谁就能够生存并求得发展；谁不能适应环境，谁就要被淘汰，这就是"物竞天择，适者生存"的法则。

营销环境，是指影响企业营销活动的外部因素的总和，这些因素是造成环境威胁或市场机会的主要力量。营销环境是企业赖以生存和发展的基础，也是企业制定营销策略的主要依据。对营销环境的研究是企业营销活动中最基本的课题。企业要不断观察营销环境的变化，及时预见环境威胁，捕捉和把握市场机会，通过采取有效的营销策略去适应或影响营销环境，给自身创造更好的发展空间。

根据企业对营销环境的可控度，营销环境可分为宏观环境和微观环境两个部分。以下将分别介绍农产品营销的宏观环境和微观环境。

2.2　农产品营销的宏观环境

农产品营销的宏观环境（即总体环境），包括政治、法律、经济、自然、社会、文化、人口、技术等环境因素，这些因素对企业营销活动的影响具有不可控性（图2-1）。一般而言，企业无法摆脱和控制宏观环境，只能通过制定和调整营销策略去适应宏观环境的变化。通过识别宏观环境变化趋势，营销者可以发现市场机会。

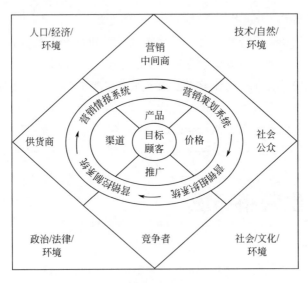

图2-1 营销环境的构成要素

2.2.1 政治法律环境

政治法律环境,是指在一个国家或地区影响企业营销活动的政治局势、政治制度、路线、方针、政策、法规等因素的总和。由于农产品营销的特殊性,国家往往会运用经济政策、法律、计划、行政等手段进行宏观调控,以影响农产品市场的运行。政治法律环境为农产品经营者明确了行动的方向和准则,也为农产品营销活动提供了制度保障。

案例:百事可乐如何进入印度市场

20世纪70年代后期,可口可乐和百事可乐相继去印度开拓市场。最初印度政府拒绝两大公司的进入,想要保护本国饮料市场。之后,印度政府提出,若要进入,就必须接受一些附加条件,如帮助印度出口一定数量的农产品。可口可乐公司拒绝接受。而百事公司明白要想占领印度市场就必须消除当地政治力量的对抗情绪。他们答应了印度政府的三个条件:第一,保证生产产品就地取材,如所需的水果和蔬菜等,以扶持当地的农副产品生产。第二,工厂开业后,将全部雇佣当地的工人或农民,为印度人民提供就业机会。第三,产品的50%用来出口,为印度创造了大量的外汇收入。之后百事公司顺利进入印度市场。

资料参考：甘湘宁. 医药市场营销实务[M]. 中国医药科技出版社，2017: 65.

2.2.2 经济环境

经济环境，是指在一个国家或地区影响企业营销活动的宏观经济因素总和。经济环境因素是复杂的、多层次的，包括国际经济形势、国家或地区经济发展水平、产业结构、产业集群发展状况、行业发展状况、市场结构、城乡结构、收入分配情况、居民收入水平、居民消费结构、居民储蓄状况等。农产品营销人员应根据农产品行业特点，选取合适的经济指标，对相关经济因素及其变动趋势进行重点分析。

案例：韩国有机农产品行业出现萎缩

2017年，韩国国立农产品品质管理委员会发布数据，韩国有机农产品产量由2010年的116.18万吨降至2016年的57.12万吨，萎缩过半。其中，跌幅最大的是有机蔬菜，产量由57.79万吨骤减至14.59万吨，减少了75%。数据又显示，韩国粮食产量由2010年的19.18万吨增至2016年的23.34万吨，增长21.7%。有学者认为，由于有机农产品价格远高于普通农产品，在韩国经济持续低迷的情况下，消费意愿降低导致有机农产品大量滞销。你是否同意该学者的观点？请尝试运用韩国国家统计局的数据，对韩国有机农产品和粮食行业的经济环境进行分析，并提出见解。

资料来源：中华合作时报，2017年6月9日。

2.2.3 自然环境

自然环境，是指在一个国家或地区影响企业营销活动的自然资源和生态环境因素的总和，如耕地资源、植被资源、气候条件、淡水资源、海水资源、生态状况、环境污染、自然灾害状况等。对于农产品营销者而言，需要密切关注自然环境的变化趋势，据此分析农产品营销可能出现的威胁和机会，并制定相应的对策。譬如，自然资源短缺，相关农产品价格呈现上涨趋势，使一些食品加工企业面临原料采购成本增加的威胁，但同时也可能为新资源和农产品替代品的开发提供机会。又如，随着工业化进一步发展，环境污染问题日趋严重，社会公众对环境、安全问题越来越重视，这对于部分农产品生产经营者构成了威胁，但同时也可能为某些行业（如生态农产品）的发展提供了机会。

> **相关阅读：我国农业污染不可忽视**
>
> 　　土壤学专家多年的跟踪研究发现，全国有部分耕地遭受污染，污染最严重的耕地主要集中在土壤生产性状较好、人口密集的城市周边地带和蔬果种植基地。对耕地的污染，不仅有工业生产的污染，也有农业生产自身的污染。首先，一些工业项目向部分农村转移，导致局部地区污染严重。第二，畜禽排放粪便加剧了农村环境的污染。据调查，养一头猪产生的污水相当于7个人生活产生的废水。第三，农用化学品的污染。如农药的使用造成了耕地土壤的污染；地膜的使用造成的白色污染也相当严重。第四，农村很少有垃圾中转站和垃圾存放点，也没有垃圾处理场所，生活垃圾随意堆扔。
>
> **资料改编自：**通辽日报，2018年9月3日。

2.2.4　社会文化环境

　　社会文化环境，是指在一个国家或地区影响企业营销活动的社会结构、民族特征、价值观念、伦理道德、宗教信仰、风俗习惯、生活方式、教育水平、语言文学等因素的总和。社会文化环境中有些因素并不是显而易见和易于理解的，它们往往潜移默化地影响着消费者的购买意愿和行为。农产品营销者在向其他地区市场推广产品时，要注意加强文化沟通，与当地社会文化环境相融合，在保持自己产品特色的同时避免出现文化冲突。

　　以饮食文化为例，中西方的饮食文化在很多方面存在差异：

　　（1）饮食观念上的不同　西方人注重饮食营养的科学和合理搭配，而国人除了注重饮食营养外，也很重视食物色、香、味的有机融合。

　　（2）食材选用上的不同　中国人在菜品素材选用上通常把不同种类的食材混合在一起，使之在视觉上更美观、在味觉上更加丰富和多样。而西方人把各种食材分得很清楚，不同种类的食材一般不放在一起烹饪。

　　（3）烹饪方法和手段上的不同　中国饮食的制作方法和手段极为多样和讲究，如煎、炒、炸、烧、蒸、烩、溜、焖、烤、汆、拌、爆、炖等。而西方在烹饪方法和手段上则相对单一和固定，如煎、烤、炸、煮等。

（4）用餐方式和礼仪上的不同　西方人用餐，大都采用自助餐的形式，一般不会与他人分享食物。而我国人民用餐的形式多种多样，比较丰富。

2.2.5　人口环境

人口环境，是指一个国家或地区的人口数量、人口结构、家庭规模、人口分布、人口流动状况等因素的总和。人口是构成农产品市场的基础条件，人口数量决定着市场需求潜量，人口越多，市场规模就越大。而人口的年龄结构、居家结构、职业结构、分布情况、流动状况等因素，会对农产品市场格局产生重要的影响。农产品营销者需要密切关注人口环境的变化趋势，及时捕捉和掌握市场机会。例如，2016年全面实施二孩政策以来，我国人口数量和结构等方面发生较大变化，婴幼儿产品及服务的需求大幅增长，为相关行业的发展带来了巨大的市场机会；预计在30年之后，我国人口结构将会出现新的变化，对于农产品营销者而言，在整个变化过程中将会出现更多新的市场机会。

> **相关阅读：人口老龄化趋势明显**
>
> 由联合国经济和社会事务部近日发布的《2019年世界人口展望》，根据对全世界235个国家或地区的历史数据和人口趋势分析，进行了最新的人口预测：全球人口继续增长，2019年为77亿，预计到2050年增至97亿；人口寿命继续延长，2019年全球人均预期寿命为72.6岁，比1990年提高8岁；人口结构继续老化，2019年全球65岁及以上的老年人占全球总人口的1/11，2050年将增加到1/6。当前，中国的老龄化率为12.0%，在全世界排第57位；预计2035年为20.7%，在全世界排第44位；2050年为26.1%，排第33位。思考：在全球人口老龄化趋势下，农产品市场需求将会发生怎样的变化？农产品营销者可能挖掘出哪些市场机会？
>
> **资料来源**：健康报，2019年6月19日。

2.2.6　技术环境

技术环境，是指在一个国家或地区影响企业营销活动的科技创新成果、技术应用、设施装备、科研实力等因素的总和。科学技术是第一生产力，农产品营销相关技术的发展，推动着整个农产品营销系统的变革。随着现代的农业技术、生物技术、信息技术、运输技术、冷链技术、保鲜技术、包装技术、自动分拣技术、质检技术等关键技术的发展和农产品物流设施装备现代化水平的提高，农产品流通范围逐步扩大，农产品交易效率显著提升，农产品营销与推广方式发生重大变化。

  案例：感受以色列的技术环境——沙漠变绿洲的奇迹

以色列是极度缺水的国家，三分之二的国土是沙漠荒山，人均水资源仅为世界平均水平的3%。然而，以色列人凭着过人的技术实力和辛勤的劳动，在短短的时间内创造出让世界惊叹的农业奇迹。

《2018以色列经济调查》报告显示，以色列经济增长强劲，预计2018年和2019年的GDP增速将达到3.5%左右。而科技创新正是以色列经济增长的"秘诀"。科技从业人员多、科技公司多、科技产品多，撑起了以色列的科技创新。以色列素有重视教育和崇尚知识的传统，为科技创新积累了充足的人才基础。在近880万以色列总人口中，高科技人才超过20万。1991年以色列推出"外国专家人才引入项目"，聘请了大批当时世界一流的外国科学家到以色列从事科研工作。一流的科研机构、庞大的科技企业群体，为以色列科技创新提供了强大的技术支撑。以色列拥有各类科技公司4000余家，还有政府直属的科研机构。超过110家大型外资企业在以色列建立了研发基地。

资料来源：1.常州日报，2015年6月16日；
2.中国组织人事报，2018年10月24日。

2.3　农产品营销的微观环境

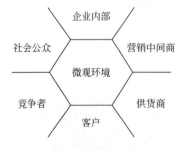

图2-2　营销微观环境的构成要素

农产品营销的微观环境（即个体环境），是指对农产品营销活动有直接影响的因素总和，包括农产品供货商、竞争者、农产品营销中间商、客户、社会公众等因素，除此之外往往还包括企业本身的组织结构、企业文化、管理制度、部门协调等内部因素（图2-2）。与宏观环境相比，这些微观环境因素对企业营销活动的影响具有一定的可控性。一般而言，企业可以通过采取有效的营销策略去影响或改造微观环境，给自身创造更好的发展空间。

2.3.1 供货商

农产品供货商，是指在农产品供应链中，相对于某一个环节的上游原料或产品的供应者。对于农产品生产商而言，其供货商就是农用生产资料的供应商；对于农产品加工商而言，其供货商就是初级农产品的提供者，一般是农户、产地收购商；对于农产品批发商而言，其供货商可以是农产品生产商（农户、合作社、龙头企业）或产地收购商；对于农产品零售商而言，其供货商可以是农产品配送商或销地批发商。

农产品供货商的组织状况、产品质量及安全性、供货稳定性和及时性、产品价格水平、信誉等方面对农产品企业的营销活动可产生直接的、重要的影响。因此，农产品企业应根据一定的标准慎重选择供货商，对供货商采取有效的管理措施，同时尽量避免对个别供货商过分依赖。

案例：某公司过期肉事件之后

在某公司被曝涉嫌使用过期原料生产加工食品事件后，某连锁快餐品牌于2014年7月25日起在全国餐厅全面暂停使用该公司供应的食品原料，包括鸡肉汉堡、牛肉汉堡、鸡翅、鸡块等，并公开了新的肉类和蔬菜供货商的名单。

一场"问题肉"风波，让企业形象大损。某公司在短短一年的时间里遭遇毁灭性打击，工厂停产、订单归零、部分员工辞职，直接经济损失超60亿元。消费者和餐饮企业闻之而退避三舍，迫使管理层不得不做出更名的决定，将公司名进行更改。

资料改编自：南方都市报，2014年9月3日与中国商报，2015年7月7日。

2.3.2 竞争者

在农产品市场中企业面临着较多竞争对手的挑战，企业必须准确识别竞争者都有谁，区分不同类型的竞争者，认清各类竞争者的状况，在此基础上采取相应的营销策略，比竞争者在某些方面做得更好，提高顾客的满意度。

需要注意的是，企业的竞争环境不仅包括同行业的竞争者，还包括消费者购买决策全过程中涉及的其他类型竞争者。可以把农产品市场竞争者大致划分为三类：

（1）类别竞争者　是指能满足消费者某种欲望的不同种类产品的竞争者。比如某人有了喝饮料的欲望，那么他可以选择的饮料种类很多，包括乳品、果汁、豆浆、碳酸饮料等，这些种类饮料之间就构成了类别竞争关系。

（2）产品形式竞争者　是指满足消费者对特定种类产品欲望的不同形式产品的竞争者。如果某人想喝乳品，那么他可以选择的乳品形式有多种，包括盒装纯羊奶、盒装纯牛奶、袋装巴氏鲜牛奶、瓶装酸奶等，这些形式的乳品之间就构成了比较直接的竞争关系。

（3）品牌竞争者　是指能够满足同种欲望的相同种类、相同形式，但是是不同品牌产品的竞争者。如果某人想喝盒装纯牛奶，那么他可以选择的品牌有多个，比如现在市面上的蒙牛、伊利、光明、三元等，这些品牌之间形成了最直接的竞争关系。

案例：生鲜便利超市的竞争对手

如今，生鲜便利超市蓬勃发展，它同其他零售业态的竞争日益激烈，以下就如何研究便利超市的竞争者进行探讨。

首先，界定商圈，竞争对手就在商圈里。按法国某零售市调机构的说法：在500～1500米以内的范围就是小超市的商圈。第二，在既定商圈内考察同类生鲜零售店，包括大型超市、农贸市场、水果店、小菜摊等。第三，了解竞争对手的优缺点。所有商品都是明码标价，竞争对手的状况如何，只要仔细观察就会了解。第四，根据竞争者状况，采取相应的竞争策略。可以从商品、营业、人力资源、形象、人性化服务、促销、采购、配送等方面进行系统改进，提升竞争优势。

案例改编自：中国食品报，2013年3月27日。

2.3.3　营销中间商

农产品营销中间商，是指协助农产品企业进行营销与推广，为农产品从产地到销地流通提供服务的企业或个人，主要包括农产品经纪人、产地收购商、各级批发商、加工商、配送商、零售商、电商企业、拍卖商等农产品渠道分销商、物流企业、农产品市场经营者、冷藏设施经营者、流通信息提供者、物流材料供应商（如包装、保鲜剂等材料供应商）等流通服务类主体。这些运销主体是构成农产品营销渠道的主要成员，农产品企业为了实现农产品顺利流通，需要与相关渠道成员建立良好关系，搭建起稳定的营销渠道。本书第7章将对农产品营销渠道进行详细介绍。

2.3.4 客户

客户（顾客）是指通过购买企业产品满足其某种需求的群体。客户需求始终是企业营销活动的中心和起点。农产品企业的客户可分为几个类型：① 个体消费者，他们是大部分农产品的最终购买者和使用者，一切营销活动最初的起点和最终的归宿点就是个体消费者的需求；② 农产品加工企业客户，他们购买农产品是为了加工转化成其他形式的产品，再进行销售；③ 分销商客户，他们购买农产品是为了进一步销售获利；④ 社会团体客户，如学校、企业等，他们统一采购农产品是为了其团体成员消费。农产品营销者应该根据不同客户的需求特点及消费行为，进行目标营销，采取相应的营销策略，有效满足目标市场需求。

2.3.5 社会公众

社会公众，是指对企业营销活动具有一定影响力的社会群体，一般包括政府机构、大众媒体、社会公益组织、群众团体等。由于农产品是关系国计民生的重要产品，政府除了通过制定宏观的政策、法律对农产品营销产生间接影响外，还往往在农产品营销过程中扮演重要的管理者角色。政府对农产品营销管理的目标包括：保障粮食安全；稳定农产品市场价格；促进农村脱贫，保障农户利益；保证农产品顺畅、高效流通；保护消费者利益，保障舌尖上的安全；促进绿色营销，维护生态平衡等。

社会公众对农产品营销活动有着重要的促进或制约作用，农产品企业要采取积极措施，树立良好的企业形象，与社会公众保持良好的关系。

案例：海底捞向公众道歉

2017年8月25日，素以细致服务著称的海底捞（北京2家店）被曝出存在卫生问题，海底捞一时深陷舆论风波。当日下午，海底捞官方微博发布致歉声明称，经公司调查，认为媒体报道中披露的问题属实，向各位顾客朋友表示诚挚的歉意，公司愿意承担相应的经济责任和法律责任；涉事两家店面已主动停业整改，全面彻查，将会做到明厨亮灶，实现网络化监控。海底捞的认错态度迅速收获了舆论支持。以前出现食品安全问题，总有不少企业极尽各种手段推诿卸责、混淆是非、搪塞公众。知错认错并承诺尽快纠偏，可及时挽回企业形象。

资料来源：1. 新京报，2017年8月26日；
2. 湖北日报，2017年8月28日。

2.4 营销情报获取

2.4.1 营销情报系统

随着外部环境的不确定性不断增强，各类企业对相关信息的需求越来越大。农产品营销企业需要建立营销情报系统，及时获取营销情报。营销情报系统是指营销管理者使用的一整套信息获取来源和程序，用以获得有关营销环境发展变化的信息。

获取营销情报的途径有多种：① 文献资料来源。营销管理者可通过查阅报刊、统计资料、政府报告和商业调查报告等文献资料获取信息。② 企业内部来源。企业可自建内部数据库，收集关于自己顾客的相关信息。③ 通过市场营销调研收集信息，譬如实地调查，与顾客、供货商、营销中间商、政府、咨询服务机构等相关主体交流，监测网络和社交媒体，对竞争对手进行内部渗透，或进行市场试验等。

案例：梅西百货的内部数据库系统

美国著名连锁公司——梅西百货建立了庞大的购物者数据库，包括3300万户顾客家庭和每年5亿名顾客的交易信息。每个顾客的数据包括人口统计特点、店内和网上购买、风格偏好和个人动机，甚至是在梅西网站和社交媒体网站上的浏览模式。梅西百货仔细地分析这些数据，洞察购物行为并改善每一位顾客的购物体验。梅西百货最近发出50万份不同的直邮目录。在"智能陈列"的创意下，梅西百货可以追踪顾客在其网站上的浏览行为，然后在该顾客浏览其他网站时展示重要广告。未来"我的梅西"将包括信息丰富的电子邮件、网站和社交媒体的定制,这一庞大的数据库的终极目标是"将顾客置于所有决策的中心"。

资料来源: 人民铁道报,2016年6月22日。

2.4.2 营销调研工作

营销管理者可以从文献资料、企业内部数据库和营销调研中获得所需信息。其中营销调研工作是最重要的基础性工作,下面分别从内容、方法和程序三方面对营销调研工作进行简要介绍。

2.4.2.1 营销调研内容

营销调研的内容非常广泛,只要是能直接或间接地影响农产品营销活动的情报信息,都应该进行搜集、整理和分析。营销调研的内容大致分为两大方面:宏观环境调研和微观环境专题调研。

第一方面,宏观环境调研,是对影响农产品营销活动的宏观环境,包括政治、法律、经济、自然、社会文化、人口、技术等具体因素开展的调研工作。前文已对宏观环境的一些因素做了简要介绍,农产品营销企业在分析每一种宏观环境因素时,应根据实际情况选择与本企业关联程度较大的因素进行重点分析。

第二方面,微观环境专题调研,是指企业为了达到一定目的在农产品营销的微观环境中选定重点专题开展的调研工作。根据营销微观环境的构成要素,微观环境专题调研的内容可以大致分为农产品市场需求调研、目标顾客购买行为调研、市场结构和竞争对手调研、农产品市场价格调研、营销渠道调研、营销场所调研、社会公众调研、企业内部调研等。

2.4.2.2 营销调研方法

营销调研的资料可以分为原始资料和第二手资料。第二手资料的获取方法无非是通过查阅、咨询、购买、交换、索取、网络搜索等方式获得。以下简要介绍三种常见的原始资料获取方法。

(1) 访问法 是指通过口头或书面的询问而获得原始资料的方法。访问法有多种类型,按照访问内容统一性,可分为标准化调查和非标准化调查;按照一次被访者人数,可分为个别访问和集体访问;按照访问内容的传递方式,可分为面谈调查、电话调查、网络调查、邮寄调查、留置问卷调查、日记调查等。

（2）观察法　是指通过观察调研对象的活动而获得原始资料的方法。例如，调研人员到生鲜超市观察水果的陈列方式，记录客流量，或观察消费者的购买行为和购买数量。有些信息很难通过感官直接获得，只有借助测量仪器或设备，采用一定的技术手段才能获得。例如，想调查产地水果的糖分、农残量等指标，必须借助专业的质量检测仪器。

（3）实验法　是从自然科学实验中借鉴而来的方法，它是指控制其他因素均不变，观察某些因素的变化对调研对象的影响。例如，某食品企业在同一商圈内推出几种不同的包装，而产品的价格、口感、销售等其他因素都不变，然后观察市场对不同包装的反应，最后经过实证分析得出科学的结论。实验法的应用有一定的局限性，主要在于影响市场的因素较多，且不易控制。

案例：大数据时代的精准营销

也许你在使用手机的时候会遇到类似的情况，心里想着的商品、想吃的东西，软件都能精准推送。那么"App知道我心思"是怎么实现的呢？业内人士梓泉说，现在的大数据用户画像功能，让互联网公司可以轻松"猜出"你的心思，根本不用去窃听。用户画像是基于用户提供的信息进行分析，如位置、个人使用习惯、购买记录、搜索记录、手机号信息，还有大公司之间的数据共享。这就是为什么即便你在淘宝上看过奶粉，其他App上也会收到奶粉的广告的原因了。梓泉说，它所获取的信息越多，就越能精准地识别出用户的真实身份。

思考：这种基于大数据的"用户画像"方法，属于上述营销调研方法的哪一种？

资料来源：承德日报，2019年4月3日。

2.4.2.3　营销调研程序

农产品营销调研不论是宏观环境调研，还是微观环境专题调研，都是有组织、有计划的活动，应该按照一定的程序开展，确保达到预期目标。营销调研程序大致分为以下五个步骤（图2-3）。

图2-3　市场营销调研的基本过程

（1）确定营销调研目的　首先要明确为什么要开展此项调研，想了解哪些重点问题，需要调查哪些方面，要达到哪些目标，调查结论的具体用途是什么。调研目的不同，选择的调研角度和侧重点就不同。实践表明，营销调研人员最初设想的调研问题往往比较笼统，设计的调查范围比较宽泛，因此需要进行初步的调研，确定主要问题和调研目标。例如，陕西果蔬批发商吕老板发现最近三个月公司的蔬菜利润率比去年同期明显下降，造成这一问题的因素可能有很多，比如：产地货源不足、销地市场疲软、需求发生转移、供货商不合格、客户不满意、员工工作懈怠、竞争对手太强、营销成本太高等，经过初步调查，吕老板认为主要原因在于供货商不合格和竞争对手太强，于是他立即组织人员开展调查，研究如何解决这两个问题。

（2）制订营销调研计划　为保证调研目标顺利实现，需要制订调研计划。调研计划的主要内容包括确定信息资料来源，确定调查对象，确定调查具体内容，确定调研方法和工具，确定调研时间、地点和人员分工，制定经费预算等。

（3）收集信息资料　按照调研计划着手搜集相关情报资料，可以从信息咨询机构、国家有关部门或者其他企事业单位获得调研资料，但是许多重要的原始情报信息还是需要通过调研人员亲自实地观察、访问、登记等方式获得。

（4）整理与分析调研资料　收集到的信息资料往往是零散的、杂乱的，其中难免掺杂一些不确定信息，因此需要根据经验以及逻辑和统计学知识，对调研资料进行检查校对，去伪存真。然后，根据需要对信息资料进行整理分类，并进行统计分析，尝试解释现实问题，为下一步撰写调研报告做准备。

（5）撰写营销调研报告　将调研情况、分析过程、得出的结论及提出的对策建议等写成书面报告，提交给营销决策者审阅。农产品营销调研报告主要包括调研背景及主要问题、调研方法、调研设计、信息资料获取及分析、分析结果、调研局限性、研究结论、对策建议等部分。需要注意的是，调研人员不能把完成调研报告看作是营销调研的结束，而应继续关注营销环境的变化，检验调研报告结论的准确性，不断总结经验，以改进以后的调研工作。

2.5　营销环境常用分析方法

分析营销环境是制定营销战略的第一步，可供企业选择的分析方法和工具有很多，以下主要介绍三种常用的分析方法。这三种分析方法所采用的信息会有一些重复部分，但同时运用这三种工具是较好的选择，因为不同的工具提供的分析视角都是独特的。

2.5.1 PEST分析法

PEST分析法是宏观环境分析的有效工具，它从众多外部环境因素中筛选四个关键因素进行评估，即政治、经济、社会和技术。这四大因素足以影响一个企业乃至一个行业的生存与发展，且一般不受企业或行业所影响（图2-4）。通过PEST分析，企业可以识别大环境中的有利因素和不利因素，以便进行营销战略规划上的安排与调整。

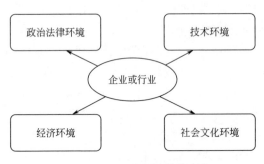

图2-4　PEST分析的基本内容

问题讨论：小岛卖鞋的寓言故事

一个寓言故事，知名鞋厂的两名业务员老白和小粉来到一座小岛上推销鞋子，但是他们发现，整个小岛上的居民都赤脚走路，谁也不穿鞋。推销员老白很失望，他想："白来了，这个岛没人穿鞋，怎么卖鞋？"于是坐船回去了。而推销员小粉兴奋得不得了，他想："没有人穿鞋，意味着市场潜力无限啊，鞋子有保暖、护脚、美观、增高等功能，这岛上的居民肯定需要鞋啊！如果让每个人买一双鞋，那可就赚大发了！"于是他立即联系总部，调运来大批不同规格的鞋子，在岛上设立专卖摊位，准备大干一番。你觉得最后小粉能推销成功吗？不要着急下结论，请结合现实生活思考一下。

俗话讲："事出反常即为妖，万事有果必有因"。全世界大部分地方的居民都是穿鞋的，为什么这个岛上的居民都不穿鞋呢？我们需要先用PEST工具，对小岛宏观环境进行分析，看看能否找出问题答案。首先，从政治法律环境（P）看，这个小岛是否有相关政策、法律条文限制卖鞋或穿鞋行为呢？比如，禁止外地商人在本岛做生意，对卖鞋人加收高额赋税，或者禁止居民穿鞋等。第二，从经济环境（E）看，这个小岛经济状况怎样，是否有支柱产业，小岛居民是否对鞋有购买能力呢？第三，从社会文化环境（S）看，小岛居民有什么宗教信仰，是否对鞋子有文化禁忌呢？比如认为鞋子是不祥之物。第四，从技术环境（T）看，小岛是否炎热、潮湿，人们穿鞋是否容易使脚滋生病菌？

如果经过一番PEST分析后，仍没有找到"小岛居民为何都不穿鞋"的答案，那么还要进一步对本岛居民的需求和消费行为进行深入调查研究。这里只强调，宏观环境分析是开展营销活动的基础和前提。如果发现宏观环境中存在威胁，企业应该及时调整"航向"，避免越走越远。

"小岛卖鞋"是营销界广为传诵的经典故事，其中的"岛"并非实际的岛，它可以指任何"细分市场"；"鞋"也并不一定是鞋，它可以指其他任何产品。因此，小岛卖鞋故事可以改编成许多个现实版本。比如，你是某品牌臭豆腐的海外推广负责人，当你发现全世界许多国家或地区都没有臭豆腐时，你是否为此兴奋不已呢？你是否决定让臭豆腐香飘万里，"臭"名远扬呢？又如，你是某老牌酒厂在某地的酒业公司的销售团队负责人，当你发现广大华北、东北地区（特别是农村地区）的人们都没有喝过本企业的酱香型白酒[定价698元一瓶（500mL）]时，你是否会为此感到高兴，你是否决定投入较多精力去开拓华北、东北的农村市场？类似事件不胜枚举，如果你是其中的主人公，你将如何分析宏观环境？

案例：雀巢咖啡在中国的PEST分析

举一个现实版的"小岛卖鞋"案例——雀巢咖啡登陆中国市场。在1949年前，雀巢咖啡就进入了中国，但由于种种原因又退出了市场。直到20世纪80年代，雀巢咖啡才再次返回。但当时我国人民普遍不喝咖啡，对咖啡认知很少，喝的饮料主要是茶。于是问题来了，"岛"上的居民都不喝咖啡，而雀巢为何还要进入这个"岛"来卖咖啡呢？雀巢的营销战略是基于PEST分析结果制定的。

首先，从政治环境（P）来看，自1979年实行改革开放政策以来，我国政府给予国外投资者和跨国企业优惠政策，这成为雀巢企业在中国不断发展的重要条件。特别是在我国加入WTO后，贸易壁垒减少，农产品贸易数量增加，使得我国成为一个非常有前景的市场。其次，从经济环境（E）来看，改革开放以来，我国经济持续快速增长，人均购买力不断提升，市场规模和发展空间巨大。

再次，从社会环境（S）来看，中国的茶文化历史悠久，多数人有饮茶习惯。但是随着消费观念的改变，饮茶习惯会发生变化，此时具有特色的咖啡可能成为人们的替代饮品之一。最后，从技术环境（T）来看，改革开放以来，物流、加工、包装、信息化等与咖啡相关的技术也在不断发展。

从PEST分析结果来看，大部分宏观环境因素对雀巢进入中国市场是有利的。为了实现咖啡中国化，雀巢在产品设计、包装设计、广告推广、公共关系等方面下功夫。例如，进入初期主打咖啡礼品装，迎合部分消费者的需求；同时以"味道好极了"的广告语，劝说人们品尝咖啡滋味。在过去的40多年里，雀巢公司让越来越多从前不喝咖啡的中国人爱上咖啡，雀巢咖啡在中国的市场份额不断扩大，在速溶咖啡市场占有一席之地。

（以上内容根据互联网公开资料整理编写）

2.5.2 SWOT分析法

SWOT分析法又称为态势分析法，是一种对企业内部环境（优势、劣势）和外部环境（机会、威胁）进行综合分析的方法。其中，S代表优势（Strength）、W代表劣势（Weakness）、O代表机会（Opportunity）、T代表威胁（Threat）。

2.5.2.1 内部环境分析（优势与劣势）

企业的优势和劣势是相对于竞争对手而言的，一般表现在企业的市场表现、财务、团队、社会资源、技术、管理、产品等方面，反映企业的盈利能力。如果企业具有超越竞争对手的能力或强项，那么这就是**优势**；如果企业存在不如竞争对手的缺陷或弱项，那么这就是**劣势**。在评估企业优势与劣势时，应采用合理的评价指标体系，对所有的因素进行评价打分，最终得出本企业主要的优势因素和劣势因素，并按照重要程度进行排序。

2.5.2.2 外部环境分析（机会与威胁）

机会是指外部环境中对企业有利因素的总和，实质是指市场上存在还未被满足的需求，它可能来源于宏观环境因素，也可能产生于微观环境因素。随着营销环境因素的变化，市场供需情况不断变化，将出现未被满足的需求，从而产生新的市场机遇。企业能否把握环境机会，还要看此机会是否与企业的资源、能力、目标等相一致，能否比竞争对手更有效地满足市场需求。对机会的分析可以从企业成功概率和潜在利润率两方面展开（图2-5），企业应牢牢把握成功概率较大、潜在利润率较高的机会，对其他类的机会要慎重对待。

威胁是指外部环境中对企业不利因素的总和，它也是来源于营销环境的变化。例如，限制企业发展的政策法律出台，自然环境恶化，行业内竞争者的数量增多、实力增强，替代产品出现，供货商或买方的议价能力增强，潜在竞争者出现等。对威胁的分析可以从威胁的潜在严重性和出现概率两方面展开（图2-5）。企业应对潜在严重性较高和出现概率较大的环境威胁高度警惕，对其他类的威胁也要密切关注。

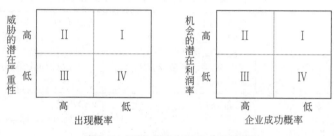

图2-5　环境威胁与机会分析矩阵

外部环境的同一变化给不同企业带来的机会和威胁可能是完全不同的，比如食品安全法规的颁布，使农产品安全监管的力度增强，对传统食品企业而言具有一定的威胁，而对创新企业来讲可能是发展机会。因此，机会和威胁之间存在紧密的联系。

案例讨论：啤酒行业竞争态势

2002年，中国啤酒产量首次跃居世界第一，达到2386万吨。中国啤酒消费者每年以20%左右的速度持续增长。中国虽已是世界啤酒生产大国，但人均产量很小，属世界下游水平，其持续发展将依然拥有广阔的空间。加入WTO后，中国啤酒产业发展国际化进程不断加快，国内外啤酒市场一体化的趋势明显。

目前中国啤酒市场竞争者层次逐渐明显化，形成了四大啤酒竞争阵营：一是以燕京、青岛等为代表的巨型啤酒企业；二是以哈啤、珠江、金威等为代表的大型啤酒企业；三是国际啤酒企业；四是各地区中小型啤酒企业。

如果你是一位地方小型啤酒公司的营销经理，请分析公司的机会与威胁。

资料来源：严宗光，罗志明. 市场营销学[M]. 北京理工大学出版社，2016: 90。

2.5.2.3 构造SWOT矩阵

将调研得出的所有因素都集中在一起，分类放在S、W、O、T四个格内，可按照紧要程度将每类因素进行排序，构造SWOT矩阵。把企业的SW（优势、劣势）与OT（机会、威胁）进行配对，分别形成SO、WO、ST和WT四种营销战略。表2-1显示的是某个农产品营销企业的SWOT矩阵。这些因素的平衡决定了该企业的不同发展路线，为企业制定营销战略提供依据。

表 2-1 某农产品营销企业的 SWOT 矩阵

外部 \ 内部	优势（S） S1 稳定的客户资源 S2 产品标准控制能力 S3 在某地区市场有影响力 ……	劣势（W） W1 员工专业素质较低 W2 资金量较小 W3 物流配送能力弱
机会（O） O1 某种新需求的兴起 O2 国民购买力增强 ……	SO战略： 充分利用机遇、最大限度发挥优势，主动进攻	WO战略： 挖掘机遇、回避短板
威胁（T） T1 大资本企业进入 T2 渠道冲突 ……	ST战略： 保持优势，应对挑战，积极防御	WT战略： 降低劣势和威胁，联合防御或撤退

2.5.3 竞争"五力"模型

竞争"五力"模型是哈佛大学迈克尔·波特于20世纪80年代提出的一种竞争环境分析方法。"五力"分别是指潜在进入者威胁、替代品威胁、供货商议价能力、买方议价能力和行业内竞争程度。这五种力量构成了企业的竞争环境。

第一，潜在进入者威胁。如果一个行业开始盈利，那么就会有很多企业想要进入这个市场。随着进入者增多，收益会逐渐降低。对此，企业需要考察行业进入壁垒有哪些，壁垒的阻碍作用有多大，本企业如何进入该行业。

第二，替代品威胁。如果购买者能够在不同行业中购买到类似的产品，那么该产品的替代品威胁程度是很高的。替代品威胁越高，该行业的利润水平就越低。对此，企业需要考察替代品的价格、质量、品牌、替代程度等。

第三，供货商议价能力。供货商的议价能力越强，该行业的利润水平就越低。对此，企业需要考察可供选择供货商的数量、供货商的品牌、供货商的地位、更换供货商的成本、供应产品的替代品等。

第四,买方议价能力。客户的议价能力越强,该行业的利润水平就越低。对此,企业需要考察目标客户的数量、客户的实力、企业与客户之间的关系、客户可选替代品情况等。

第五,行业内竞争程度。从结构上看,这种力量是整个模型的基础(图2-6),它反映的是行业内各企业相互竞争造成的压力大小。影响行业内竞争程度的因素有很多,包括竞争者数量、竞争者均衡程度、行业增长速度、产品差异化程度、固定成本比重和退出壁垒等。行业内竞争程度越高,企业利润水平就越低。一般而言,行业内的市场竞争往往表现出四种状态:完全竞争、垄断性竞争、寡头竞争和完全垄断。

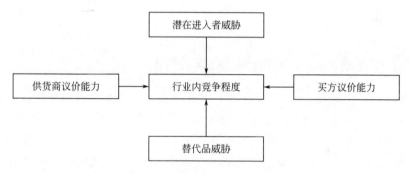

图2-6 波特的竞争"五力"模型

通过对上述五种竞争力量的调查和分析,农产品营销企业可以认清自己所面临的竞争环境,并采取相应的营销对策。

思考题

1.总结农产品营销环境分析的重要意义。

2.设想你正在经营一家农产品企业,也决定经营什么农产品。请对本企业所处的营销环境进行分析。

(1)本企业的营销环境分析主要包括哪些方面的内容?

(2)如何开展营销调研,获取分析所需要的情报信息?

(3)如何运用PEST、SWOT或竞争"五力"模型等分析工具,对所处的营销环境进行分析?

(4)阐明环境机会和威胁,并结合企业自身的优势和劣势进行路线选择。

第3章 洞察农产品需求

 导入案例：国外食品营销的成功经验

英国一家果蔬加工企业Cobell在发现烘焙食品行业对加工水果产品的需求增加后，将注意力转向加工水果口味方面，决定顺应消费趋势进军烘焙市场。目前，该公司生产的370余种加工水果、蔬菜和其他产品（如果汁、果酱、天然香料等）均受到了广大消费者的青睐，而这些成就来源于Cobell公司能够快速识别市场需求的转变并采取积极行动。

多年前，美国肉类零食行业的销售量有所减少，几乎没有可上升的空间。为了改变这一现状，杰克林（Jack Link's）和斯利姆·吉姆（Slim Jim）这两个领先的肉类零食企业进行了一系列调查研究，发现此类零食的购买者多为男性，而男性消费者购买肉干类零食的动因是肉干的高蛋白含量可以饱腹和增加能量。针对这一市场需求，两个企业将营销重心放在了年轻男性消费者这一目标群体上，让消费者认为购买肉干类零食是一种明智的选择，将肉干类零食的销售量推上了一个新台阶。高级经理惠特尼·约翰逊将这一切都归功于食品企业对消费趋势的准确判断，掌握目标市场的需求，并"对症下药"。农产品营销者不能只关注自己的产品，也要着眼于新兴需求趋势，不仅要确保提供消费者今天想要的，还要预见到消费者将来想要的。

从上面两个国外案例可见，识别市场需求是非常重要的，常言道"投其所好"，只有识别并把握住消费者的需求，才能有效地开展营销活动。

资料来源： 1. Noli Dinkovski.Firm to meet demand for fruit flavours[J]. Food Manufacture, 2017,(5): 12; 2. Howard Riell.Meat Snacks Feed Demand[J].Convenience Store Decisions, 2016, (27): 46-49（王安琪编译）。

3.1 理清概念：需要、欲望和需求

什么是需要？ 需要是指人类与生俱来的基本要求，是人们没有得到满足而产生的感受。例如，人需要吃饱、吃好，需要安全，需要舒适，需要娱乐，需要得到关爱、认可和尊重等。人类需要是多方面的，是客观存在的，不能被创造和改变。需要是生产和营销活动的前提，没有需要，就谈不上生产和营销。

什么是欲望？ 当需要指向具体的可以满足此需要的特定物品或服务时，需要就变成了欲望。换言之，欲望是指人们为了某种满足需要而对具体物品或服务的渴望。人们的需要可以表现为各种各样的欲望，没有限制。在不同的国家、不同的文化背景、不同的生活方式等条件下，对相同的需要，人们表现欲望的形式可能不同。欲望还会受到产品经营者营销手段的影响。例如，有些企业会利用消费者对新事物好奇或者物以稀为贵的心理，采取相应的促销手段，激发消费者的购买欲望。

其实，了解顾客的需要和欲望并不容易，一些顾客并不完全清楚自己想要什么，有时又表达不清或者无法用语言解释。此时，营销者需要加强与顾客的联系和沟通，提供其真正需要的产品和服务。

什么是需求？ 不是所有欲望都能得到满足，满足欲望是有条件的。需求是欲望的一种表现形式，有购买力的欲望才能成为需求。换言之，需求是指在具有支付能力的条件下对某一具体商品的欲望。营销企业不仅要估计有多少人对本企业产品有欲望，而且要估计有多少人真正愿意并有能力购买。对企业产品的需求是决定企业盈利能力的最重要因素，如果企业的产品缺乏市场需求，企业是难以持续经营下去的。识别和满足市场需求成为现代企业营销工作的出发点和中心点。因此，本章主要对农产品需求相关问题进行介绍。

什么是农产品需求？ 根据以上对需求的解释，农产品需求可以定义为：农产品购买意愿和购买能力的统一。由于研究目的不同，农产品需求还有其他几种定义。经济学家为了研究农产品市场的供求关系，把农产品需求定义为：消费者在某一时期内，在各种可能的价格水平上愿意购买并且能够购买的某种农产品的数量。营销人员为了测量农产品市场规模，将农产品需求定义为：在特定的地理区域、特定的时期、特定的营销环境和特定的营销方案下，由特定的消费群体购买的某种农产品总数量。

3.2 需求的类型

为了更好地分析需求,有必要对需求进行分类。按照不同标准,将需求划分为如下类别。

3.2.1 个人需求和市场需求

按照消费主体范围不同,可将需求分为个人(或家庭)需求和市场需求。个人(或家庭)需求,即单个消费者(或一个家庭)对某些商品的需求状况;市场需求,即市场上所有消费者对某些商品的需求状况,是个人需求的总和。经济学家和营销人员往往通过对个人需求(样本)的分析来推导出市场需求(总体)。

> **问题讨论:刘先生的个人需求**
>
> 一个安全认证农产品营销团队为了研究目标市场的需求状况,深入到社区、企事业单位开展营销调研。刘先生作为他们的调查对象,积极配合这次调研,他把自己家庭的收入状况、消费状况都细致地向调查员介绍。表3-1显示的是2018年刘先生的家庭食品消费结构。
>
> 表3-1　2018年刘先生家庭食品消费结构
>
> | 消费项目 | 支出金额/元 | 比重/% |
> | --- | --- | --- |
> | 普通蔬菜 | 4500 | 12.3 |
> | 普通水果 | 4000 | 11.0 |
> | 普通粮油 | 3000 | 8.2 |
> | 普通肉蛋(鸡、牛、羊) | 6500 | 17.8 |
> | 普通牛乳品 | 3500 | 9.6 |
> | 普通水产品 | 1500 | 4.1 |
> | 其他加工食品及餐饮服务 | 13500 | 37.0 |
> | 合计 | 36500 | 100.0 |

当被问及"2018年是否购买有机、绿色等安全认证农产品"时,刘先生直摇头说:"一点也没有,我家买的农产品都是普通农产品"。调查员接着问:"那您了解有机、绿色农产品吗?"刘先生说:"当然,我以前也研究这个课题。"调查员疑惑地问:"那您为什么不买呢?没有需要?还是收入原因?"刘先生说:"我们对安全农产品的需要肯定是有的,因为家里有小孩。至于收入嘛,也不是问题。"调查员又问了一遍:"那您为什么不买呢?"刘先生苦笑道:"因为市场上没有(我们信任的)嘛!"

问题来了:刘先生不买有机果蔬商品,能否说明他对此类商品没有需求?刘先生从来不买猪肉,能否说明他对猪肉没有需求?是否应进一步追问,刘先生为何不消费猪肉?

3.2.2 现实需求和潜在需求

按照消费者需求的实现程度不同,可将需求分为现实需求和潜在需求。现实需求,即现实生活中已经存在的并表现出来的消费者对某些商品的需求。像上面案例中刘先生家庭对每一种农产品的实际支出情况,即反映出其现实需求。而潜在需求是指,在现实生活中还不存在的但将来会出现的或未表现出来的需求。还是上面的例子,刘先生从来不购买有机食品,说明他对有机食品没有需求吗?不是。而是由于不信任或信息获取不足,他认为市场上没有他可以信任的有机食品,其实他是有潜在需求的。如果有机食品企业能够给刘先生提供足够的信息,使其信任,那么他的潜在需求将会转变为现实需求。对于所有营销者而言,这都是一项重要的任务:不仅要关注目标市场的现实需求,而且要挖掘潜在需求,并通过营销手段把潜在需求转变为现实需求。

3.3 需求法则和需求弹性

3.3.1 需求法则

经济学家罗纳德·科斯曾说过,经济学发展两百多年以来,唯一能屹立不摇的,也只不过是需求法则而已。需求法则给出了价格与需求量的变动关系,在其他条件不变的情况下,商品的价格和需求量之间成反向变动的关系,即价格越低,需求量越多;价格越高,需求量越少。需求量不仅取决于价格,也取决于人们的收入、相关产品价格、文化、预期等因素。人们称其为"法则",是因为它对一切稀缺资源和产品普遍适用。有两种商品例外,一种是"吉芬商品",另一种是"奢侈品"。

> **问题讨论:你见过吉芬商品吗?**
>
> 1845年,英国经济学家吉芬发现,爱尔兰发生灾荒,马铃薯(土豆)价格大幅上升,但是土豆的需求量反而增加了,这种现象貌似违反了需求法则。从此该类商品都被叫作"吉芬商品"。可是,这是一种错误的现象归纳,是搞反了因果关系。其实,当时爱尔兰发生饥荒,吃的东西少了,争抢购买食品的人就多了,原本价格低廉的土豆能填饱肚子,需求量自然增大,价格当然提升。股票也是同样的道理,大多数人"买涨不买跌"。
>
> 一位朋友想采用一种传统面料来制衣,创建新的服装品牌,据说这种面料获得了非物质文化遗产称号。但从这种面料的手感及其性能来看,远不能支撑其预定的销售价格。如果想通过吉芬商品概念来"走偏门",以为定价越高,就越受市场追捧,完全是小看了消费者的判断力,必将受到市场的教训。
>
> 你是否赞同上面的说法?在现实生活中,你是否见过吉芬商品?
>
> **资料来源:** 南云楼. 世界根本不存在吉芬商品[N]. 深圳特区报, 2016年7月5日.

3.3.2 需求弹性

需求法则给出了需求量随着价格等因素的变化趋势,而变化程度如何以及如何衡量,则需要引入需求弹性的概念。需求弹性是需求对外界因素(价格、收入等)变化反应的灵敏程度。

需求价格弹性是指价格的变动对需求量变动的影响程度。弹性大小通常用弹性系数来表示,其计算公式如下:

$$Ed = \frac{\Delta Q/Q}{\Delta P/P}$$

式中,Ed 表示需求价格弹性系数;P 表示价格;Q 表示需求量。

以刘先生去超市买食物为例,当大米价格为2.19元/500g时,他对大米需求数量是5kg;当价格上涨为2.89元/500g时,他对大米需求数量变为4kg。按照公式计算,此时刘先生对大米需求的价格弹性系数为:

$$Ed = \frac{(4-5)/5}{(2.89-2.9)/2.19} = -0.63$$

刘先生又到水果区选购葡萄,当葡萄价格为4.99元/500g时,他对葡萄需求数量为1kg;当促销价为3.99元/500g时,他对葡萄需求数量变为2.5kg。按照同样的计算公式,此时刘先生对葡萄需求的价格弹性系数为-7.50。

一般情况下,需求价格弹性系数都为负值,系数的绝对值越大,表明弹性越大,即价格变动对需求量变动的影响程度越大。|Ed|＞1,称为高弹性或富于弹性;|Ed|＜1,称为低弹性或缺乏弹性。如大米、食用盐等生活必需品,需求往往缺乏弹性。

> **问题讨论:农产品该如何降价促销?**
>
> 某大型居民区有三家食品便利超市,每家超市里都经营着米面、油、蔬菜、水果、猪肉、牛肉、烟酒、饮料等产品。店主曾小姐经营着其中一家超市,为了提高本店销售利润,最近她想采取降价的方式吸引消费者。假设你是曾小姐的朋友,你将建议她制定什么样的降价促销方案,比如哪些农产品降价的幅度要适当大一些、哪些农产品降价的幅度要小一些?你认为米面这样的需求刚性农产品,是选择降价还是适当提高价格?

3.4 农产品需求的主要影响因素

第一,价格因素。前面介绍的需求法则和需求弹性,向我们揭示出价格是农产品需求的主要影响因素,价格对需求量产生负向影响。

第二,收入因素。购买能力是需求产生的重要基础,而购买能力主要是由收入水平决定的。表3-2反映的是2012年我国不同收入等级的城镇居民家庭平均每人全年消费农产品的支出金额,从统计数据发现,粮食、肉禽类、蛋类、水产类和奶类的消费金额随着收入水平的提高而增加。

表 3-2　我国不同收入等级城镇居民家庭平均每人全年消费农产品金额（2012年）

单位：元

农产品类别	平均	最低收入户（10%）	较低收入户（10%）	中等偏下户（20%）	中等收入户（20%）	中等偏上户（20%）	较高收入户（10%）	最高收入户（10%）
粮食	458.53	364.97	385.75	426.03	473.18	501.69	542.74	564.46
肉禽类	1183.59	767.51	946.71	1088.30	1249.37	1341.13	1480.40	1555.67
蛋类	119.00	84.30	96.64	112.02	125.68	133.33	142.42	147.05
水产类	408.92	173.39	235.60	308.75	412.72	522.70	630.61	768.17
奶类	253.57	125.75	169.02	208.34	260.07	308.80	365.39	423.34

注：资料来源于2013年中国统计年鉴。

第三，偏好因素。偏好是反映消费者对不同商品的喜好程度或倾向性选择，是农产品购买欲望和需求形成的重要影响因素。偏好是消费者在长期消费习惯基础上形成的，消费习惯往往与消费者生活的自然环境、社会文化以及消费者的受教育程度、爱好、身体状况等有密切关系。例如，日本某岛盛产海鱼，岛上居民形成吃鱼的习惯，对海鱼有偏好；福建有传统的饮茶文化，福建人对茶的偏好要远大于咖啡。

第四，其他因素。除了价格、收入和偏好因素以外，影响农产品需求的因素还有很多，比如家庭规模、人口特征、预期、相关产品价格、家庭财富、营销手段等。

3.5　农产品需求的特性

农产品需求既符合一般的需求规律，又具有一些特殊性。特殊性主要体现在以下几方面：

第一，需求的普遍性和持续性。俗话说："人是铁，饭是钢，一顿不吃饿得慌。"每个人每天都要吃大米白面、蔬菜水果或肉蛋奶等，农产品消费是普遍的，是持续不断的，市场总体需求量较大。

第二，需求的金字塔结构。从消费者每天食用的农产品来看，其种类丰富，呈现出一定的金字塔结构。按照健康膳食结构（图3-1），农产品需求金字塔第一层是富含碳水化合物的谷物类食品，食用一般最多；第二层是蔬菜、水果等富含维生素的食品，一般食用较多；第三层是肉蛋乳、豆类等富含蛋白质的食品，一般食用较少；第四层是油脂类食品，一般食用最少。这种农产品消费的金字塔结构较为稳定，而从长期来看，也会发生一些转变。例如，随着素食主义观念的兴起，需求金字塔第三层和第四层的比重可能会出现降低。

第三，需求的相对刚性。许多农产品是生活必需品，其需求弹性相对较小。特别是处于金字塔第一层的谷物产品，需求弹性往往最小。大部分大宗农产品的需求是相对稳定的。

图3-1　健康膳食金字塔结构

第四，需求的多样性。市场上销售的农产品种类丰富，需求呈现出多样性。如我国蔬菜的品种超过上百种，消费者可供选择的蔬菜较多。在种类繁多的农产品之间，存在着一定的替代关系。消费者会根据自己的偏好和收入等因素，决定购买哪种农产品。

问题讨论：农产品需求发展趋势

人的需要是分层次的，根据马斯洛的需要层次理论，在较低层次的需要得到满足之后，人们便开始追求更高一层次的需要，人们的需要具有发展性，如图3-2所示。农产品需求也具有层次性和发展性，从最初追求吃饱，到吃得丰富、吃得新鲜、吃得美味，到吃得健康、吃得安全，再到吃得精致等，农产品需求也在逐步向更高层次发展。

你认为现在大部分中国人对农产品的需求具体体现在哪些方面？农产品市场需求中有哪些尚未得到满足？未来将出现什么样的农产品可以满足逐渐提升的需求层次？请试着具体描述。

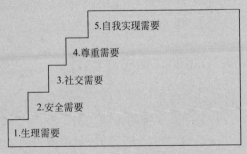

图3-2　马斯洛需要层次理论图示

第3章　洞察农产品需求

3.6 准确估计和预测农产品市场需求

3.6.1 农产品市场需求的界定

农产品营销者在确定了目标市场后,下一步就是估计和预测目标市场的需求。某一农产品的市场需求是指在特定的地理区域、特定的时期、特定的营销环境下,特定的消费群体可能购买的某一农产品总量。农产品市场需求不是一个固定的数字,而是上述各种设定条件(变量)的函数(菲利普·科特勒,2016)。

图3-3显示的是,假设在其他条件不变的情况下,在一定时期内市场需求量与行业营销费用的一般对应关系。当没有任何营销努力的情况下,即行业营销费用为0时,市场需求也会存在,这时的市场需求量称为"市场最低量"(图中$Q1$点)。随着行业营销费用投入增加,市场需求量逐渐增加,最后无限接近一个极限值,这个极限值称为"市场潜量"(图中$Q2$点)。

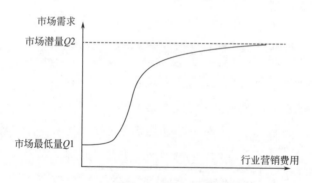

图3-3　营销努力与市场需求量关系

3.6.2 当前市场需求估计

在估计当前市场需求时,农产品营销者需要估计市场潜量、测量市场实际量,并计算企业的市场份额(图3-4)。其中,市场份额是指一个企业的实际销售量在市场同类产品实际销售量中所占的比重。市场实际量的测量可依据国家统计部门的数据、行业协会公布的数据、相关机构的调研数据等进行。测量市场潜量的常用方法是公式法和连锁比率法。

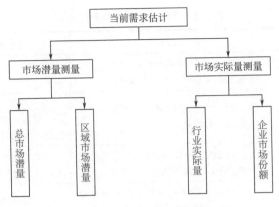

图 3-4　估计当前市场需求

估计市场潜量的一般公式为:

$$市场潜量 = 目标顾客人数 \times 人均购买量 \times 产品均价$$

例如,某有机蔬菜企业估计天津市消费者对有机蔬菜的需求潜量,假定有100万人购买有机蔬菜,平均每人购买300千克,产品平均价格为10元/千克,则此时计算出的天津市有机蔬菜市场潜量为30亿元。其中最难估计的部分是目标顾客人数,可以采取排除法,从总人口中排除明显没有兴趣或没有支付能力的群体,剩下的就是潜在购买者。

还可以采用连锁比率法来估计市场潜量。连锁比率法是指一个基数连续乘以几个修正率。还用上面的例子,某有机蔬菜企业估计天津市有机蔬菜市场潜量时,采用公式:

$$市场潜量 = 总人口数 \times 人均可支配收入 \times 消费支出比例 \times 支出中食品比例 \times 食品支出中蔬菜比例 \times 蔬菜支出中有机蔬菜比例$$

已知2017年末天津常住人口1557万人,人均可支配收入为37022元,其中75%用于消费支出(来自天津市统计年鉴)。假定30%的支出用于食品类消费,其中25%用于蔬菜支出,有机认证蔬菜占蔬菜消费比重为10%(还需进一步调查验证)。则此时计算出的天津市有机蔬菜市场潜量为32.4亿元。

3.6.3　未来市场需求的预测

市场需求预测,是指在营销调研的基础上,运用科学的方法对市场需求量及其影响因素进行分析,对未来市场需求走势进行判断和推测,为企业营销决策提供依据。由于农产品需求具有普遍性、持续性和相对刚性,因此对未来农产品市场需求的预测也具有可行性。常见的预测方法如表3-3所示。

表 3-3　未来市场需求预测的方法

预测方法	描述	需求预测的用途
购买意愿调查法	询问客户购买的意向和意见，了解购买可能性，预测销售量	大客户采购计划、新产品需求等预测
销售人员意见综合法	通过听取经验丰富的销售人员的意见，预测销售量	为了收集更详细的按照产品、地区、顾客和销售代表分类的预测资料
专家意见法	根据中间商、顾问等专家的经验和判断，预测销售量	收集有见识的专家的预测结果，获得真知灼见
历史数据分析法	运用时间序列分析法、指数平滑法、统计需求分析法或计量经济分析法处理历史数据，预测销售量	以翔实的历史数据为基础，预测未来需求
市场试验法	开展小范围市场测试，观察消费者的反应，预测销售量	在新地区或对新产品投放市场进行需求预测

注：参考科特勒等著.营销管理.卢泰宏，高辉译.第13版.中国人民大学出版社，2009: 76。

案例：预测大宗农产品未来市场需求

　　英国经济政策研究中心网站2018年2月26日刊文称，过去十年，全球对植物油的需求增长强劲，而在未来十年，植物油的需求降幅最大。全球对基本主食的需求已经达到饱和，发达国家和部分新兴经济体对肉、鱼的需求也同样达到饱和。虽然撒哈拉以南的非洲国家目前对肉类的需求较低，未来有增长空间，但受制于食物支出增长有限，肉类需求难以快速增长。另外，中国的消费结构正在发生变化，对肉、鱼等食品的需求增速也在下降。还有一个重要原因是生物燃料的繁荣期结束。从2000年开始，生物燃料成为几种农作物的主要"消耗者"。而据专家预测，生物燃料的增长不会再延续过去十年的速度。未来大宗农产品需求增长放缓有望减轻粮食供给压力。

思考题

1.你个人对农产品的现实需求是怎样的？有哪些需求尚未得到有效满足？

2.在农产品消费者市场上，你认为有哪些需求尚未得到有效满足？

3.尝试比较不同农产品的需求弹性,你认为哪些农产品的需求弹性高、哪些农产品的需求弹性低。

4.设想你经营一家农产品企业(先明确经营什么农产品),谈谈你如何进行市场需求估计与预测。

5.农产品企业如何选择合适的需求预测方法?

第4章 解析消费者行为

营销的成败，最终取决于消费者的选择。嘉信理财前董事会主席兼CEO查尔斯·施瓦布说："我总是站在顾客的角度看待即将推出的产品或服务，因为我就是顾客，我就像一个厨师，喜欢品尝食物，如果不好吃，我就不要它。"

导入案例：经营良心食品，消费者却不买账

民以食为天，食以安为先。在全社会都高度关注食品安全的环境下，一些合作社和企业纷纷推出"绿色、无污染、纯天然、原生态"的农产品。有人说太贵，有人说是宣传噱头，有人说真假难辨，有人说可以尝尝，消费者对这类产品的看法不一。

宋先生是陕西某县一个蔬菜合作社的理事长，他们这两年生产的有机蔬菜经过严格的认证，包括对当地土壤、灌溉水、空气进行检测认证，还对选种、种植、病虫害防治、加工、储藏等环节进行跟踪检测，在整个生产过程中不打农药，不上化肥，不使用任何化学品，认证有效期只有一年。宋先生说，为了确保安全，他们生产的蔬菜投入高、产量低。相比传统作物，黏虫板、杀虫灯、有机肥、农家肥、人工除草等投入很大，人工管理费用增高，成本居高不下。另外，每年的有机农产品认证费用，也是一笔不小的开支。还有，普通复合肥氮磷钾含量占到55%，而使用有机肥氮磷钾含量只有5%。所以，蔬菜生长慢，产量低，加上有些蔬菜品相不好，销售额并不理想。宋先生坦言，当初种植有机蔬菜就是看好了消费者对安全食品需求潜力大的市场机会，现在安全食品生产出来了，消费者却不买账，出现"质优价不优"的现象，这两年他们的有机蔬菜一直没有盈利。宋先生有放弃有机蔬菜，改种普通蔬菜的打算。

在这个案例中,宋先生提供的是真正的有机蔬菜,市场对这类蔬菜需求潜力巨大。从消费者购买行为的角度思考,为什么消费者对宋先生的有机蔬菜不买账?怎样才能经营好有机蔬菜?

案例来源: 作者根据现实生活编写。

农产品消费者市场,是指为满足个人或家庭需要而购买农产品的最终消费者,一般是指个体消费群体。它是农产品的最终市场,即最终归宿,它决定着农产品价值实现。其他类农产品市场,如生产者市场、加工者市场、分销者市场等,其最终服务对象还是农产品消费者,营销活动仍要以最终消费者为中心。因此,农产品营销者无论是否直接为消费者服务,都需要研究农产品消费者市场。以下围绕"如何影响消费者"这个问题,从消费者购买行为模式出发,重点探讨农产品消费者行为的影响因素和决策过程。

4.1 消费者购买行为模式

想了解消费者行为,首先要理解消费者购买行为模式。所谓模式,是指某种事物的标准形式。消费者购买行为模式中比较有代表性的是科特勒的"刺激-反应"模式,这一模式同样适用于农产品消费者市场。如图4-1所示,刺激-反应模式反映出消费者购买行为过程,这一过程可分为以下三个部分。

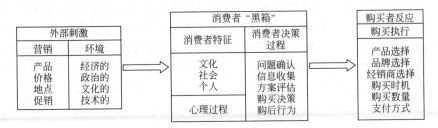

图4-1 消费者行为"刺激-反应"模式

第一部分是外部客观的刺激,包括营销刺激和其他刺激。营销刺激是指企业采取的营销手段所产生的影响,如"4P",即产品、价格、地点和促销策略。其他刺激主要指外部环境(经济、政治、文化、技术等宏观环境因素)产生的影响,例如通货膨胀率、失业率、时尚潮流、物流保鲜技术等因素的变化。这些外部客观刺激将进入消费者"黑箱",然后引起消费者产生反应。

第二部分是消费者"黑箱",包括消费者的特征、心理过程、购买决策过程。之所以称其为"黑箱",是因为它对于企业来说一般是看不见、摸不着的部分。黑箱从根本上影响消费者对外部客观刺激的理解和反应。虽然营销企业无法对市场上成千上万的消费者黑箱完全了解,但是通过对农产品消费者的观察和分析,能够掌握一些行为的规律性。以下4.2和4.3部分将介绍消费者黑箱。

第三部分是消费者的反应,即购买的执行。这是消费者购买行为的外化部分,包括产品选择、品牌选择、经销商选择、购买数量及频次、购买时机和支付方式等。农产品消费者在执行购买时,一般要回答以下问题:买什么种类,选什么品牌,从哪个渠道买,在什么地方买,什么时间买,购买多少,怎么付款?这些问题也是农产品营销者要重点了解的内容。那些善于理解消费者对各种刺激反应的经营者,往往能够在市场上获得较大的竞争优势。

案例:逛水果摊的购物心理

某社区的农贸市场里有两家相邻的水果摊,分别由陈大妈和王大姐经营。每个摊位都有很多顾客光顾,然而在晚上结算的时候,陈大妈赚的钱总是比王大姐多出百十元,天天如此。这到底是什么原因呢?陈大妈和王大姐的水果种类和品相都差不多,她们对待顾客的热情程度也一样。但经细致观察,可发现不同之处。每当顾客停留在陈大妈的水果摊时,陈大妈都会一边把塑料袋递到客人手边,一边问:"来点什么?"一旦顾客接过塑料袋,一般都会选点水果。而王大姐会把一打塑料袋都挂在摊位前,方便顾客自取,顾客停留时,她会问:"想买点什么?"很多顾客都只是看看,并没有挑选水果。其实,当顾客接受递过来的塑料袋时,就有了一种较为强烈的要挑选产品的暗示,相比之下一句简单的"想买点什么"就显得若有若无了。可见,陈大妈通过一个简单的营销刺激,引起了消费者决定购买的反应。

案例来源:王安琪根据现实生活编写。

4.2 农产品消费者行为的影响因素

根据消费者购买行为模式,我们把影响农产品消费者行为的主要因素归纳为文化因素、社会因素、个人因素和个人心理过程。

4.2.1 文化因素

文化是人们通过生活实践和学习建立起来的伦理道德、价值观念、宗教信仰、审美观、风俗习惯、语言文字等特征的集合。每个人都在一定的社会文化环境中成长,逐渐形成了基本的文化特征。文化是影响消费者购买欲望和决策的基本因素,文化的差异会造成消费者行为的差异。

案例:中国人的讨喜文化

在深圳闹市中心区的某大厦内,有家酒楼。凡光临此店的顾客都会不约而同地要尝"抱财鸡"。这"抱财鸡"原名叫"柴把鸡",是一道镇江名菜,肉味香嫩可口,汤鲜羹美,营养丰富。但"柴把鸡"这个菜名不易被人接受,还易引起误解。店主人深知人们都喜欢吉祥的词句,于是灵机一动,把"柴把鸡"改成"抱财鸡"。这一改真可谓"点柴为财",顾客纷纷点名要吃"抱财鸡",讨个吉利。

这个已是二三十年前的营销案例了,现在大部分商家都会迎合人们这种讨喜心理,在产品名称上左右斟酌,尽量增添吉祥、喜庆之意。

案例来源: 营销经典案例改编。

在每一种社会文化中,往往存在着某些在一定范围内具有文化同一性的群体,称为**亚文化群**,如民族亚文化群、地理亚文化群、宗教亚文化群等。不同的亚文化群在农产品消费行为方面存在差异。例如,我国流传着"南甜北咸、东辣西酸"这句话,这体现了地理亚文化群的饮食差异。

4.2.2 社会因素

除了文化因素,农产品消费者行为还受到一系列的社会因素影响,如参考群体(包括家庭)、社会角色和地位等。

参考群体是指对一个人在认知、态度和购买行为实施过程中产生直接或间接影响的某些人。按照是否存在较正式的组织,参考群体可分为正式群体和非正式群体。如单位同事、协会成员、俱乐部会员等,都属于正式群体的成员。如亲友、邻居、名人及追随者等,都属于非正式群体成员。这些参考群体都可能会影响人们对农产品购买的决策。人们还会受到一些他们并不隶属于其中的群体的影响，如向往群体，是指一个人不属于该群体，但是非常认同该群体的价值观和行为方式，向往成为该群体的一员。在群体中有较大影响力的人物，其行为会引起群体内追随者及崇拜者的效仿。

家庭是社会中最重要的消费者购买组织，而家庭成员则是最具影响力的基本参考群体。配偶、子女或父母等家庭成员往往对消费者购买行为产生最直接、重要的影响。

每个人一生中会加入很多群体，如企业、家庭、社团等，并在群体中扮演特定的角色，每种角色都伴随着一种地位。消费者在购买决策时往往会考虑到其**社会角色和地位**，并把所购买的产品作为角色和地位的标志或象征。

4.2.3　个人因素

消费者购买决策还受到个人因素的影响，包括购买者的经济条件、年龄、性别、职业、生活方式、个性等。例如，在研究消费者购买有机农产品的决策时，许多研究者往往选取收入、年龄、性别、受教育程度等个人因素变量进行实证分析，并按照这些标志把有机农产品市场进行细分。Aslihan 和 Karakaya（2014）研究发现，在一些欧洲市场，女性是有机农产品的核心购买者。杨楠（2015）研究发现，在中国市场上，消费者的婚姻状况和性别对购买有机农产品行为有重要影响，女性更多地参与日常农产品的选购，会有更多机会接触和了解有机农产品。Sultan 等（2018）认为，在澳大利亚市场，营销者可以按照年龄、教育程度和收入水平把有机农产品市场进行细分。

4.2.4　个人心理过程

从根本上影响消费者对营销刺激反应的心理过程是：动机、认知、学习和记忆。

4.2.4.1　动机

每个消费者总是有许多需要，有些需要是由生理因素造成的，如饥饿、口渴、寒冷、不安等生理紧张状态引起的某些需要。还有些需要是由心理因素造成的，如归属感、信任感、认可感等心理需要引起的某些需要。当内在需要达到足够的强度水平，或者外部营销刺激达到足够的强度水平时，就产生了动机。动机是激发和维持消费者购买行为的内部驱动力。例如，一位孕妇从刚查出怀孕时起就感觉自己吃的蔬菜不安全，当这种不安全感增强到一定程度时，她就产生了选购有机蔬菜的动机。又如，一名天天减肥瘦身的女学生，此时并不饥饿，但是她在路过蛋糕店时，由于受到了美食促销的超强刺激，产生了购买甜品的动机。

案例：速溶咖啡购买动机的调查

20世纪40年代后期，速溶咖啡作为一种方便饮料刚刚进入美国市场。让生产者和经营者始料不及的是，这种被他们认为方便、省时、省力、快捷、价格也适中的新产品并不受欢迎，问津者寥寥无几。而当直接问及消费者不买这种速溶咖啡的原因时，大部分人的回答是不喜欢速溶咖啡的味道。但在蒙眼实验中，却没有人能说出速溶咖啡与用普通咖啡豆加工的咖啡在味道方面到底有什么不同。为此，生产者和经营者都感到很茫然。

美国加州大学的海尔教授认为，消费者并没有回答拒绝购买的真正原因。其实味道只是他们的一个托词，实际上是一种潜在的心理在起抵制作用。于是，他采用了间接的角色扮演法进行深入调查。在调查中，他首先制定了两个购物清单。在清单上，除咖啡外，其余项目完全相同。把两个购物单分别发给A、B两组各50名家庭主妇，要求她们描述持有该购物单的家庭主妇的个性。

调查结果发现，家庭主妇们认为，购买速溶咖啡的人一般是懒惰的、浪费的、不称职的主妇，而购买新鲜咖啡豆的人被认为是勤俭、善于持家、懂得生活的人。问题真正的原因是，家庭主妇们担心别人这样来评价自己。谜底揭开后，速溶咖啡的营销者"对症下药"，改变广告宣传与包装策略，使消费者对速溶咖啡的情感偏见消除，逐渐形成了购买动机，使速溶咖啡很快打开了销路。今天，速溶咖啡已经成为世界各国的通用饮料。

思考： 以上案例中采用了角色扮演法最终调查清楚了消费者真实的动机，是否还有更有效的调查方法？可回顾2.4.2.2营销调研方法，并参考4.3.3未来餐厅实验室的案例。

资料来源： 蒋晓川，张霞，姜利琼. 消费者行为学[M]. 西安交通大学出版社，2014: 22。

4.2.4.2 认知

一个被激发购买动机的消费者，意味着准备好了要采取购买行动，然而，实际上如何行动还要受到其认知的影响。不同消费者对相同事物会有不同的看法,这是因为认知过程包括选择性注意、选择性扭曲和选择性保留。选择性注意,是指消费者不可能注意所有外部刺激,总是有选择地注意某些刺激而忽视其他刺激。选择性曲解,是指消费者有选择地将某些刺激信息加以扭曲,使之符合自己的意向,即消费者以自己的思维方式理解外部刺激。选择性保留,是指消费者往往倾向于保留那些与自己观念相一致的信息。在现实生活中,我们发现营销者往往要反复地表达和传递信息,因为只有这样才能保证信息不被消费者忽略。

4.2.4.3 学习

消费者的学习,是指消费者在购买过程中,不断获得知识、经验与技能,从而引起其购买行为改变的过程。在这里,购买农产品是一种学习,使用农产品也是一种学习。这些学习过程极大地影响了消费者对某些产品的购买动机、对某些刺激的反应等。俗话说"吃一堑,长一智",当消费者购买某些农产品后,若发现使用效果很差,则以后对此类产品的购买驱动力将减弱,对此类刺激的反应也将减弱;若发现使用效果很好,则以后对此类产品的购买驱动力将增大,对此类刺激的反应也将增强。

4.2.4.4 记忆

记忆是过去经历在人脑中的反映。记忆帮助消费者积累起大量的知识经验,这些都成为以后购买活动的参考依据。在每次农产品购买活动中,消费者都会自觉地利用记忆存储,如品牌印象、广告宣传、使用效果等,做出购买决策。按照存储时间,可以把记忆分为感觉记忆、短期记忆和长期记忆,三种记忆的关系如图4-2所示。

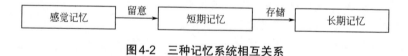

图4-2 三种记忆系统相互关系

感觉记忆存储时间很短暂,一般持续几秒。比如,刘先生路过一家有机食品专卖店,会迅速转头看一眼里面卖的是什么,这个过程只持续几秒,但这足以让刘先生决定是否进店去看一看。若信息被存储,则感觉记忆可以转移到短期记忆。短期记忆是指信息临时存储,即正在处理的信息。比如,刘先生进入店里查看每一种有机食品时,发生信息处理和存储,短期记忆可以转移到长期记忆。长期记忆是指信息的长期存储系统。为了使信息能从短期记忆进入长期记忆系统,农产品企业需要采取有效的营销刺激。

> **相关阅读：被记住，你才能赢！**
>
> 科学研究表明，影响记忆的变量至少包括：背景、线索、独特性、情绪、事实、熟悉度、动机、新颖性、信息数量、相关性、自我生成内容、意料之外等。卡门·西蒙认为，主旨记忆往往会比逐字记忆更加持久，因为主题、主旨促使我们的大脑产生了更加强烈的化学信号。我们可能不记得自己经历了什么，但我们记得自己理解了什么。如果一家公司能够在广告、营销活动中，将信息与受众的需求绑定起来，就会促成更强的印象。无论是企业、公益的品牌传播，还是社会活动，都需要明确以下几点：绝对的同质性易被遗忘，绝对的多样性亦然；要通过反向思考来凸显（人物、品牌）形象和活动的独特性；赋予特定的意义，创造人情味，增加反复传播的可能性。
>
> 资料来源：中国证券报，2018年3月10日。

4.3 农产品消费者购买决策过程

消费者购买决策过程是消费者购买动机转化为实际购买行为的过程。根据消费者购买行为模式，农产品消费者购买决策过程划分为以下五个阶段（如图4-3所示，其中包括购买执行阶段）。

图4-3 农产品购买决策全过程

4.3.1 问题确认

购买决策过程是从消费者对某一问题或需求的认识和确定开始。这一问题或需求由内在因素（消费者生理或心理因素）或外部刺激（如看到广告等）引发，然后形成购买驱动力。例如，刘先生在购买水产品时认为，如果水产品里有重金属、抗生素等有害成分残留，就会对孩子的健康发育构成威胁，于是确认问题——如何买到安全的水产品。在这一阶段，农产品营销者应通过市场调查，了解消费者的问题和需求，选择有效的营销刺激方式，激发其购买动机，并引导他们进入购买决策过程的第二阶段。

消费者对农产品的需求体现在多个方面，如对农产品的基本功能、品质、安全性、购买及食用的便利性、审美功能、情感功能、社会意义、良好服务等方面的需求。

4.3.2 信息收集

信息收集是购买决策过程的第二阶段，消费者确认问题和需求之后，要对相关信息进行收集和筛选。例如，刘先生的需求是给孩子买安全的水产品，他会通过各种渠道收集信息，了解什么样的水产品是安全的，有哪些质量认证，有哪些品牌，有哪些生产企业等，然后筛选出他认为有价值的信息。消费者收集信息的途径主要有个人经验，亲友、同事等人脉来源，互联网、电视、报纸等公共媒介来源，以及商业来源。消费者所获得的信息越丰富，就越有助于其做出正确决定。通常，消费者获得农产品信息并不全面和准确，难以做出正确的购买决策，因此农产品营销者应善于利用一切媒介，为消费者提供信息，并保持沟通。

4.3.3 方案评估

可供选择方案的评估是购买决策过程的第三阶段。消费者在收集到相关信息后，要根据自己的标准对各种可供选择方案进行评估，包括对不同的品牌、款式、价格、渠道、服务等方面进行比较和评价。

案例：未来餐厅实验室

世界著名大学荷兰瓦赫宁根大学（WUR）开设了名为"未来餐厅"的实验室，研究各种外在因素对人类饮食行为的影响，并基于此研究结果对食物和饮品进行创新，实现了研究和实践的巧妙结合。这个造价230万欧元的实验室包括实验餐厅、厨房和一系列感官测试设备，通过23台摄像机监测校内人员的日常进餐情况。科研者通过随机更换餐厅内的食物或摆设，判断哪些因素能影响消费者的饮食行为；并将人们对食物的敏感度进行量化，分析消费者对不同产品方案的评价。

思考： 相比传统的问卷调查法、访谈法，这种对农产品消费者行为的观察、测量法是否更加有效？

资料来源： 作者根据WUR官网和央视新闻编写。

4.3.4 购买决策

做出购买决策是消费者购买决策过程的基本阶段和中心环节。消费者在对各种可供选择方案进行评估之后,就会产生**购买意愿**,即消费者对某产品或品牌购买的可能性。购买意愿实质上是消费者的一种主观倾向。但是在购买意愿转变为实际购买决策的过程中,还会受到他人态度和意外事件的影响,如图4-4所示。

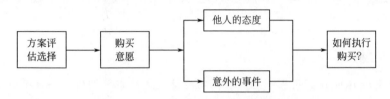

图4-4 他人态度和意外事件对购买决策的影响

4.3.5 购后行为

购后行为是消费者购买决策过程的最后一个阶段,不可忽略。消费者购买农产品之后还要对本次购买进行评价,重新考虑购买这种农产品的满意度问题。消费者购买以后的**满意度**一般取决于消费者对农产品的期望与实际效果之间的对比。如果实际效果超过期望,消费者会感到满意,那么消费者会重复购买,并对该产品产生良好的口碑;相反,如果实际效果低于期望,消费者会感到不满意,那么消费者往往不会再次购买,而且有时还会采取退货、抵制、投诉、反面宣传等行动。因此,在一批农产品售出后,营销者对这一批产品的营销工作并没有结束,必须检测消费者购买后的满意度及其采取的行动。

思考题

1. 你作为食品消费者,请结合"刺激-反应"模式描述自己对某种食品实施购买行为的全过程。

2. 对农产品消费者购买决策的影响因素有哪些?

3. 结合本章的导入案例,设想你也经营着一家有机蔬菜企业,谈谈企业营销时应该注意哪些问题,如何促使目标市场的消费者决定购买本企业的有机农产品?

第5章 目标营销

在营销环境分析的基础上,农产品经营者通过市场调研进一步了解市场需求和消费者购买行为,下一步任务就是目标客户营销。只有目标客户选对了,经营的农产品才会有市场,营销与推广才会顺水推舟。

导入案例:靠目标营销,创造高价值大米

一斤大米能卖到58元?这是宝清县和平谷物农民专业种植合作社生产的富硒大米。它之所以这么值钱,是因为它含有一种特殊的营养成分。2013年,黑龙江省在三江平原发现罕见富硒带,宝清县就位于富硒核心区。2016年,和平谷物农民专业合作社富硒水稻种植面积由1500亩(1亩=666.67米^2)扩大到15000亩,总产量达600万斤(1斤=500克)。现在,他们的冷泥牌富硒大米已远销到台湾、香港、北京、上海、广州、海南等地。合作社当年收入突破5900万元,社员人均增收5万元。富硒大米在市场上成功的关键在于,进行市场细分,确定目标市场,定位大米品种。在营销中打出品牌,引导目标群体认识、接纳富硒大米品种。

这个案例给我们的启示是,选对目标市场,集中力量开展目标营销,农产品营销才能获取更大成功。

资料来源:黑龙江日报,2017年3月27日。

5.1 初识目标营销

任何一个企业的资源和精力都是有限的,没有能力为广阔市场中的所有顾客服务,只能顾及其中的一部分顾客。农产品营销者需要合理地把这"一部分顾客"筛选出来,并确立为自己的主攻市场(即目标市场),然后制订出有针对性的营销策略,最后充分利用资源,集中全力为目标市场提供有效服务。这一过程就是目标营销。

目标营销是指,企业在市场细分基础上,通过评估分析,选定一个或若干个顾客群体作为目标市场,并相应地制订营销策略的过程。如图5-1所示,农产品目标营销(又称STP营销)分为三个主要步骤:市场细分(Segmenting)、选择目标市场(Targeting)和市场定位(Positioning)。下面分别介绍这三方面内容。

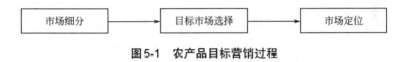

图5-1 农产品目标营销过程

5.2 第一步:有效细分市场

5.2.1 农产品市场细分的定义

农产品市场细分,是指根据农产品购买者需求的差异性,把所有可能的农产品消费者划分为若干个不同类型的消费者群体的过程。每个消费者群体就是一个细分市场,即子市场。例如,雀巢公司在进入日本市场时,根据不同年龄消费者对咖啡需求的差异,把总体市场细分为年轻人市场(更关注新潮和爱情)、中年人市场(更关注社会地位)和老年人市场(更关注日本传统文化)3个子市场。

案例：章丘大葱的市场细分

章丘区宁家埠镇大桑市场是当地主要的大葱产地市场，在这里可以看到运输大葱的货车，有的装的是成捆的小细葱，有的装的是粗壮一些的大葱。某合作社社长介绍，据他们观察，京津冀的人们喜欢大葱、重庆人喜欢小葱，而河南人喜欢不大不小的"二小葱"。因此，直径2.5cm以上的一级葱、特级葱，主要销往了京津冀市场，一般卖到每斤1.2元以上。而发往重庆和河南的小葱、二小葱，属于章丘大葱中的低等品，价格较低，小葱每斤能卖到0.7元、大一点的能卖到0.9元。不仅大葱的大小有级别，包装方式也有差别。传统的"捆扎葱"每斤能卖到1.2～1.5元，经过扒白、套保鲜袋、加宣传彩页之后，同等大葱每斤能卖到2元。还有更高级的盒装大葱，经过细致的加工和包装之后，每斤能卖到3.5元。

资料来源： 生活日报，2011年10月27日。

5.2.2 农产品市场细分的作用

首先，市场细分有利于发现市场机会。通过农产品市场细分，营销者便于掌握不同消费者的需求状况和满足程度，从而发现未被满足的农产品需求，并结合自身条件挖掘市场机会。其次，市场细分有利于企业集中资源，提升竞争优势。特别是对于农产品中小企业而言，资源紧缺、实力薄弱，在整体市场或较大市场上往往难以取得竞争优势，但是通过市场细分，中小企业可以找到一些大企业顾及不到的细小市场，然后"见缝插针""拾遗补缺"，集中优势力量去满足特定市场的需求，将整体劣势变为局部优势，求得生存和发展。最后，市场细分有利于农产品消费者的多样化需求得到更好的满足。

5.2.3 农产品消费者市场细分的标志

农产品消费者市场细分的标志可以分为四大类：地理标志、人口标志、心理标志和行为标志，如表5-1所示。

表5-1是根据单一因素（标志）将市场进行细分，也可以选用多个标志（因素组合）进行市场细分。比如，某一食品配送企业选用城乡和家庭生命周期两个标志，将整体市场划分为16个子市场（如图5-2所示）。如果选用更多的标志，将会细分出更多的子市场。

表 5-1 消费者市场的细分标志和典型细分

标志	具体标志	典型细分市场
地理标志	国界	国内（大陆、港澳台）、国外
	地区	华东、华北、华中、华南、西南、西北、东北
	地形	高原、盆地、平原、丘陵、山地
	城乡	大城市、中等城市、小城镇、农村
人口标志	年龄	婴幼儿、儿童、少年、青年、中年、老年
	性别	男性、女性、其他
	民族	汉族、壮族、回族、蒙古族、维吾尔族等不同民族
	家庭规模	1人、2人、3人、4人、5人以上
	家庭生命周期	单身、新婚、满巢、空巢、解体
	收入水平	高收入、中等收入、低收入
	职业	农民、工人、商人、公务员、教师、军人、自由职业等
	教育程度	小学、初中、高中及中专、大学、研究生等
	宗教	佛教、基督教、伊斯兰教、道教等
心理标志	生活方式	时尚、保守、奢侈、朴素、现代、传统、西方、东方
	购买动机	求实、求廉、求美、好奇、显贵等动机
	性格	自信、自主、顺从、适应
行为标志	了解程度	不了解、较了解、充分了解
	态度	狂热、积极、不关心、否定、敌视
	使用状况	未曾使用、曾经使用、初次使用、经常使用
	利益诉求	质量、服务、经济、速度
	购买频率	频率高、频率一般、频率较低
	对营销刺激敏感程度	无反应、不敏感、比较敏感、很敏感

注：参考资料：郭松克. 市场营销学[M]. 清华大学出版社, 2017: 123-124。

	单身（B1）	新婚（B2）	满巢（B3）	空巢（B4）
大城市（A1）	A1B1	A1B2	A1B3	A1B4
中等城市（A2）	A2B1	A2B2	A2B3	A2B4
小城镇（A3）	A3B1	A3B2	A3B3	A3B4
农村（A4）	A4B1	A4B2	A4B3	A4B4

图 5-2 某食品配送企业的市场细分

5.2.4 有效细分市场的特征

细分一个市场的标志和要素有很多，它们的组合就更多。但并不是所有的细分市场都是有效的。比如，按照年龄对大米进行市场细分，可以得到儿童市场、少年市场、青年市场、中年市场和老年市场，然而这样的市场细分并没有实际意义。因此，农产品市场细分应考虑细分后的市场是否具备有效性。有效的细分市场一般具有如下特征：

第一，可衡量性。细分的市场是可以识别、衡量和推算的，即市场范围明确、市场容量可以估计和预测出来。比如，某食品企业选择心理标志中的"性格"变量对市场进行细分，得出"自信的""顺从的"2个子市场，如果企业不能准确界定这些子市场的范围，难以估计市场需求量，那么这种市场细分就没有意义了。

第二，可进入性。细分的市场应该是营销者能抵达的，即可以通过营销努力使产品进入其中并可以对消费者施加影响的市场。比如，一个地处哈尔滨的小饭馆按照地区标志划分出华北、华南、西北等若干个子市场，是毫无意义的。

第三，可盈利性。细分的市场应有足够的需求量和发展潜力，并且企业可以获得理想的利润。有些农产品细分市场过于狭小，导致企业进入这个细分市场支付的成本远超出收益，且发展前景不乐观，那么这样的市场细分就是无效的。

第四，可区分性。各类细分市场的需求应该是有差异的，对同一营销刺激会产生差异性反应。比如，某个茶饮料企业调研发现，男性和女性消费者对本企业的茶饮料需求差异不明显，那么就不应按性别来细分市场。

5.3 第二步：合理确定目标市场

5.3.1 什么是农产品目标市场

经过市场细分，一整块市场"蛋糕"被切成好多个小块，接下来营销者要做的是，从这些小块"蛋糕"中挑选出一个或几个，并通过营销努力来获得它们。

在细分市场的基础上，农产品营销者选择一个或几个细分市场作为主要营销对象，这些被选定的细分市场就是农产品目标市场。并不是所有的细分市场都能作为营销者的目标市场，需要根据一定标准对各细分市场进行评估、比较和筛选，然后合理确定目标市场，并制订相应的目标市场策略。

在评估不同的细分市场时，必须考虑两方面的因素：一是细分市场的吸引力，考察细分市场是否有足够的市场规模、增长潜力和利润水平；二是企业的目标和资源，考察细分市场与企业的长期目标一致性如何，是否具备发展所需的资源。

5.3.2 农产品目标市场策略

农产品营销者选择目标市场的范围不同，其目标市场的营销策略也不一样。一般而言，目标市场的营销策略有三种类型。

5.3.2.1 无差异性营销策略

无差异性营销策略是指，营销者不进行市场细分，把整个市场看作一个大的目标市场，推出单一的标准化产品，运用统一的营销策略开拓市场。企业在两种情况下会实行无差异性营销策略：一种情况是企业受到传统产品导向观念的影响，只考虑需求的共性，而忽视差异性；另一种情况是，企业通过调研发现面对的市场需求差异性较小。例如，食盐这类产品，消费者的需求差异很小，食盐企业认为没有必要进行市场细分，而采取统一的营销策略。

这种策略最大的优点在于，按照单一标准大量生产，可以降低平均生产成本；实施统一的营销策略，可以降低营销成本。但是，随着农产品市场竞争激烈程度不断加剧，同时消费者对各类农产品的需求逐渐多样化和差异化，无差异性营销策略对于大部分农产品经营者而言，已经越来越不适用了。例如，20世纪60年代之前，可口可乐公司一直实施无差异性策略，以单一产品形式和统一的营销组合，长期占领软饮料市场。但是随着软饮料市场竞争加剧，特别是百事可乐的崛起打破了市场垄断的局面，迫使可口可乐放弃了无差异性营销策略。

5.3.2.2 集中性营销策略

集中性营销策略是指，营销者在细分市场基础上集中力量只在一个细分市场上开展营销工作。采取集中性营销策略的农产品营销者，力求在较小市场上占有较大的份额。这种策略主要适用于资源有限、实力较弱的小企业，它们尽全力去争取一个细分市场，为这一市场的消费者提供更好的服务，获得较强的竞争优势。例如，天津一家蔬菜合作社之前采取的是无差异性营销策略，即对来自各地的客户都采取统一的营销策略,如产品种类、定价方法、推广方式、促销手段都无差别。之后,合作社理事长经过调研发现,北京某些社区对高品质的新鲜蔬菜需求旺盛,于是合作社开始转变营销策略,与当地一家蔬菜供销公司合作,专门为这些社区这一个细分市场提供所需的蔬菜产品,由于资金、耕地、人力等资源的限制,合作社的其他项目都不做了,他们要集中力量占领这一细分市场。

这种策略最大的优点在于,有利于集中力量在特定市场对消费者深入了解,及时反馈信息,采取针对性较强的营销策略,提高消费者满意度,从而获得在细分市场上的成功。而最大的缺点在于,经营者承担的市场风险较大。由于把大部分资源和力量都集中到一个细分市场上,一旦目标市场需求发生变化,或者出现了强有力的竞争对手,经营者就会陷入困境。

5.3.2.3 差异性营销策略

差异性营销策略是指,营销者在细分市场基础上选择多个细分市场作为目标市场,并对不同的细分市场采取差异化的营销组合策略,满足不同消费者的需求。采取这种策略的农产品营销者,会根据不同市场需求经营多样化的农产品,采取较为复杂的营销组合,投入较多的营销费用,促进市场销量增长。细分市场数量越多,营销组合越复杂,要求投入的营销费用也越多。因此,农产品营销者应该量力而行,细分市场数量应适宜,不得过细、过多。

市场细分的极致是个人市场细分,"私人订制"或"一对一营销",企业满足消费者的个性化需求。然而,个人定制化营销不一定适合农产品经营者,农产品"私人订制"一般难以实现。由于市场细分过细,难以实现产品的大批量生产,单位成本较高,价格往往超出了消费者的支付能力;而且很多消费者直到看到实际产品时才会知道自己需要什么,可订制的农产品难以修改。例如,吉林某公司配送的"私人订制"蔬菜,从每千克24元的豆角到每个10元的土豆,价格都高于普通蔬菜数倍甚至几十倍。

案例:吉林省农产品"私人订制"新潮流

长春百余名消费者每天都能收到来自农安县春江堰家庭农场的"蔬菜快递"。这个农场的47座温室种植着数十种蔬菜。农场负责人说,"农场拥有1000多名会员,现在产能不足,比如香瓜上市时,只能满足一半会员的需求。"这些"私人订制"多是通过互联网完成,消费者轻点鼠标就能租种一块地,自选种植的菜品,形式上有全托管、半托管、自耕种等。

"体验"在农产品私人订制领域越发普遍。辉南县的一个水稻农场每逢小长假就会与银行、科技企业等合作组织客户开展吃、住免费的体验活动。一位顾客说,"我也不知道蔬菜是不是有机的,但企业的宣传让我感觉是,而且这么高的菜价应该物有所值。"

资料来源: 山西工人报,2017年8月21日。

5.4 第三步:找准市场定位

5.4.1 农产品市场定位的定义

"定位"起初是在美国广告界提出的。当时广告设计中存在大量雷同和无特色的问题,广告经营者在"信息爆炸"时代,为增强人们对广告信息的关注程度,努力突出差异性,建立独特形象。这种思想后来被不断提炼、丰富和完善,现已成为市场营销学中的一个核心概念。

市场定位(也称产品定位),简单来讲就是企业及其产品在消费者心中的形象和特色。具体而言,农产品市场定位,是指农产品营销者根据竞争对手产品在市场上所处的地位,以及消费者对该产品某些属性的重视程度,塑造自己产品的鲜明个性或形象,从而确立该产品在目标市场中的地位。农产品市场定位的实质是在目标市场上取得竞争优势,在消费者心目中树立独特的形象,以赢得更多的消费者。

5.4.2 农产品市场定位的步骤

农产品市场定位大致分为三个步骤:潜在竞争优势识别、核心竞争优势定位、核心竞争优势显示(图5-3)。

5.4.2.1 潜在竞争优势识别

农产品营销者需要通过调研了解目标市场的现状,回答以下几个问题:目标市场的欲望和需求满足程度如何,消费者还需要什么?竞争对手的市场定位如何?针对竞争对手定位和目标市场需求状况,本企业应该做什么,能够做什么?通过回答上述问题,农产品营销者可以识别出自己的潜在竞争优势。

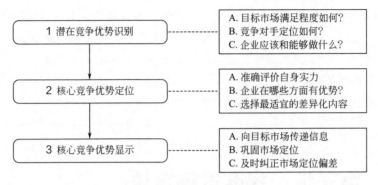

图5-3　市场定位的一般过程

竞争优势是指企业在为客户提供价值方面比竞争对手更有效。竞争优势一般包括两种类型：一是低成本优势，即在相同的条件下，企业比竞争对手的产品单位成本低；二是差异化优势，即能够以多样化、差异化的产品和服务满足不同消费群体的需求。差异化的切入点一般包括产品、服务、人员、渠道和品牌等方面。

5.4.2.2　核心竞争优势定位

与竞争对手相比，一个农产品经营者的竞争优势可能体现在产品价格、产品质量及安全性、产品用途、使用方式、产地文化、情感、服务质量、人员素质、销售渠道、购买场所、购买方式、品牌形象、管理能力等方面。农产品经营者难以做得到在所有方面都强于对手，只能选择最合适的方面进行培育，形成企业核心竞争优势。

农产品营销者应该准确评价自身实力，选择最适宜的差异化内容。并不是所有的差异都是有意义或有价值的，也不是每种差异都能利用。一种差异在提高顾客满意度的同时，也可能增加企业成本。选择差异应该遵循以下几个原则：一是这种差异是重要的，能向消费者让渡较高价值；二是这种差异是明晰的，消费者可以感知到，也可以沟通；三是这种差异是可负担的，消费者有能力支付；四是通过这种差异企业可以获得相对多的利润；五是这种差异是专属的，难以被竞争对手模仿。

案例：学习"三只松鼠"的市场定位

"三只松鼠"是在2012年推出的互联网食品品牌，产品很小清新，代表着天然、新鲜以及非过度加工。上线仅仅65天，"三只松鼠"的销售就跃居淘宝天猫坚果行业的第一名。是什么促成了"三只松鼠"的成就？与传统农产品营销相比，"三只松鼠"有哪些特别之处呢？

做营销，首先要确定目标消费者，紧接着是投其所好。"三只松鼠"的目标人群定位非常明确，它的客户群体定位是80、90后互联网用户群体。80、90后普遍有自己的主见和行为准则，他们追求时尚、享受生活、善待自己，对细节挑剔，习惯网购，注重全方位的消费体验。"三只松鼠"从命名开始，就很注重契合目标消费者的特点。"三只松鼠"的形象和包装也是根据消费者的需求定位出来的。

启示：要对目标消费群进行精准定位，明确产品与消费者之间的关系，分析挖掘他们内在的爱好、需求和兴趣点，并把他们的某些特点元素与产品相结合，从而增加消费者对品牌的认可度。

资料来源：番禺日报，2014年1月23日。

5.4.2.3 核心竞争优势显示

核心竞争优势定位之后，还要把差异化优势的信息准确传递给目标市场，并在消费者心目中确立独特的企业及产品形象，从而显示出本企业的核心竞争优势。为此，农产品经营者应采用营销手段引起消费者的注意和兴趣，通过市场推广活动让他们了解、认同和偏爱本企业的产品定位。然后，通过营销刺激稳定和强化消费者的记忆，提高消费者满意度和忠诚度，以固本企业的市场定位。最后，还应密切关注目标市场的动向，及时纠正消费者对市场定位理解的偏差，及时纠正与市场定位不一致的企业行为。

案例：学习"江小白"的市场定位

准确找到消费群体，消除其"痛点"，这是可以向"江小白"学习的第一点。满足消费欲望就是要消除消费者的"痛点"，而一种产品无法解决所有人的问题，所以在传统白酒界唏嘘着"年轻人不懂白酒文化"，而又不肯做出改变时，"江小白"大胆提出"白酒不懂年轻人"的论调，将消费群体锁定为年轻人。

与消费者的近距离沟通，与更广大的潜在消费群体进行深度互动，这是可以向"江小白"学习的第二点。"江小白"通过举办独具特色的"约酒大会"，在都市青年群体中催生了"约酒文化"，以品牌创造并引领文化，达到提高用户忠诚度的目的，并最终形成具有影响力的"粉丝圈"。他们推出的私人定制酒日趋流行。只要扫描二维码，进入H5页面，消费者就可以去创作语录、设置场景，定制独一无二的专属酒，个性化、情感化、具有收藏纪念意义，这是一种深层次的消费满足。

启示：一款产品，从迎合消费者的物质需求到迎合感情需求，成为消费者感情宣泄甚至是寄托的载体；让消费者从接受产品和文化的输出，到成为生产者，创造属于自己的文化因子，独一无二的体验使消费真正具有了煽动性。消费为王的时代，品牌的核心竞争力，就在于有没有能够打动消费者的独特元素。

资料来源：东方烟草报，2017年4月16日。

思考题

1. 农产品经营者为何需要做市场细分？如何进行市场细分？
2. 农产品经营者如何选择目标市场？
3. 农产品经营者是否需要做市场定位？如何进行市场定位？
4. 设想你经营一家农产品企业（先明确经营什么农产品），结合本章内容，谈谈企业目标营销的全过程。

农产品定价

第 6 章

价格是反映市场需求与供给变动的重要指标，价格还关系到经营成本、竞争力、调节供给、价格政策等重要问题，价格分析也是企业营销的基础工作。

导入案例：菜价、肉价"过山车"式变化

2014年4月，河北、海南、河南等地出现蔬菜滞销，菠菜、芹菜、莴笋等的价格持续走低，有的甚至跌到几分钱一斤；与此同时，猪肉价格连连跳水，令很多养殖户叫苦不迭。蔬菜、猪肉价格缘何再现"过山车"式大变化？中科院农村发展研究所研究员李国祥认为，这一时期的蔬菜价格下跌、滞销，有季节性波动的因素。天气转暖，蔬菜集中上市，导致价格下行。同时，更直接的原因是供过于求。中国国际电子商务中心内贸信息中心分析师陶炜煜表示，多重原因造成此次猪价持续下跌。其中，生猪行业产能偏高是主因。同时，春季处于传统消费淡季，节后一段时期是肉制品加工企业的生产淡季，对肉类原料需求量减少，以及受餐饮行业增速低迷影响，猪肉消费需求不旺，这些因素共同造成猪肉价格下行。

农产品价格一头连着农民，一头连着市民。农产品价格何时才能摆脱剧烈波动怪圈？如何切实避免菜贱、肉贱伤农？这些问题值得深入思考。

6.1 农产品价格决定因素

价格是指商品同货币交换时一单位商品需要的货币的数量。在不考虑货币因素情况下，农产品价格是由三大因素决定的，一是农产品价值，二是农产品供给与需求关系，三是农产品市场结构。

6.1.1 价值决定价格基准

农产品价格的变动遵循着基本的价值规律，即价值决定价格，价格围绕价值上下波动。农产品价值是指凝结在农产品中的无差别的人类劳动或抽象劳动。价值是价格的基础，价格是价值的货币表现。市场上各类农产品的价格存在差异，首要原因是它们所包含的价值量不同。在其他条件不变的情况下，农产品的价值量越大，价格就越高；价值量越小，价格就越低。例如，有机菠菜比普通菠菜的价值量高，必然表现为有机菠菜市场价格高。农产品的价值量不是由单个农产品生产者所耗费的劳动时间决定的，而是由社会必要劳动时间决定的。马克思把社会必要劳动时间定义为，在现有的社会正常的生产条件下，在社会平均的劳动熟练程度和劳动强度下，生产某种产品所需要的劳动时间。社会必要劳动时间与社会劳动生产率呈现反比关系，如果社会上生产某种农产品的劳动生产率普遍提高，那么生产这种农产品的社会必要劳动时间将缩短，从而使其单位价值量降低。

6.1.2 供求关系决定价格变动

农产品价格变动从根本上取决于供求关系的变动，供大于求时农产品出现"过剩"，价格下降；供不应求时农产品出现"短缺"，价格上涨。供需关系与农产品价格是相互影响、相互制约的。农产品供给与需求之间总是处在平衡与不平衡的相互交替状态，所以农产品价格也总是处于上涨与下跌相互交替之中，如图6-1所示。伴随供求关系这种连续不断的变化过程，农产品价格围绕价值不断上下波动。

引起农产品价格变动和差异的因素有许多，如天气、生产条件、政策、进出口贸易、习俗、消费心理、相关产品价格、农产品库存、经销商促销行为等，

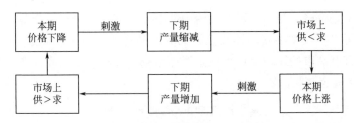

图6-1 供求关系与市场价格波动

但是这些影响因素都是通过改变农产品的供给与需求关系来实现的。参考现实生活中的常见现象：为什么本地西瓜刚上市时，价格达到每斤几元钱，大量上市后价格降到不到一元钱？为什么每当春节时，全国各地蔬菜价格往往处于一年中的较高水平？

> **问题讨论：粮价和肉价的关系**
>
> 　　在中国从短期来看，粮价高，肉价就低；粮价低，肉价就高。反之亦然。你第一时间会不会这样想：怎么可能呢，粮价高，肉价怎么可能反而低呢？如果你这样想，那么就犯了成本决定价格的错误。正确的逻辑是：在中国，饲料占了粮食需求的绝大部分。肉价高，说明牲畜少，对粮食的需求就少，因此粮价低；肉价低，说明牲畜多，对粮食的需求就多，因此粮价就高。你认为粮价和肉价的关系是什么样的，能否通过实际观察来验证你的观点？
>
> 　　**资料来源**：谢作诗. 看得见的和看不见的. 深圳特区报，2019年3月26日。

6.1.3 市场结构影响价格形成

　　价格是在市场交易过程中形成的，市场结构会对价格形成产生重要影响，在不同类型的市场上企业对价格的控制或影响程度是不同的。如表6-1所示，按照竞争程度把市场结构分为完全竞争市场、不完全竞争市场和完全垄断市场三种形式。在完全竞争市场中，存在大量的农产品买家和卖家，经营的产品一般无差别，每个企业都无法控制市场价格，都是市场价格的接受者；在不完全竞争市场中，存在较多的农产品买家和卖家，经营的产品有些差别，某些企业在一定程度上可以控制或影响市场价格；在完全垄断市场中，只存在一个农产品买家或卖家，市场上产品是唯一的，不存在竞争关系，企业能在很大程度上控制或影响市场价格。虽然在现实生活中并不存在完全竞争和完全垄断的极端形式，但是可以在现实中找出比较接近的农产品行业，便于把握其特征。例如，许多大宗农产品市场比较接近于完全竞争市场，烟草、食盐等特殊农产品市场比较接近于完全垄断市场。

表 6-1　不同市场结构类型比较

市场结构类型	企业的数量	产品差异程度	企业对价格控制程度	进入行业的自由程度	现实中接近的农产品行业
完全竞争	很多	无差别	无	很自由	许多大宗农产品
不完全竞争	较多	有些差别	较小	有限	乳制品、酒品等
完全垄断	一个	唯一产品	很大	不能进入	烟草、食盐等

问题讨论：大型养鸡场为什么赔钱？

梁先生列举了一个现象，在20世纪80年代，一些城市为了保证居民的菜篮子，由政府出资兴办了大型养鸡场，但成功者少，许多养鸡场最后以破产告终，大型养鸡场反而竞争不过农民养鸡专业户或"农村老太太"养的鸡，往往赔钱者多。这是为什么呢？

我们先判断鸡肉和鸡蛋的市场结构类型。第一，市场上买者和卖者的数量怎样？大型养鸡场的市场份额如何，是否可以通过产量来控制市场价格？第二，鸡肉及蛋品的差异程度如何，企业能否以产品差异化形成垄断力量？第三，市场能否自由进入与退出？

在这种类型的市场上，大型养鸡场和普通农户如何应对市场供求变动？假设受高致病性禽流感疫情暴发的影响，禽产品市场价格出现波动，价格可能先是大跌，这时该如何应对？当疫情结束后，禽产品市场供应紧张，这时又该如何应对？与普通养殖户相比，大型养鸡场的固定成本（设施装备、管理人员等）和可变成本（饲料、劳动等）是高还是低？大型养鸡场为应对市场变化，能否快速地调整产量，迅速地进入或退出市场？

综上，农产品价格是由农产品价值、农产品供求关系和农产品市场结构等因素共同决定的，每一种因素中还存在许多具体的影响因素。因此，对农产品市场价格的分析和预测非常复杂。

6.2 如何发现农产品价格

农产品价格的发现与价格的决定是不同的,区分价格决定与价格发现非常重要。价格决定是指以价值为基础,供给和需求决定均衡价格的过程。而农产品**价格发现**是指,买卖双方在既定的地点对既定数量和质量的农产品达成一致价格的过程。市场形成的均衡价格需要被及时发现,并且在每一个交易中发挥作用。价格发现是人为的过程,因此难免会存在判断失误的情况,并且受制于买卖双方的谈判能力。价格发现中达成的一致价格并不一定等于均衡价格。

那么在现实生活中,农产品价格是如何发现的?农产品价格发现方式通常包括:对手交易、有组织的公开市场交易、参考同类市场交易和管制价格等。

6.2.1 对手交易

对手交易(或个人私下协议),即农产品买卖双方在私下通过一对一谈判确定农产品价格的过程。这是农产品市场中比较普遍的价格发现方式。价格的公平性依赖于买卖双方的信息获取能力、交易技巧、渠道权力等构成的谈判能力。在我国,分散经营的小农户获取的市场信息明显不足,对收购商的依赖性较强,因此通过对手交易发现和形成的价格,往往与市场均衡价格相比差异较大,难以保证价格的公平性,而且需要付出较多的时间和精力。对此,相对弱小的农产品经营主体需要通过加入集体组织(如合作社、协会),将个人私下协议转变为集体私下协议,提高谈判能力。

6.2.2 有组织的公开市场交易

有组织的公开市场交易,是指将零散的私下交易都转变为集中、公开、有组织的交易,即把大量的农产品买者和卖者汇集到有形市场上,通过统一的交易规则和流程,发现和形成农产品价格。例如,在农产品拍卖交易市场上,通过公开竞价的方式发现和形成的市场价格更加透明,公平性更强,而且降低了价格发现的成本。然而,在我国有组织的公开市场交易并不多见,具有代表性的是云南斗南花卉市场的拍卖交易、郑州商品交易所和大连商品交易所的农产品期货交易。

6.2.3 参考同类市场交易

农产品经营者可以不直接参与到市场交易中，通过参考同类市场形成的价格或相关机构提供的市场信息而发现价格。我国各地农产品批发市场、国内外期货市场、大型电商平台都具有价格发现功能，我国农业、市场主管部门和相关机构也会定时收集各地有形市场的价格信息，并公布出来。这种价格发现方式可以减少交易成本，但是应注意信息传递的滞后性问题，还要考虑参考的信息是否与本企业实际条件相符合。

6.2.4 管制价格

还有一种农产品价格发现和形成的方式是政府对价格的管制。例如，政府制定目标价格、支持价格、最高限价等都属于管制价格。但是，这种方式容易出现资源配置不合理等问题。

案例：谁在推动苹果价格大涨

在 2019 年的 5 月，"水果自由"成为了新的舆论热点。苹果的涨幅最大，如图 6-2 所示，苹果的全国批发价格在进入 2019 年以后的 5 个月内都处于上升趋势。

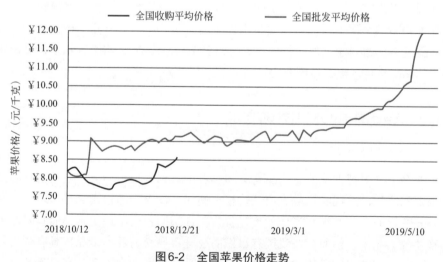

图 6-2　全国苹果价格走势

数据来源于中国果品流通协会

苹果价格如此大幅上涨的原因普遍认为有三个：一是2018年4月初山西、陕西、宁夏等苹果主产区发生了50年一遇的霜冻，导致了大量农户的苹果减产甚至绝收；二是苹果经销商囤货导致苹果价格上涨；三是苹果期货价格和现货价格互相推动上涨。

陕西洛川的陈大爷种了7亩红富士，2018年4月初的冻霜灾害使陈大爷家的苹果树叶受到影响，导致2018年只收获了4.2万斤苹果，比2017年减少40%。但所幸陈大爷苹果出手晚，一斤卖到了5元，价格比往年都高。不过在扣除农资、人工等成本后，2018年的收入还是要比往年少2万元。在2019年5~6月份市场价格上涨的过程中，陈大爷并没有参与其中，因为这时他家已没有成熟的苹果。

陕西洛川的小军，是当地一个苹果批发企业的业务经理。2018年10月小军以4~4.5元/斤的价格收购了790万斤苹果，而在销售的过程中，尽管价格不断上涨，客户的购买热情并没有下降。眼看着苹果行情不断上涨，而自己手头却没有存货。在2019年"五一"期间，小军竟冒险从别的经销商手中购买苹果，以6元/斤的价格购进30万斤，最后以8元/斤的价格出售，这一冒险的操作让企业盈利60万元。随着苹果价格节节攀升，许多苹果经销商进入疯狂状态，在高价位倒买倒卖。

山东烟台的大孙批发苹果十多年了，现在他的冷库可以存储3500吨苹果，而受到2018年减产的影响，他只收了1400吨的苹果。尽管苹果卖得不多，但他依然从上涨行情中赚到实惠，而这实惠来自期货市场。以苹果1905合约为例，他在10500元的位置买入，在14500元的位置卖出。按照苹果期货交易规则，一手合约是10吨，支付10%的合约保证金。也就是说，这一手合约操作，大孙用1.05万元（合约保证金），撬动10.5万元的苹果期货合约，然后按14500元的价格卖出合约14.5万元，一手获利4万元。苹果现货的短缺和期货市场的创富故事，推动更多资金投向期货市场。据郑商所数据显示，2018年5月11日，苹果期货市场的成交金额为1957亿元，到了5月16日，成交金额就达到了6163亿元，短短三个交易日就上涨了215%。苹果期货价格被炒高，对现货价格上涨起到了推波助澜的作用。

资料来源：中央电视台《经济半小时》，2019年6月7日，周志彦整理编辑。

6.3 把握农产品价格周期性波动

农产品市场存在一个显著特点：价格波动较为频繁和剧烈，且呈现出一定的周期性。

6.3.1 农产品价格季节性变动

从短期来看，农产品供给具有一定的季节性，因为许多农产品（特别是种植产品）都要严格按照季节规律安排生产，且需要较长的生产周期。例如，东北地区玉米一般在5月初播种，10月份收获，生长周期大约为5个月。不同月份之间农产品产量存在较大差异，有淡旺季之分，引起农产品价格呈现一定程度的季节性变动。不同种类农产品价格变动的季节性是有差异的。与种植产品相比，畜产品受自然条件及空间限制一般较小，其价格的季节变化并不规则。图6-3显示的是2017年7月至2019年6月之间，我国猪肉批发价格变动情况，从短期来看，猪肉价格变动非常不规则。

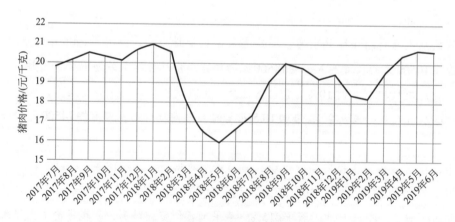

图6-3 我国猪肉批发价格变动情况

数据来源于农业农村部信息中心

6.3.2 农产品价格周期

从长期来看,农产品价格波动呈现出明显的周期性。价格周期的长短一般取决于农产品生长周期的长短。例如,东北普通玉米生长周期大约为5个月;生猪的生长周期较长,普通猪从母猪补栏到猪肉上市至少需要大约13个月,其中母猪妊娠期大约为4个月,仔猪出生到成猪出栏需要大约6个月;肉牛的生长周期更长,普通牛从母牛补栏到牛肉上市需要大约46个月,其中母牛妊娠期大约为9个月。因此,玉米生产对价格反应的滞后性较小,反应滞后期大约为1年,价格周期较短;生猪生产对价格的反应滞后期大约为2年,价格周期一般为4年左右;肉牛生产对价格反应的滞后性最强,价格周期较长。

图6-4给出的是2001年至2018年我国生猪生产价格指数每年变化情况,从图中可见,生猪价格波动呈现出明显的周期性。根据价格曲线形状,大致可以划分出以下4个价格周期:第一个周期是2002～2006年,波动幅度最小;第二个周期是2006～2010年,波动幅度最大;第三个周期是2010～2014年;第四个周期是2014～2018年。每个周期一般持续四年左右,在每一周期内,养猪户一般经历如下过程:① 当生猪价格跌落到一定程度时,广大养猪户为了减少亏损,大量出栏,甚至屠宰能繁母猪和基础母猪,导致生猪价格进一步下跌;

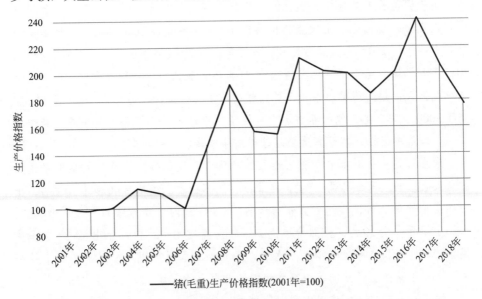

图6-4 我国生猪生产价格指数变化情况

数据来源:根据国家统计局公布数据整理得出

②经过一段时间后,由于生猪生产能力严重不足,市场上生猪供应出现紧缺,价格开始回升;③当价格上升到一定程度时,养猪户认为养猪有利,于是开始扩大规模,增加母猪数量,提高生产能力,但是由于生长周期的限制,市场上生猪供应数量仍然不足,生猪价格在一段时间内仍然上涨;④随着生猪逐渐出栏,市场供给量逐渐增加,猪价开始持续下降;⑤当跌到一定程度时,广大养猪户又进入新一轮的"割肉止损"。

案例:猪贱伤农怪圈

安徽省是全国生猪生产大省,2018年春节以后,猪价出现持续大跌。到2018年5月10日,全省生猪出栏价格比去年同期下跌32.12%。

田广友是安徽阜康养猪专业合作社负责人,从事养猪行业近20年,合作社内养殖生猪达5万头左右。他说,前两年猪肉行情好,不少大型养殖场扩大规模,加大生猪供应。现在生猪价格已跌破5元/斤了。他算了一笔账:平摊到1斤(毛重)猪,需饲料费用4.5元、防疫费用0.3元,加上母猪喂养及管理费、人工和水电费用,养殖成本共计6.3元,按照目前的价格,意味着1斤亏损超1元,卖一头猪至少亏损300元。他的合作社现有生猪达五万头。

胡守稳是长丰县淮光村的村民,从事养猪行业21年,他对当前的猪价下跌比较淡定。据他回忆,上次生猪价格低于5元/斤是在2014年前后,低迷的行情一直持续到2015年,随后迎来一波涨势,到2016年每斤最高涨至10元附近,2017年初开始一路下滑到现在的低价。"去年,我已经预感猪价会跌,所以去年底我就将大部分生猪卖出去了,虽然赚的不多,但至少没亏本。"胡守稳说。卖完了3000多头生猪,他的养殖场内只留了少量母猪。近期许多养殖户为减少亏损,选择集中出栏,甚至淘汰基础母猪,导致猪价进一步走跌。

宋维群是金寨县鑫农养猪合作社的负责人。这轮猪价下跌,对他们来说并没有太大影响。宋维群说:"我们在北京、江苏、合肥等地有40多家直营店,出栏的生猪处理之后,运送到直销店销售。"合作社内主要养殖的是大别山黑猪,市场上每斤售价20元,虽然价格比普通猪肉高出不少,但每年出栏的1万多头黑猪仍不够卖。"规模化解决了效率、技术、成本的问题,但满足不了个性需求,未来土猪肉、黑猪肉等中高端猪肉还有很大的市场。"

思考: 养殖户如何应对猪周期的冲击?

资料来源: 安徽日报,2018年5月14日。杨微整理编辑。

6.4 农产品定价的策略

在市场价格分析的基础上,农产品营销企业要根据实际情况采取适当的定价策略。例如,为同一种农产品,标出不同的价格,会引起消费者出现不同的反应,根据需求法则,定价越高,消费者的需求应该越少;定价越低,消费者的需求应该越多。但是在实际营销活动中,消费者的购买行为并未表现出这一关系,有时还会出现相反的情况。这其中有一种因素起到了至关重要的作用,这就是购买心理因素。农产品营销者需要了解消费者的购买心理,并据此确定价格。除了心理定价策略,还需要根据区域差异、时间差异、产品形式差异、顾客差别等来确定价格。

相关阅读:农产品定价的"诀窍"

(1)薄利多销。这主要是针对竞争能力还很弱小的新农人。定价时只要能弥补"变动成本+固定成本",有一定的盈利,维持生存就可以了。

(2)利润最大化。主要是针对新奇品种或渠道来源可控的农产品。市场上与之竞争的产品少,可以定高价,以便更快、更高地获得利润。

(3)销售总额最大化。实质是变相地扩大消费者范围,有利于产品的市场竞争。经营者提供了优质的农产品和服务,但是价格却定在中、低价位上。

(4)面向高端市场。把自己的精力集中在最有希望的消费者身上。根据商品销售的"二八法则",80%的收入由20%的顾客带来。

(5)低价竞争。对那些需求量弹性大,而消费者对价格又特别敏感,稍微降低价格就会刺激消费需求的农产品,就可以为之。

(6)维持稳定是良方。在消费者心目中,质量好的农产品价格会高一些,且价格稳定。所以,在市场竞争和供求关系比较正常的情况下,为了避免不必要的价格竞争,占领固有市场,就要采取稳定价格的措施,实行中价位操作。

资料来源:央广网,中国乡村之声,2015年9月9日。杨微整理编辑。

思考题

1. 当一位农民抱怨说，农产品价格一直都不合理，他想获得公平的收购价格和公平的收益，那么"公平的价格"是如何定义的？如何获得所谓的公平价格？
2. 请以一种农产品为例，谈谈农产品市场价格的发现过程和形成过程。
3. 农产品市场价格变动的影响因素有哪些？
4. 请尝试分析大豆、肉牛、鸡蛋等农产品的价格周期，并比较这些农产品价格周期的差异。
5. 设想你经营一家农产品企业（先明确经营什么农产品），你想采取什么样的定价策略？

农产品营销渠道

第 7 章

 导入案例：大学生村官的营销难题

  2012年，刚走出大学校门的张宏霞通过考试，成为张家口市宣化区王家湾乡一名村官。王家湾乡是国家级重点扶贫乡，为了改变当地贫穷现状，她想干点实事。在北京考察时，张宏霞发现非洲雁这种特殊家禽只要3个月就能出栏，而且价格高达每斤30多元，这比养鸡的效益高出了好几倍。她在张家口市调查了一下，发现当地没有养殖非洲雁的，于是认为这个市场"无限大"。回到王家湾，张宏霞跟村民们说了自己想带大家养非洲雁的想法。但是他们顾虑很多，养不好怎么办，销路不好怎么办，张宏霞调走了怎么办？张宏霞很委屈，但她相信，只要自己赚钱了，村民们早晚会跟着她干。2012年5月，张宏霞借来1万多元钱，从北京一家养殖场买下了800只非洲雁苗，自己养殖。3个月之后，第一批非洲雁就要出栏了。张宏霞拿着样品到张家口的超市和特产店去推销。可是跑了一个星期，一家愿意销售的也没有，吃了许多闭门羹。当初张宏霞选择养殖非洲雁的原因，除了价格高，更是看中了它在张家口地区独一无二。可是，选择时看中的优势，销售时居然变成了劣势。大家都没听说过非洲雁，没有营销渠道，成了非洲雁销售的最大难题。可是，张宏霞并没有放弃，她突然想到了王家湾乡的桑干河大峡谷风景区，跟景区负责人协商好，把她的非洲雁在景区里放养，打造一条亮丽的风景线，既可以宣传非洲雁，也可以为景区招揽更多的游客。连张宏霞自己都没有想到，游客的反应非常好。很快，桑干河里养非洲雁的消息就传到了张家口，越来越多的人知道了张宏霞的非洲雁。之后，张宏霞与张家口地区的多家超市和特产店陆续建立起了非洲雁购销渠道。

  在做特色农产品项目之前，一定要构建好农产品营销渠道，设想一下，如果没有桑干河大峡谷风景区，张宏霞的非洲雁将销到哪里？

资料来源： 中央电视台《致富经》，2013年11月13日。王安琪整理编辑。

7.1 把握营销渠道的本质

在汉语中，"渠道"二字原意为"沟渠、河道"，即在河湖或水库等的周围开挖形成的水道，用来引水排灌。对于企业营销工作而言，渠道的寓意很明显，就是首先要有河湖或水库——有充足的产品，其次是需要开挖水道——形成分销通路，目的是引水排灌——满足需求和实现价值。我们可以用"渠道"来描述产品的流通，在产品从生产者到最终消费者的流通过程中，自然形成了产品分销的轨迹，即产品的营销渠道。企业通过营销渠道建立"与消费者的接触"，渠道充当了企业与消费者之间的"桥梁"功能。

根据以上对营销渠道的解释，本书把农产品营销渠道定义为：为实现农产品价值和满足目标市场需求，由相关运销主体相互选择、联系和作用形成的农产品流通途径。任何一种农产品的价值实现都离不开营销渠道的构建，渠道的形成是渠道成员（个人或组织）相互选择、联系和作用的结果。一旦农产品营销渠道形成，渠道成员确定下来，工作重点就转移到渠道关系的管理上来。特殊性越强的农产品，其对营销渠道的依赖性就越强，渠道关系管理的难度也越大。调查和比较各类农产品，如普通稻米、有机稻米、有机青稞、大白菜、番茄、韭菜、秋葵、马兰菜、苹果、草莓、人参果、鸡肉、羊肉、猪肉、茶叶、烟草、虫草等，它们的营销渠道都有异同点。

案例：大学优秀毕业生回乡创业种秋葵

"90后"的小伙子孙龙飞是天津农学院农业经济管理系的优秀毕业生，2015年毕业季快来临时，他没有像大部分同学一样忙于找工作，而是回到家乡霸州市南孟镇马坊村租种了5亩耕地，注册了"天成阁家庭农场"，在大学老师陈宏毅教授的指导下，在家乡田野上种植黄秋葵，也种下了自己的创业梦。

为什么创业产品选择黄秋葵呢？主要原因在于黄秋葵的营养价值逐渐被人们所了解，市场需求量越来越大，成为北方老百姓餐桌上的新宠，在京津等大城市市场上秋葵价格较高，而种植者很少。孙龙飞抓住了这个市场机会，立刻动手干起来。

但是农业创业并没有想象的那么容易。从2015年4月开始忙活，翻地、播种、育苗、移植、疏苗、除草、浇水、追肥、除掉侧枝、虫害防控、采摘等过程都付出大量的艰苦劳动，龙飞每天累得筋疲力尽，腰疼得直不起来，胃病犯了痛苦难忍，多次想打退堂鼓，整个人迅速消瘦下来。好不容易坚持到了6月份，大批秋葵即将成熟，随之更大的挑战和压力也来了，得尽快打通销路。

龙飞构建起的秋葵销售渠道主要有以下三种：

（1）市民网上订单，直接宅配　在秋葵成熟之前，借助霸州媒体的宣传，龙飞的秋葵有了一定知名度，许多霸州市民在网上下了订单；龙飞还通过大学校友群和个人微信公众号进行推广，有些天津市的校友和老师下了订单。根据这些订单，龙飞自己开车或发快递把秋葵及时送到顾客手里。通过这种渠道卖出的秋葵价格一般一斤在8～10元。但是这一渠道主要是在6月份秋葵刚成熟的时候采用，那时每天收获量比较少，市场上能买到的秋葵也很少。

（2）通过批发市场找买主　到了7月份，秋葵大批成熟的时候，每天有近一百斤秋葵采摘下来，仅靠前面的订单宅配渠道难以消耗。于是龙飞每天下午把秋葵采摘好，在第二天凌晨三点左右把秋葵运到附近的霸州益津农产品批发市场，占上一个临时摊位，交上几块钱摊位费，到七八点钟的时候基本都能卖掉，买家主要是饭店、零售菜贩和超市采购人员。这期间龙飞也会在这个市场跟有固定摊位的批发商商谈，把部分秋葵以稍微便宜一点的价格卖给他们。通过批发市场找买主成为龙飞秋葵的主要销售渠道，有80%是通过这一渠道销售的，销售价格一般在一斤3～4元。

（3）批发商不定期采购　龙飞的家庭农场紧邻一家蘑菇基地，有些蔬菜批发商会来基地采购蘑菇，龙飞趁此机会把自己的秋葵推销给他们，这些批发商会不定时地过来采购秋葵，一次采购的量比较大，主要销往天津等地的批发市场。但是他们来得比较少，也没有建立起稳定的关系，后期因为蘑菇基地停产、秋葵市场价格下降，他们就不来了。通过这一渠道销售的秋葵价格一般在一斤3元。

龙飞还尝试着构建为饭店和超市配送的渠道，但是这一渠道始终没有做成。他跑了附近几家饭店，但是他们每天的需求量很少，配送费力不说，价格也上不去，他们一般会选择到附近市场上采购。龙飞又跑了附近的大型超市，超市方说蔬菜摊位已由个人承包了，没有机会进入。他还联系了几家小超市，这些小超市倒是愿意在货架上摆放一些新鲜的特色蔬菜，但是他们只负责代售，卖多少就拿多少提成，当天没有卖掉的需要龙飞取走，这样就需要付出较多的成本和时间，并没有利润空间。

到了8月份，靠着自己坚持不懈的努力，龙飞终于把秋葵都卖掉了，总共

4000斤左右。但是自己算了一笔账，发现自己付出这么多，却没有赚到多少钱。近5个月的时间里，秋葵销售总收入约为16000元，扣去地租成本3500元，雇人成本、水电费用等3500元，再扣除配送、销售等费用100元，自己的劳务费和医药费未计，最后得到的净收益仅为8000元左右。但是孙龙飞并没有觉得后悔，他在这一创业过程中收获了宝贵的人生经历。他感慨道："第一次创业，什么也不懂，肯定是摸着石头过河。在构建市场渠道时，不能有太多的学生气，实践经验很重要。还有最重要的一点是坚持，持续注重农产品品质，严控质量安全（如不打农药、不施用化肥），靠品质赢得客户，逐步建立稳定渠道，这才是提升农产品收益的根本途径。"

案例来源： 作者采访孙龙飞整理。

7.2 农产品营销渠道的主要角色

构成农产品营销渠道的成员主要包括：农产品生产者、农民专业合作社、农产品经纪人、农产品批发商、农产品加工商、农产品零售商、相关流通服务商等运销主体。

7.2.1 农产品生产者

我国的农产品生产者以小规模、分散的农户为主，农民进入市场交易的组织化程度很低，与农产品收购者谈判的能力较差，抵御市场风险的能力较弱。根据第三次农业普查数据，我国小农户数量占到农业经营主体的98%以上，小农户从业人员占农业从业人员的90%，小农户经营耕地面积占总耕地面积的70%。2019年3月1日，农业农村部副部长介绍，目前全国有2.3亿户农户，户均经营规模7.8亩，经营耕地10亩以下的农户有2.1亿户，人均一亩三分地，户均不过十亩田。特别是在一些西南地区的丘陵山区，不但户均经营规模小，而且地块零散，如四川省每户地块在十块以上，平均每块地只有0.4～0.5亩。

7.2.2 农民专业合作社

农民专业合作社是指在农村家庭承包经营基础上，农产品的生产经营者或者农业生产经营服务的提供者、利用者，自愿联合、民主管理的互助性经济组织。2007年《合作社法》颁布以来，农民专业合作社的数量迅速增加。根据国家市场监督管理总局公布的数据显示，2018年末全国农民专业合作社登记数量达到217.3万家，比2017年末增加15.6万家，增长17.3%。截至2018年10月底全国依法登记的农民专业合作社达到214.8万家，比2018年初增加10万多家。合作社覆盖农户比例进一步扩大，入社农户占全国农户总数比例达到18.5%。2017年修订的《农民专业合作社法》正式把联合社纳入法律调整范畴，促进各地农民合作社联合社的发展。据统计，合作社通过共同出资、共创品牌、共享利益，组建联合社1万多家，安徽、甘肃等省还成立了省级合作社联合社。农民专业合作社现已成为农产品生产经营的重要主体。

7.2.3 农产品经纪人

农产品经纪人是指从事农产品收购、储运、销售以及销售代理、信息传递、服务等中介活动而获取佣金或利润的人员。改革开放以后，特别是社会主义市场经济体制确立之后，中国农产品经纪人队伍开始壮大。据中国农产品流通经纪人协会调查统计，目前全国有3000多个各级农产品（农民、农村）经纪人协会和600万各级各类农产品经纪人。大多数经纪人是从民间自发成长的，主要是从原来的农业生产者中分离出来的，有些经纪人是从原来供销合作社系统中分离出来的。目前，在全国大部分农产品产区都活跃着大量的经纪人，他们在小农户与大批发商之间传递农产品产销信息，并提供储运、购销等相关服务，起到了纽带的作用。

7.2.4 各级批发商

农产品批发商是指批量交易农产品的个人或企业。改革开放以后，随着农产品购销体系的变化，全国各农产品产地和销地市场出现了大量的农产品批发商。全国大部分农产品都经过产地、中转或销地等各级批发商进行流通和分销。据《中国商品交易市场统计年鉴》的统计数据显示，2019年年末，全国亿元以上农产品批发市场中批发商总数为62.0万户，全年交易额为30663.7亿元。这些批发商成为全国农产品流通的骨干力量。

如果农产品进入国际市场，那么还要涉及进口或出口的贸易中间商。贸易中间商可分为出口代理商、出口经销商、进口代理商、进口经销商、国际经纪人等类型。

> **案例：广州的粮油经销商老唐**
>
> 老唐是金龙鱼在广州花都地区的经销商。在金龙鱼广东地区的经销商中，老唐的经营区域不大，该区域市场的购买力也不算很强，但他的经营业绩每年都很突出，小小区域年销售单一品牌小包装食用油就达到2000多万元，引起金龙鱼关注和同行羡慕。成功必有道理，经考察发现，老唐在花都地区十几个镇的深度分销、陈列工作做得很周到、细致，客户关系也维护得很好，供货企业新产品、新政策一下来，他都会很快落实到位，而且很有成效。老唐已经建立了一个不是很大但很完善的营销渠道网络，借此他成为花都地区知名的粮油经销商。名气打响之后，国内外多家知名企业纷至沓来，请老唐成为他们的代理商。
>
> **资料来源：** 郑锐洪.营销渠道管理[M].机械工业出版社，2012：11-12。

7.2.5 农产品加工商

农产品加工商是指运用物理、化学和生物学的方法，根据市场需求将农产品制成各种形式的食品或其他产品的个人或企业。根据加工对象不同，农产品加工商可分为许多类型，如粮食加工商、饲料加工商、油料加工商、酒类酿造商、棉纤加工商、果蔬加工商、屠宰加工商、乳品制造商、水产加工商、烟草制造商、茶叶加工商、药品制造商等。农产品加工商为消费者创造产品形态效用，实现了农产品的价值增值。在农产品营销渠道的各类成员中，农产品加工商一般拥有较多的科技资源，因此成为农业新产品开发和品牌推广的主力军。据农业农村部发布的消息，2018年，规模以上农产品加工企业有7.9万家、营业收入14.9万亿元，农产品初加工能力显著增强，农产品精深加工进一步发展。

7.2.6 农产品配送商

农产品配送商是指专门从事农产品配送业务的个人或企业。与一般的农产品经销商（各级批发商）不同，农产品配送商强调的是服务客户，即按照客户的要求进行配货，并将农产品运送到客户的手中；农产品配送商的客户一般为农产品零售商（包括连锁超市、餐饮企业等），因此供应的农产品种类比较多样，送货距离一般较近。随着我国农产品零售市场体系的优化，连锁零售企业和新零售业态的不断发展，对专业化农产品配送商服务的需求也将越来越多。

7.2.7 农产品零售商

农产品零售商是指出售农产品给最终消费者的个人或企业。零售是决定农产品价值能否最终实现的最重要的流通环节。随着市场体系的不断优化，农产品零售商已遍布全国各个城镇、乡村的居民区，全国零售商的数量之多难以确切统计。目前，中国的农产品零售商主要包括个体商贩、生鲜超市、大型连锁超市、餐饮企业和网络零售商等。

7.2.8 农产品流通服务主体

农产品流通渠道成员还包括物流企业、农产品批发市场经营者、冷藏设施经营者、流通信息提供者、流通材料供应商等各类流通服务主体。这些主体一般不直接参与农产品交易，而是为农产品经营者提供必要的流通服务。这些主体一般是私营性质的企业或个人，有的并非是专门为农产品流通提供相关服务的。根据笔者的实地调查，农产品批发商、超市等大量采购农产品所需的大型运输工具，如大型货车、冷藏保温车、货运列车等，一般是由第三方物流公司或个体车主提供的。为了及时调度运输车辆，在主要农产品产地和销地都设立了物流信息调度公司，专门为车主和批发商提供车辆供求信息。许多物流公司和个体车主并不专门从事农产品运输，为了减少返程的空车率，他们从事各类产品的运输业务，甚至包括煤炭等工业原料的运输。再看农产品市场等流通设施的经营者，他们建成流通设施后，一般以收取市场摊位、冷库等租金为主要收入来源，成为"房东"。

案例：日本农协——重要的运销组织

早在1947年，日本就颁布了《农民协同组合法》，在全国建立农民协会组织，到1950年，就已经有99%的农民加入了农协。2005年日本农协共有会员919万人，其中正会员约500万人，准会员约419万人。其中，准会员不直接从事农业生产，他们通过缴纳会费获得相应服务，并没有表决权。

农协为会员提供的服务基本已经覆盖农业产销各个环节，主要包括：销售业务、购买业务、保险业务、信用业务、设施共有业务等。其中销售业务使得分散农户具有了规模优势，有利于其在市场谈判中占据有利地位，争取更高的价格。信用业务指的是存款和贷款业务，比如农协集中出售农产品之后，会把货款直接汇入会员账户，若会员在农协赊账购买肥料，农协就可以从该账户中划走赊账金额，十分方便。因为有了农协组织的合理调度，农民的"轻劳作、反季节、优品种、高收入"成为可能。

参考资料：胡定寰. 农超对接怎样做[M]. 中国农业科学技术出版社，2010：23-24。

7.3 农产品营销渠道的结构

虽然农产品营销渠道的种类繁多、样式复杂，但我们可以根据不同的分类标准对渠道类型进行有意义的划分。下面分别按照长度、宽度、渠道成员关系紧密程度等标准对农产品营销渠道结构进行分类。

7.3.1 长渠道与短渠道

7.3.1.1 渠道长与短的界定

按照农产品从生产者到消费者流通过程中经过中间商环节的多少，农产品营销渠道可以分为长渠道和短渠道。"长"和"短"是相对而言的，中间商环节越多，渠道越长；反之，越短。一般而言，中间商环节为0～2个的渠道叫做短渠道。近些年，国内兴起的"农超对接""农社对接""农餐对接"等都是短渠道。而中间商环节为3个及3个以上的渠道叫做长渠道。图7-1中列出了四种渠道，从中可以看出哪个渠道最长、哪个渠道最短。

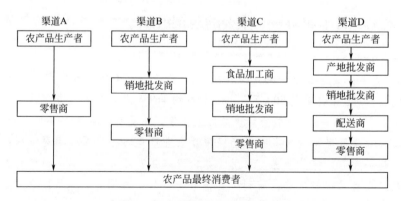

图7-1 不同类型的农产品营销渠道

除了图中这四种渠道，现实中还存在着许多种类型的渠道，其中最短的渠道叫做**直销渠道**。在直销渠道中，农产品生产者直接把农产品出售给最终消费者，不经过任何中间商环节。直销渠道最典型的例子是农户把自己种植的农产品直接拿到附近农贸市场出售给居民；或者农民开办农业采摘园，让顾客来亲手采摘并购买农产品。随着移动互联网技术的发展，越来越多的农产品生产者想在微店等网络平台上销售农产品，然后通过物流配送商运到消费者手中。不过在这种渠道中由于存在配送商，还不是严格意义的直销。

7.3.1.2 我国农产品营销渠道的历史演化

我们可以用历史分析法对农产品营销渠道的长短问题进行研究。从历史发展过程角度分析，来看我国农产品营销渠道是逐渐伸长，还是逐渐缩短的。

1985年，我国开始实施农产品流通体制改革，逐步建立市场经济的自由购销体制，取消农产品统购统销。打破"大一统"的农产品流通模式，农产品市场由垄断市场逐渐转向自由竞争市场。农产品流通渠道由国有企业统一收购、调运、分配和销售，逐渐转变为多种类型经营者介入。最初是以小农户短距离的自产自销为主，即小农户把自己生产的蔬菜、水果或肉蛋乳等少量农产品拿到附近集市或马路市场上直接卖给居民，形成了最短的营销渠道。后来，随着农产品市场需求的急剧增长和农产品产量的不断提高，再加上制度上各类农产品市场逐步放开，允许大部分农产品自由交易，越来越多的农产品个体运销户出现，成为农产品运销的重要承担者。据统计，20世纪80年代末全国农产品运销户达到1200万户左右。农产品运销户以个人家庭经营为主，从业的资金规模较少，运销经验和能力有限，运销距离较近。到了90年代，出现了批发商主导的农产品营销渠道，一些资金较多的个体运销户转变为农产品批发商，承担农产品在全国大范围的流通；一些小的个体运销户转变为农产品经纪人，成为农户与批发商之间的纽带；同时，在零售终端出现了大量的个体零售商贩。

进入21世纪，农产品营销渠道成员分工进一步细化，主要渠道的长度逐步伸长（如图7-2所示）。从事农产品信息中介、储藏、运输、加工、分销、配送、零售等活动的专业运销商的出现是劳动分工和专业化的结果。从经济学角度分析，专业化分工能够减少每个渠道成员搜寻及谈判等交易成本，让每个成员专注做自己最擅长的业务，促进各运销主体的不断成长，使其更有效率地执行各自的运销职能。

近些年，农产品生产者、各级批发商、零售商等渠道成员规模化、组织化程度加强，彼此联盟化、一体化趋势明显，构建了多种产销衔接的农产品营销渠道，如"农超对接""农社对接""农餐对接"农产品电商渠道等。目前，我

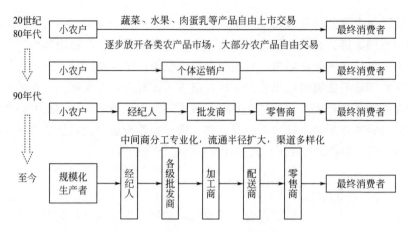

图7-2 我国农产品主要营销渠道的演化

国农产品营销渠道仍以长渠道为主,短渠道也在逐步发展。从长期来看,我国农产品营销渠道长度的演变呈现出明显的阶段性特征,表现为渠道长度先变长再变短的"倒U形"演变趋势。

7.3.1.3 长渠道与短渠道的优缺点

长渠道和短渠道都有各自的优点及缺点,如表7-1所示。

表 7-1 长渠道与短渠道的优缺点

渠道类型	优点	缺点	一般适合产品
长渠道	中间商职能得到充分发挥,每个主体发生的交易费用较小,效率较高	中间环节多,流通时间较长,容易产生"牛鞭效应"①,渠道总的流通费用较高	粮棉油等大宗农产品
短渠道	停留时间短,渠道总的流通费用较低	运销半径受限,经营者交易成本提高	鲜活农产品

① 需求信息流通过营销渠道传递,一般从消费终端向生产者端逐级逆向传递时。信息在传递过程中经过多个中间商环节,无法有效地实现信息共享,使得信息扭曲而逐级放大,导致了需求信息出现越来越大的波动,此信息扭曲的放大作用在图形上很像一个甩起的牛鞭,因此被形象地称为"牛鞭效应"。

长渠道的优点主要有:各类运销主体的作用得到充分发挥,每个成员集中力量做自己最擅长的业务,专业化分工带来交易成本减少,效率提升,促进各渠道成员的成长,容易实现农产品远距离运销。其缺点主要有:中间商环节多,导致农产品从生产者到消费者的整个流通过程中的流通费用较高;由于环节过多,容易产生"牛鞭效应",市场信息不能及时传递和反馈;农产品经过较多中间环节，总的流通时间较长。粮棉油、冻猪肉等大宗农产品一般选择较长的渠道。

短渠道的优点主要有：由于中间商环节较少，农产品在流通过程中停留的时间较短，渠道总的流通费用较低。其缺点是：渠道成员要负担较多的交易成本，特别是在直销渠道中，农产品经营者不仅要负责生产，还要在农产品推广、销售和运输等方面付出大量的人力、物力和财力，因此流通半径和销售数量往往受到限制。叶菜、西瓜、活鱼等鲜活农产品往往选择较短的渠道。

7.3.2 宽渠道与窄渠道

农产品营销渠道的宽度，是指一个渠道中的每个环节中，选择的同种类型分销商数量的多少，某个渠道成员选择的分销商越多，则渠道越宽；反之，渠道越窄。宽渠道与窄渠道也是相对而言的。如图7-3所示，农产品经营者A选择的分销商数量为9个，而农产品经营者B选择的分销商数量只有2个，因此前者是宽渠道、后者是窄渠道。

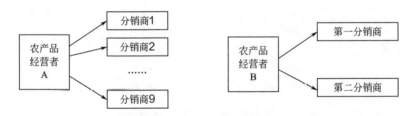

图7-3 宽渠道与窄渠道示意

宽渠道和窄渠道都有各自的优点及缺点，如表7-2所示。宽渠道的优点主要有：营销渠道越宽，越有利于农产品快速进入消费者市场，扩大销售量。对于大多数普通生鲜农产品而言，宽渠道是其快速进入市场的最佳选择。宽渠道的缺点主要有：渠道越宽，越不便于管理，供销关系越松散，越不稳定。对于一些名优特或品牌农产品，为了保证产品质量和品牌形象，往往要对分销商进行

表7-2 宽渠道与窄渠道的优缺点

渠道类型	优点	缺点	一般适合产品
宽渠道	便于快速进入市场，扩大销售	供销关系松散，不稳定	大多数普通生鲜农产品
窄渠道	供销关系紧密稳定，利于品牌形象	不能快速进入市场，扩大销售受限	名优特、品牌农产品

筛选，适合选择较窄的营销渠道。窄渠道的优点主要有：比较便于管理，供销关系比较紧密和稳定，有利于维护品牌形象。窄渠道的缺点主要有：分销商较少，不利于快速进入市场，扩大销售受到限制。

7.3.3 传统渠道与垂直渠道

按照渠道中各成员相互联系的紧密程度，农产品营销渠道可分为传统分销渠道和垂直分销渠道。如图7-4所示，在传统分销渠道中农产品生产者、各级批发商、零售商等渠道成员都是相互独立的，没有共同的目标。而在垂直分销渠道中，农产品生产者、分销商和零售商等渠道成员通过合作或联合成为利益共同体，形成了共同的目标。

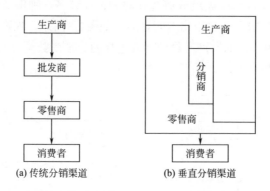

图7-4　传统分销渠道与垂直分销渠道示意

传统分销渠道和垂直分销渠道都有各自的优点及缺点，如表7-3所示。传统分销渠道的优点主要有：各渠道成员之间责任明确，利益分配关系非常清晰，有利于刺激各成员最大限度发挥潜力，追求最大利润。传统分销渠道的缺点主要有：渠道关系松散，缺乏共同目标，各行其是，交易双方往往形成对立关系，不利于满足最终消费者的需求。垂直分销渠道的优点主要有：各渠道成员结成利益共同体，有利于提高整体的竞争优势；由于经营目标一致，农产品质量得到保障，有利于更好地满足消费者市场的需求。垂直分销渠道的缺点或局限性主要有：大多数农产品企业先天条件不足，难以实现一体化经营，倘若加入其他大型企业主导的垂直分销渠道中，由于自身的谈判能力较弱，必在利益分配中会处于不利地位。大企业主导的垂直分销渠道中，为协调各部门分工与协作，需要投入较高的组织成本。目前，我国大多数农产品经营者选择的是传统分销渠道。

表 7-3　传统分销渠道与垂直分销渠道的优缺点

渠道类型	优点	缺点	一般适合企业
传统分销	各自责任明确，利益分配清楚	关系松散，缺少共同目标，不利于满足最终消费者需求	大多数农产品企业
垂直分销	结成利益共同体，竞争优势提高；目标一致，保证产品质量	管理难度大，组织成本高，先天条件不足	资金雄厚的品牌企业、大型电商企业等

案例：打造肉鸡全产业链

广西春茂农牧集团有限公司着力打造集种鸡培育、鸡苗生产、肉鸡养殖、肉鸡深加工以及餐饮连锁于一体的全产业链发展模式，现拥有五家集产、供、销于一体的分、子公司，配套有种鸡场、孵化厂、饲料厂，为养殖户提供种鸡苗、饲料、兽药、疫苗、技术、销售一条龙服务。2018 年底，该集团年屠宰 860 万羽肉鸡生产线、配套全上品 300 家门店的中央厨房项目竣工投产。该项目总投资 2060 万元，预计年产值达 3.4 亿元。

思考：打造农产品全产业链需要的基本条件有哪些？

资料来源：玉林日报，2019 年 8 月 11 日。

7.4　农产品营销渠道管理

每个农产品经营者在营销渠道管理实践中都会遇到许多问题，以下主要介绍营销渠道决策的影响因素以及营销渠道关系的维护与调整。

7.4.1　营销渠道决策的影响因素

农产品营销渠道的选择或构建受到多种因素的影响，主要包括产品因素、市场因素、企业因素和政策因素等。农产品经营者需要综合考虑这些因素，根据实际情况做出渠道决策。

7.4.1.1 产品因素

农产品自然属性、数量、单位价值等产品因素影响着营销渠道的决策。如果产品的鲜活易腐性较强，那么一般选择短而宽的渠道，例如天津本地产的鲜活水产品、草莓；如果产品的体积较大、不便于搬运，那么一般选择短而宽的渠道，例如海南产的西瓜；如果产品必须经过复杂的加工转化才能进入消费者市场，那么需要充分发挥中间商的职能，一般选择长渠道，例如中药材；如果产品的专用性较强，耐储藏，那么一般选择长而窄的渠道，例如烟草；如果产品数量较少，生产者有精力和能力自己销售，那么一般选择短而窄的渠道；如果产品单位价值较高，属于名优特产品，一般选择短而窄的渠道，例如阳澄湖大闸蟹。

7.4.1.2 市场因素

农产品目标市场的情况、消费者的购买行为、消费者的集中度、市场竞争等市场因素影响着营销渠道的决策。如果目标市场的地理位置与产地距离较近，那么一般选择短渠道，例如大城市郊区菜农往往选择短渠道；如果目标市场的容量较小，且分布集中，那么一般选择短而窄的渠道，例如有机食品企业会在健身会所、精品超市等目标顾客较为集中的区域开展营销推广；如果消费者喜欢就近购买农产品，且购买频率较高，那么一般选择宽渠道；如果市场中竞争对手实力较强，那么为避免正面竞争，可以在市场空白点另辟渠道，进行错位渠道竞争。

7.4.1.3 企业因素

企业控制渠道的愿望、财力、声誉、物流条件等企业因素影响着营销渠道的决策。如果企业对控制渠道的愿望强烈，还具备了雄厚的财力和其他控制渠道的条件，那么其可以考虑自己构建垂直分销渠道或短渠道，例如某大型肉牛屠宰加工企业为了打造高端牛肉品牌，通过签订合同与养殖场和大型连锁超市建立长期的合作伙伴关系，构建垂直分销渠道。而我国广大的农业生产经营者，由于财力、声誉、物流等条件先天不足，只能被动地选择当地已经形成的渠道，即使当地渠道单一或没有渠道，也没有能力构建营销渠道。

7.4.1.4 政策因素

政策是农产品经营者选择或构建渠道时必须注意的重要因素。政策的变化决定着农产品营销渠道的变化。例如，近些年在政策的推动下，各地的"农超对接"、果蔬直通车、供销社直营店、农村电商等新型渠道发展起来;许多特殊农产品(如粮食、棉花、烟草等)受政策的影响非常大。

案例:莉莉调查甜水村菊芋渠道

在西藏大学就读的研究生莉莉来自甘肃靖远县中北部地区,她的家乡有一种特产,名叫菊芋。莉莉对菊芋有着特殊的感情,因为这是她家收入的主要来源。莉莉一直在关注家乡菊芋产业的发展。她家所在的村叫甜水村,全村有368家农户,从2008年至今几乎家家户户都种植菊芋。甜水村经济发展落后,自种植菊芋以来,村民收入有明显提高,2018年村民人均年可支配收入为8085.47元。目前菊芋种植面积为3200亩,占全村耕地总面积的33%。莉莉最关心的问题是,乡亲们的菊芋是怎么卖出去的,怎么能卖得更好呢?

莉莉通过调查发现,甜水村的菊芋大部分都卖给当地的一家龙头企业。这家公司创建于2008年7月16日,经营范围主要是菊粉加工和销售。2015年,公司在上海成立了分公司,负责菊粉在国内外的全部销售业务。公司的原料菊粉主要销往食品加工厂或保健品公司,小包装菊粉产品通过线上和线下两种渠道销售。线上主要包括天猫旗舰店、建行电商为善融商城、工行电商为融e购、兰州银行三维商城、新疆御品汇商城等。线下主要是通过白银、兰州、武汉等地的代理商销售,产品已出口到美国、加拿大、新西兰和巴西等国,国外销售收入占比为90%。可以看出,这是一家实力雄厚的农产品加工企业,它在菊芋营销渠道中占据主导地位。

莉莉又发现,该公司是甜水村唯一的收购商,村民没有其他的销售渠道。公司在收购菊芋时经常会以各种理由压低价格。个别村民也尝试着将菊芋拿到别的市场去卖,虽然别的市场收购价格会高一些,然而他们为此也付出了较多的精力和成本,得不偿失。莉莉一直被这样的问题困扰,到底怎么做才能让乡亲们的菊芋卖得更好呢?

资料来源:封国莉对甜水村菊芋产业的调查。

7.4.2 农产品营销渠道关系维护与调整

农产品经营者选择或构建了营销渠道之后,还要增强渠道权力,通过有效的管理手段来维护与其他成员良好的合作关系,当发生渠道冲突等问题时,要及时解决并对渠道进行适当调整。

渠道中的权力，是指渠道中某一成员影响渠道中其他成员营销行为的能力。渠道中各个成员的权力往往是不平等的，渠道权力分配多少取决于各个成员的规模、垄断力等实力大小，实力较大的成员能够获得对渠道的控制，拥有话语权。

由于各渠道成员都是独立的利益主体，在渠道关系中会强调自己的利益，因此对于渠道的控制者而言，必须尽可能地调动起其他成员合作的积极性，采取有效的手段对其进行激励，以维护良好的渠道关系。

为适应不断变化的市场需求，确保营销工作高效进行，农产品经营企业要对其构建的营销渠道进行适当调整。调整的方式包括增减个别成员、增减个别渠道和变更整个营销系统。在做调整之前，需要考虑调整将会给企业和渠道其他成员带来什么样的影响。

案例：农民成为餐厅合作伙伴

曾经连锁餐饮业许多人都认为农场与餐饮企业保持直接的供销合作关系是不可能实现的。然而在2006年，美国加州洛杉矶一家名为Tender Greens的高档连锁西餐厅与Scarborough农场建立了供销联盟，形成了农产品"从农场到餐桌"直销渠道。12年过去了，这家餐厅和农场仍然保持着紧密的合作关系，Scarborough农场仍然是Tender Greens的少数投资者之一。

该餐厅董事长奥伯霍尔泽说："多年来，我们一直把农场视为合作伙伴，而不是供应商。"Tender Greens与农场的关系一直是互惠互利的，有时会向农场提供一些运营资金，农场用优质农产品原料作为回报。随着该连锁餐厅在纽约和波士顿的发展，与更多的农场建立了合作关系。例如，餐厅正在与Gotham Greens农场合作，这个农场在纽约和芝加哥经营水培温室。就像Scarborough农场一样，Gotham Greens每周有六天直接送货到Tender Greens餐厅。

奥伯霍尔泽说，这种直销渠道有许多好处：一致的成分、明确的可追溯性、与农民的双向沟通、减少食物浪费、获得独特的品种、消费透明化、食材有故事。他举例说，2018年初，亚利桑那州暴发大肠杆菌疫情，导致5人死亡，而Tender Greens无需担心，因为他们知道自己的绿叶蔬菜在哪里生产。如果农民们看到地里因为下雨而发霉，或者出现甲虫灾害，他们会及时给Tender Greens打电话。他说："不管是什么问题，他们打电话来是想提醒我们一下。如果有霜冻或高温，会影响你的食材，农民越积极主动地分享这些信息，我们就会变得越好。"反之亦然。"如果我们要改变菜单上的一项，或者我们要关闭一天，我们会打电话给他们，这样他们就可以减少供应。"

"消费者决定了农民将种植什么"，奥伯霍尔泽说。如今，消费者越来越多地寻找有机、营养丰富、高质量的食品。"越来越多的连锁餐厅正在做我们想做的事情。至少在加州，这已经成为常态。"

资料来源：Jennings, Lisa. The Farmer as restaurant partner[J]. Restaurant Hospitality, 2018, (8): 29-31。孔令欣编译。

思考题

1. 比较不同农产品营销渠道的异同，在比较过程中需要画出渠道示意图。
2. 通过阅读本章内容，从营销渠道的角度思考以下问题的成因：
（1）为什么有些农产品收购价格偏低，而消费价格却居高不下？
（2）为什么农产品市场价格剧烈波动，农民往往承担风险损失？
（3）食品安全事故为何时有发生？如何保障人们舌尖上的安全？
3. 假设你经营一家农产品企业，明确经营什么产品，明确你们企业属于哪类渠道成员，把农产品营销渠道描绘清楚，并阐明该渠道的结构特征，最后阐述选择或构建这一渠道的主要依据。
4. 结合实例思考，如何获得渠道权力，维护良好的渠道关系，并适当做出调整。

第8章 农产品营销场所

在农产品营销过程中,营销场所和营销渠道同样重要。选取营销渠道解决的是和谁做生意的问题,而确定营销场所解决的是"何时""在哪里"做生意的问题。

导入案例:对话秦主管——批发市场的事业

秦旭春是一位农学专业的大学毕业生,如今他在一家大型农产品物流中心——天津静海"海吉星"物流园工作,担任蔬菜事务主管。2019年7月份,作者对这位90后的业务主管进行了访谈,了解海吉星市场的基本情况。

问:秦主管,你目前的主要工作职责是什么?

答:我的工作职责主要是客户招商、园区内客户管理和市场调研等。现在主要负责园区内蔬菜交易客户的日常管理及服务工作,涉及客户安置、品类规划调整、补充招商、业务发展所需硬件设施的规划申报、合同签订和租金收取等。

问:海吉星是个什么样的企业?在农产品运销中发挥的作用如何?

答:"海吉星"是深圳市农产品集团股份有限公司旗下的一个农产品批发市场的品牌,目前全国范围内有24家海吉星,其主要业务是农产品批发市场的规划建设以及运营管理,目标在于打造区域性现代化农产品集散中心,通过农产品信息管理系统将各省市内的实体市场以及网络平台进行连接,实现商户、产品、信息等多种资源的共享,促进农产品的高效流通。海吉星市场与传统批发市场相比,在硬件设施和软件管理方面都走在行业前端;同时与中检集团合作,成立了第三方农产品检验认证机构。海吉星市场在提高农产品流通效率、保障食材新鲜和安全等方面的作用越来越显著。

问：天津静海"海吉星"农产品交易量如何？目前商户发展多少家？

答：我们市场的核心产品是蔬菜，蔬菜交易量逐年稳步上升，目前日均交易量达2000吨，高峰期可达到2500吨，相比去年增长了近60%，在天津各市场中处于首位。客户数也在不断增加，目前稳定经营商户数在320~350家，高峰期可以达到400家。寿光菜、华南菜，其他地区的菌菇、生菜、大葱、洋葱、土豆、姜蒜等多个单品已经成为天津及河北周边市场最受欢迎的产品。

问：咨询你一些实际问题，比如我想在你们市场做蔬菜批发生意，要交纳多少费用，能得到哪些服务呢？

答：费用是根据客户规模大小和经营品类收取的，客户需缴纳押金5000~20000元（可退），租金在800~1800元/月，相比天津地区其他几个大市场，收费是最低的。客户所享受的服务除了正常的水电、住宿（与档位是一体的）外，还可以通过会员卡享受免费的存取款业务，市场还为客户在公司注册、银行贷款、农产品检测、参加展会等方面提供服务。

问：我发现你们市场有外贸业务，能否谈谈蔬菜进出口是怎么做的？

答：我们市场设立了京津冀（天津）检验检疫试验区，目前获得的牌照只有预包装食品、红酒、冷冻肉类，其他产品的牌照还在申请中。目前还没有从事蔬菜进出口业务的客户。海关入驻试验区，可以当场查验，货运代理公司驻点办公，可以帮助客户节省大量的时间成本和仓储查验成本。

问：你认为，目前静海"海吉星"发展过程中存在阻力吗？

答：虽然经过多年努力，我们市场在蔬菜、香蕉、冻品、粮油干调、肉类等产品上有了一定的交易量，但业务还过于单一，发展存在阻力。急需通过启动新的业务板块来突破当前的阻力。

问：你认为，"海吉星"发展受阻的原因有哪些？

答：我认为，天津市及周边地区市场众多，都有自己的核心业务，海吉星无法取代这些市场。例如金钟农产品批发市场（东丽区）以满足周边为主，配送客户占比较高；碧城农产品批发市场（西青区）主要以农户自产菜为核心，也有水果业务，辐射西青区辛口镇、张家窝镇等主要城镇；红旗农贸批发市场（西青区）是当前天津最大的水果交易市场，海鲜冻品次之，蔬菜只是配套产品；何庄子农产品批发市场（津南区）以特菜（大多为无法规模化种植的小品种）、南方菜（高峰交易集中在冬季，蔬菜主要来源于海南、广东、云南等南方地区）为核心；武清环渤海绿色农产品交易物流中心，相距市区较远，但基本可以辐射整个武清区。以上市场均有足够多的客户群来支撑，外加地理位置相对分散，辐射区域互不影响，品种之间相互补充，这也是独立稳定发展的主要原因。而我们市场周边也有竞争者，如静海区范庄子综合批发市场距离海吉星市场不足11千米，其经营品类涵盖蔬菜、水果、粮油干调、肉类、副食百货等，辐射整个静海区。再从客户角度考虑，虽然有很多其他市场的批发商想来我们市场设点，但是考虑其下游客户由于时间成本增加无法随他们迁移。

问：你认为，海吉星未来的出路是什么？

答：我们市场立足天津，保障京津冀，辐射东北、华北地区是这个项目的最初定位，而且不会改变。硬件设施和便捷的交通为海吉星长远发展提供了保障，冷链仓储的优势已经凸显，国检试验区的正式启动运营，意味着进出口的农产品可在批发市场内完成通关查验、仓储交易，这将成为市场最具竞争力的新引擎。海吉星市场在没有足够的消费群支撑扩张的条件下，必然会通过打造全新的、引领行业发展的业务板块，弱化传统业务对自身发展的限制，提升市场的绝对优势。从经验来看，合作是最好的选择，通过与品牌商、区域代理商、大中型加工配送商、电商平台、农业合作社、冷链物流服务商等大中型客户进行多元化合作，结合多方优势，打造区内具有竞争力的产品，丰富市场客户类型。同时促进市场商户与产地客户的产销对接，进一步提升市场竞争力。通过专业化的运营团队，倡导先进理念，培育一批具有竞争力的商户，推动个体经营户向多元化、公司化、规模化经营，推动农产品的深加工、标准化、品牌化建设。

农产品营销场所是指农产品在整个营销过程中所经历的地点和场地，包括产地收购点、现货批发市场、期货市场、配送中心、加工场所（屠宰点、粮食加工点等）、仓储库、零售市场等。以下主要介绍农产品（现货）批发市场、期货市场和零售市场等有形市场。

8.1 农产品批发市场

8.1.1 农产品批发市场的定义

（1）农产品批发市场的定义　农产品现货集中批量交易的重要场所，场所内设有农产品物流相关的设施设备，属于"有形市场"的范畴。

（2）农产品批发市场的分类　按照农产品集散的范围不同，可把农产品批发市场划分为产地集散型批发市场和销地集散型批发市场。对于具有中转集散功能的批发市场，一般要根据实地情况把其归类为产地或销地类型的市场，如山东寿光农产品物流园属于具有中转功能的产地批发市场、北京新发地农产品市场属于具有中转功能的销地批发市场。产地批发市场与销地批发市场的差异如表8-1所示。对于农产品产地市场的经营者而言，产地批发市场存在着交易季节性和交易量小等问题，投资回收期较长，他们往往不愿意投入太多的建设资金，而销地批发市场不存在这样的问题，因此农产品产地批发市场往往比销地市场显得简陋，设施功能不完善。

表8-1 农产品产地与销地批发市场的比较

比较项目	产地批发市场	销地批发市场
季节性	季节性经营	常年经营
规模	较小	较大
产品种类	相对专业	综合性
设施状况	较简陋	较完善
盈利难度	较大	较小

案例：日本东京筑地水产市场

在日本的众多海鲜市场里，最不能错过的就是东京筑地市场。场内市场主要进行生鲜海产的批发、竞拍和交易。每天凌晨，新鲜海产陆续运到，进行分类。巨大的金枪鱼头、尾和鱼鳍都被切掉，以便于买家察看鱼的肉质。在正式交易前，批发商们要对货物质量进行检查，根据鱼眼睛的透明度、鱼身的光泽、伤痕部位等，他们就能知道货物的产地、捕捞方法、捕捞后的保存方法等。到凌晨5点左右，随着钟声敲响，拍卖正式开始。一条条硕大的金枪鱼整齐地排列在地面上，买家们则踱步其间，不时停下来查看，以找出自己满意的货物。拍卖者千方百计地营造气氛，摇晃着身子，快速叫唱着。在极短的时间内，一条条金枪鱼陆续成交。买家得到金枪鱼之后，要进行分割处理，再卖给零售商和各家餐厅。

筑地市场占地23公顷，万余名海产行家在这里经营，难以计数的各类海产在这里出售，随季节更迭品种也有不同。每日，数百种海产品由日本乃至世界各地送至这里，年交易总额近44亿美元。但遗憾的是，2018年10月，筑地市场正式搬迁到新的丰洲市场，筑地市场83年的历史落下帷幕，此次搬迁至丰洲市场花费了近6000亿日元。

8.1.2 农产品批发市场的产生和发展

农产品批发市场是在商品经济发展到一定阶段时产生的。在自给自足的条件下，由于生产力水平低下，农业生产者剩余的农产品很少，这极少的剩余产品只能在产地附近寻找最终的交换者。随着生产力水平的提高，各产业的社会分工逐渐细化，商品经济产生和发展起来，有形市场也随之产生，譬如在中国西周时期就出现一些从事商品交易的固定场所，《周易·系辞下》中记载"日中为市，致天下之民，聚天下之货，交易而退，各得其所。"但是这时的市场并不专门进行农产品批量交易。当商品经济进一步发展，农产品批发市场才随之产生。譬如在中国明清时期，明显形成了米、棉、瓜果等优势农产品产区的分布，为了衔接产销两地，农产品长途贩运较为活跃，市场结构也发生了改变，除了各地的零售市场外，产地还出现了农产品专业收购市场，交通要道出现了集散市场。从史料可以发现，18世纪以后，国际上农产品批发市场与零售市场逐渐分离，批发市场在农产品流通过程中发挥了越来越重要的作用。

1949年后，我国最早的农产品批发市场是在农产品集贸市场（属于零售市场）的基础上发展起来的。从1983年开始，我国对延续了几十年的统购统销的农产品供销体制进行变革，率先放开了蔬菜等农产品的价格，由此拉动了全国菜篮子农产品的生产，促进了各地城乡农贸市场的迅速发展。在寿光等一些传统蔬菜产区，出现了一大批农产品贩运户，活跃在产地与集贸市场之间，搭建起了桥梁。随着这些地区集贸市场交易量的不断增长，逐渐自发形成了农产品批发交易，批发交易向一些交通便利的集贸市场集中，使得这些集贸市场向批发市场转变。据《中国农业年鉴》的数据显示，1981年全国农贸市场总数为3.97万个，而到了1990年，农贸市场数量发展到7.26万个，其中乡村集市占到81%，集市贸易额达到1973.6亿元。并且其中交易量较大的农贸市场开始转变为农产品批发市场。1984～1989年以寿光蔬菜市场为代表的中国首批农产品批发市场在集贸市场基础上建成。为了适应当地农业发展以及满足城镇居民对农产品日益增长的需求，解决小农户与大市场对接的问题，各地政府鼓励农产品批发市场建设。

1986～1995年，各地掀起了农产品批发市场投资建设的热潮，批发市场如雨后春笋般发展起来。如表8-2所示，这一时期农产品批发市场数量由892个增加到3517个，增长了2.94倍；农产品总交易额由28.35亿元增加到1422.41亿元，增长了49.17倍；平均每个市场交易额由317.83万元增加到4044.38万元，增加了1172.50%。其中1994年和1995年增速最快，年交易额增长近一倍。在这一时期，农产品批发市场在"南菜北运"、水果全国大流通当中起到了枢纽的作用。然而，批发市场建设过热也带来了"空壳市场"等问题。在1996年之后，农产品批发市场过热的增长速度有所减缓，1999年成交额指标开始出现负增长，2001年市场总数也开始减少。这表明，一些投资者并未根据地区农业及农产品流通的实际情况，盲目地规划建设批发市场，建成后的批发市场服务功能弱化，与当地农产品流通的要求不相符合。

表 8-2 1986—2001 年中国农产品批发市场的发展情况

年份	市场数/个	成交额/(亿元)	比上年增长率/%	平均每个市场交易额/(万元)
1986	892	28.35	—	317.83
1987	1095	50.34	77.57	459.73
1988	1224	70.59	40.23	576.72
1989	1313	95.23	34.91	725.29
1990	1340	115.79	21.59	864.10
1991	1509	153.00	32.14	1013.92
1992	1858	224.00	46.41	1205.60
1993	2081	347.00	54.91	1667.47
1994	2471	682.09	96.57	2760.38
1995	3517	1422.41	108.54	4044.38
1996	3844	1906.04	34.00	4958.48
1997	4038	2333.40	22.42	5778.60
1998	4234	2869.33	22.97	6776.88
1999	4249	2715.01	−5.38	6389.76
2000	4532	3351.10	23.43	7394.31
2001	4351	3423.10	2.15	7867.39

注：资料来源于《中国市场统计年鉴》及《中国商品交易市场统计年鉴》。

进入21世纪，农产品批发市场体系进入现代化发展阶段，我国十分重视现代农产品批发市场的建设，2002年农业部发布了《全国农产品批发市场发展规划纲要（2002—2005）》；从2004年开始，国家连续多年的"一号文件"里都强调"加强农产品批发市场建设"，农产品批发市场进入质量提升阶段，通过改造流通设施装备，提升流通服务能力。如2005年全国有38.6%的农产品批发市场建有冷库，而两年前这一数字还不足15%；2005年市场交易厅棚面积比2004年增加82%。近十年，中国农产品批发市场的数量并未呈现显著增长，但是市场交易规模呈现上升趋势。如表8-3所示是2008—2017年亿元以上规模的农产品综合市场和专业市场的基本情况，市场数量和总摊位数量近几年略有下降，而市场成交额出现明显上升趋势。

截至2017年底，全国有4500多家农产品批发市场，年交易额为5.2万亿元，年交易量达9.9亿吨。全国城市农贸中心联合会会长介绍，目前"全国70%以上的鲜活农产品通过批发市场流向消费终端，农贸市场80%的货源、超市60%的货源均来自农产品批发市场。"农产品批发市场覆盖了所有的大中小城市和农产品集中产区，构筑成贯穿全国城乡农产品流通的大动脉。

表8-3　2008—2017年中国亿元以上农产品市场基本情况

年份	农产品综合市场				农产品专业市场			
	市场数/个	总摊位数/（万个）	营业面积/（×$10^4 m^2$）	成交额/（亿元）	市场数/个	总摊位数/（万个）	营业面积/（×$10^4 m^2$）	成交额/（亿元）
2008	630	37.26	1416.8	3910.4	921	48.55	3369.2	7939.2
2009	657	39.65	1493.6	4582.4	946	52.09	3711.5	9108.6
2010	691	42.77	1711.1	5477.8	981	53.68	4063.7	10593.2
2011	702	42.92	1779.5	6325.1	1020	56.36	4158.7	12595.3
2012	715	42.39	2055.6	7012.9	1044	59.65	4271.7	13713.6
2013	689	42.26	2140.9	8077.1	1019	57.67	4316.3	14584.1
2014	683	42.39	2295.3	9332.0	999	56.54	4275.4	15507.8
2015	683	41.71	2374.1	10035.4	979	55.85	4415.4	16483.8
2016	681	42.66	2402.5	11099.7	966	52.29	4371.8	17466.5
2017	661	39.39	2449.1	10681.7	937	50.72	4207.8	19346.7

注：资料来源于《中国统计年鉴》。

但是随着农产品产销对接趋势的发展，农产品在市场外流通的比例有所提升，农产品批发市场开始面临严峻的挑战。根据笔者近些年来对海南、山东的威海和寿光、甘肃定西、内蒙古乌兰察布、河北坝上地区等农产品主产区实地调研的经验，随着生产规模化、专业化、组织化的发展，农产品生产者和分销商对农产品批发市场（主要是产地市场）的依存度逐渐降低，一些批发市场的功能开始不适应生产方式和经济环境的变化，其成交量逐渐萎缩，甚至变成"空壳市场"被淘汰。然而需要注意的是，由于中国农产品二元结构长期存在，许多普通农产品还要经由产地、销地批发市场流通,因此一些功能较强的批发市场将长期存在。

> **案例:日本直销所挑战农产品批发市场主体地位**
>
> 根据日本农林水产省发布的统计数据,1988—2012年,日本农产品批发市场的数量、批发商的数量和流通规模均呈下降趋势。地方批发市场数量从1626家减少到1159家,减少了近30%;在地方批发市场经营的批发商由1969户减少到1367户,减少了30.6%。蔬菜的批发市场经由率由85.3%下降到69.2%,水果的批发市场经由率由78%下降到42.4%。虽然批发市场的主体地位没有改变,但这足以引起政府和经营者的高度关注。
>
> 与批发市场流通的趋势相反,市场外流通呈现出日益增长的趋势,市场外流通的成交量及经由率均不断提高。以农产品直销所为例,直销所是指靠近农产品产地、都市近郊或城乡接合部设立的自选式直销场所,在这里生产者和消费者可以直接交易、交流。2003年日本共开设直销所1.5万家,2009年增加到1.68万家。在2003—2009年的6年间,直销所的销售总额年均增长1378亿日元。2009年直销所的销售总额达到8767亿日元,约占农产品流通总额的10.9%;每个直销所的年均销售额为5214万日元;年销售额超过1亿日元的直销所有2229家,总销售额达到6949亿日元,占直销所总销售额的74%。可见,直销所已成为日本农产品流通体系中不可忽视的营销场所,已表现出规模化发展的势头。
>
> 资料来源:中国食品报,2016年4月5日。

8.1.3 农产品批发市场的功能

(1)产品集散功能　这是农产品批发市场的最基本职能。农产品批发市场可以把分散在各地的农产品汇集在一处,在一定时间内完成交易,再向下一级市场分散和转移,实现农产品从产地到销地的流通。农产品批发市场成为农产品流通过程中物流、商流的集中地和枢纽。市场交易量、交易额、辐射范围等指标可以反映一个市场的集散功能。

(2)价格形成功能　每一个批发市场都聚集了众多的农产品卖者和买者,他们通过一定的交易方式(如一对一讨价还价、拍卖等)形成了该市场的即时价格,在一定程度上反映出本地农产品的供求状况。规模越大、交易量越多的市场，其价格形成功能越强。批发市场形成的价格也成为相关经营者制定价格、调节供应量的重要依据。

（3）信息中心功能　农产品物流和商流在批发市场集中的同时，也汇集了大量的信息，批发市场成为信息收集、整理和发布的重要场所，是农产品经营者、政府部门和研究单位获取信息的重要来源。一般而言，集聚功能和价格形成功能越强的批发市场，其信息中心功能也越强。

（4）综合服务功能　为交易者提供全面、周到的服务，是批发市场发展成熟的重要标志。成熟的农产品批发市场周围往往形成相关企业集群，提供的服务如仓储、加工、包装、质检、物流、配送、结算、餐饮、汽修、种业等。

8.1.4　农产品批发市场的特殊形式

农产品批发市场体系在建设过程中还会出现一些特殊的市场形式，比如农产品收购点、农产品物流中心、农产品拍卖交易市场等。有必要对这些特殊形式进行简要介绍。

8.1.4.1　农产品收购点

农产品收购点是指遍布于一些农产品产区乡镇、田间的收购农产品的场所，属于不成熟的农产品批发市场。在农产品收购点内，往往只有一个收购商与附近的农户进行交易，收购点设立的地点随意性较大（如图8-1所示），如甘肃的马铃薯收购点有的设立在乡村的马铃薯地窖旁，海南的瓜菜收购点有许多都设立在乡镇的民房里。因此收购点的集聚、价格形成、信息中心等功能都比较弱化。然而，在我国农产品产地（特别是偏远地区）批发市场普遍建设不足的情况下，农产品收购点在保障各地农产品顺利流通方面的作用不可忽视，它目前仍然是我国农产品批发市场体系的重要组成部分。

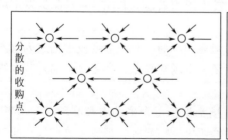 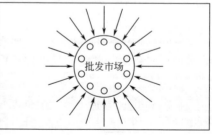

图8-1　农产品收购点与批发市场的集货方式比较

案例：海南瓜菜收购点

海南是全国最大的冬春季瓜菜基地，每年的10月至第二年3月份，是海南田间地头最热闹的季节，来自全国各地市场的批发商都在这里收购瓜菜。他们往往租用乡村公路两旁的民房作为收购点，跟农户或经纪人进行交易；或者委托当地有"收购点"的人作为代办人，帮其收购瓜菜。于是，分布在瓜菜产区各村镇的收购点成了瓜菜流通的重要节点。以比较有代表性的万宁市为例，万宁市是辣椒、苦瓜、黄瓜、豇豆和西瓜等瓜菜的主产区。在20世纪80年代，万宁的礼纪、长丰等乡镇一些农户率先种植冬季瓜菜，随着瓜菜产量的增加，越来越多的客商来此交易，从80年代末开始，礼纪、长丰等乡镇设立了较多的收购点，收购点的设立也带动起周围乡镇的瓜菜生产。90年代后，万宁大部分乡镇的瓜菜生产迅速发展，与此同时，由本地收购商或外地批发商设立的收购点也逐渐增多，如表8-4所示，瓜菜收购点已遍布万宁市的各个辣椒、豇豆、黄瓜、苦瓜的主产村镇。在每个收购点进行着农产品验货、交易、分拣、分级、抽样检验、加冰（或进冷库预冷）、包装、装车等一系列活动。我们注意到的是，西瓜无需设立收购点，批发商通过"瓜中"（经纪人）从田间地头采购，直

表8-4 海南万宁市瓜菜收购点分布及各镇瓜菜种植情况　　　　单位：亩

乡镇	收购点数量/个	瓜菜总面积	尖椒面积	泡椒面积	苦瓜面积	黄瓜面积	豇豆面积	西瓜面积
万城	10	22900	3800	4100	3000	2410	300	6010
礼纪	55	22400	800	3800	2600	3400	3000	5000
和乐	13	20018	3200	2400	4931	2300	516	4700
东澳	1	16930	1200	1300	0	630	0	11000
长丰	14	12550	500	1600	2200	1650	300	3000
后安	10	12455	1500	1200	6100	650	200	980
山根	3	9050	500	1500	1000	950	100	4000
龙滚	3	8500	2300	1990	200	860	150	1450
大茂	1	7047	1100	1200	1200	950	88	1124
北大	1	6930	1070	890	2620	610	195	0
南桥	0	2420	50	70	200	350	0	1200
三更罗	0	800	0	0	0	250	100	0

注：数据来源为2011年笔者根据实地调研和万宁农业局资料整理得到。

接装货车运走。所以，东澳镇的瓜菜收购点只有1个。

读完这个案例，请思考：农产品收购点与批发市场的差异在哪？收购点是否有必要转变为批发市场？

8.1.4.2 农产品物流园区

农产品物流园区是指为农产品集中交易、批量流通提供相关服务的现代化营销场所。可以理解为，它是农产品批发市场的高级形式，具有较大的规模、完善的设施、先进的技术和多种服务功能。

案例：寿光地利农产品物流园区

全国优秀农产品物流园区——寿光地利农产品物流园，是目前全国投资规模最大、功能最齐全、设施最完善的大型农产品综合批发物流园区之一，园区以蔬菜批发为主，涵盖多种农产品及农资、种子等交易，集网上交易、仓储降温、冷链加工、信息交流、检验检测、物流配送于一体，目前蔬菜交易品种300余种，日交易量最高可达2000多万公斤，交易额4000余万元，年交易量40亿余公斤，商品辐射东北、华北、西北等地20多个省、市、自治区，远销东南亚及俄罗斯等国家。

资料来源： 寿光日报，2019年7月31日。

8.1.4.3 农产品拍卖交易市场

（1）**农产品拍卖** 农产品拍卖是指以公开竞价的形式，将特定农产品权利转让给最高应价者的买卖方式。采用拍卖流程进行农产品交易的批发市场，我们称其为农产品拍卖交易市场。拍卖是一种国际通行的市场交易方式，荷兰、日本、美国等许多国家和地区都采用这种方式进行农产品交易。

（2）**农产品拍卖交易市场的优越性** 通过观察农产品拍卖交易过程，能否总结出农产品拍卖交易市场的优越性？可以从以下几方面思考：第一，考察交易程序的公平、公开和公正性。传统的对手交易通常是在不公开的状态下一对一进行的，价格有利于谈判能力强的一方。而拍卖交易实行卖方委托交易，如农产品的数量、品质、规格等信息由市场集中掌握并统一管理，在公开的场合竞价，整个交易过程公开透明，消除了场内的歧视性交易和欺诈行为，每个交易者的机会均等，买方凭购买意愿和实力出价。拍卖商作为第三方公司，对交易的农产品标准和等级严格把关，要求买卖双方遵守规则，保证公正性。第二，考察达成交易所需付出的成本，如搜寻费用与谈判费用等。在传统批发市场上，为了达成一笔交易，买卖双方都要搜寻交易对象，一对一进行谈判，如果谈判不成还需再搜寻其他交易对象。而在拍卖市场上，通常每一笔交易买方为数众多，卖方只有一个，买方通过竞价获得想要的产品，交易指向明确。第三，考察价格发现与形成的合理性。传统的对手交易通过私下一对一谈判发现和形成价格，价格发现与形成的效率低，而且通常对于卖方（特别是小农户）来说，价格不合理。而拍卖交易可以实现价格快速形成，提高交易效率，而且对于买卖双方而言，形成的价格都是可以接受的。

（3）我国农产品拍卖市场的发展现状 拍卖市场并非新鲜事物，我国一些农产品市场和企业多年来积极探索农产品拍卖模式。据《2017年中国拍卖行业发展报告》显示，截至2017年年底，我国农产品拍卖业务覆盖大陆31个省（区、市），拍卖标的涉及鲜花、粮食、茶叶、蔬菜、水果及其他具有地方特色的农产品。2017年，全国有近400家拍卖企业开展了农产品拍卖业务，共举办农产品拍卖会1419场（次），拍卖场次创历史最高纪录。2017年，农产品拍卖成交额27.45亿元，佣金总额1.09亿元，佣金率3.97%；虽然成交额比去年有所下降（下降幅度超过30%），但是佣金绝对数额及佣金率均创造历史最好水平。目前，农产品拍卖成交额只占到全国农产品产值的0.023%，可以说影响微乎其微，只是对局部地区、个别种类农产品产生一定的影响。

（4）农产品拍卖交易市场发展的重要影响因素 可以通过国内外比较、成功与失败案例的比较分析发现问题。首先，农产品标准化是拍卖的基础，设想一下，一个市场内的农产品规格、质量、包装等方面千差万别，标准不统一，等级划分不清楚，买家怎么进行产品竞价？目前市场上拍卖交易做得好的农产品，基本都是标准化做得好。其次，农产品拍卖的标的应该是市场紧俏的农产品，如果产品大量过剩、不具特色，那么即使产品标准化做得再好，买方也没有足够的动力来参与竞拍。再次，从国内外的经验来看，农产品拍卖实现要依靠强大的第三方主体参与，建立统一的农产品标准，形成统一的市场，制定拍卖规则，组织和规范拍卖参与者。例如，欧洲一些国家的农产品拍卖交易市场是由农产品协会负责运营的；我国台湾地区的第一和第二果菜批发市场（拍卖市场）是由政府大力支持的台北农产运销公司负责运营的；我国昆明的国际花卉拍卖交易中心是由地方大型花卉企业和地方国有资本共同运营的。最后，还可以考虑其他方面的因素，如法律制度、物流设施、技术装备、地区差异、社会文化等。

案例：多地积极探索农产品拍卖机制

2017年国内多地农产品企业继续探索农产品拍卖机制。

（1）日照粮食储备库委托山东省粮油交易中心组织小麦拍卖，此次竞价交易的5181吨市级储备粮均为2013年度产三等优质小麦，起拍价每吨2540元，最高成交价每吨2550元，所有标的全部成交。

（2）昆明国际花卉拍卖交易中心鲜切花拍卖交易量大幅上升，已接近云南鲜切花流通量的20%。为顺应行业发展大趋势，"云花"成功试水互联网远程拍卖模式。

（3）以上海利旺生为代表的国际拍卖资本已经成功进入我国大陆农产品市场，他们与上海西郊国际农产品批发市场合作，引进比利时拍卖技术和管理经验，拍品以进口水果和国内优质水果为主，开创了单品拍卖的专业化模式。

资料来源： 1.黄海晨刊，2017年1月17日；

2.2017年中国拍卖行业发展报告。

8.1.5 农产品批发市场体系建设问题

三十多年来，国家高度重视农产品批发市场体系的建设，以定点骨干批发市场为重要节点的中国农产品批发市场体系逐渐形成与完善，目前农产品批发市场体系已覆盖到全国各城市的销区和一部分农产品主产县区。但是，农产品批发市场规划、建设不可盲目进行，必须要有科学的依据，不断改进和完善批发市场功能，适应农产品产销的发展趋势。

8.1.5.1 避免市场盲目建设

农产品批发市场的建成不等于市场的形成，批发市场的形成和运作是需要一定条件的。特别是农产品产地批发市场，产地市场在建设布局之前，需要充分考虑到当地农产品的生产条件和交易状况。笔者通过对海南、内蒙古、河北、山东等地的产地批发市场实地调研发现，运行较好的批发市场都是建立在农产品主产乡镇的，之前这些乡镇就已经存在大量的农产品经纪人和批发商，农产品交易活动比较活跃，随着交易活动增多，交易主体对有形市场的需求就会自然出现，建成后的批发市场只不过是把这些分散的交易主体都整合到市场之内，形成集中交易。而那些运行不好的产地市场，或者"空壳市场"，在建设布局之前并未考虑到当地对有形市场的需求，盲目投资搞项目建设，在市场建成后许多交易者都不愿意来市场内进行交易。例如，2011年在海南省投巨资建成的某大型蔬菜批发市场，建成的市场规模与当地蔬菜的种植条件和渠道状况不相符合，最终没有成功运转起来。而销地批发市场不存在这样的问题，销地市场的建设主要是根据当地需求条件和竞争状况来进行的。至于纯粹中转型的批发市场，应该逐渐淘汰或转型。特别是随着农产品市场信息体系不断完善，农产品经过产地批发环节后，可以直接找到销地市场，无需再增加一道流通环节。

8.1.5.2 改进和完善服务功能

随着农业生产规模化、专业化、组织化的发展，农产品生产商和购销商对农产品批发市场（特别是传统产地市场）的依存度逐渐降低，一些批发市场的功能开始不适应生产方式和经济环境的变化，其成交量逐渐萎缩，甚至变成"空壳市场"被淘汰。例如，笔者在河北坝上地区的张北县实地调研中了解到，近十几年来，本县的张北、馒头营、战海、三号、小二台、二台、大囫囵等七个乡镇逐渐实现了蔬菜专业化生产，原来只有交易功能的产地批发市场逐渐荒废，销地批发商直接从田头采购蔬菜，然后运至冷库预冷，对预冷贮藏设施的需求增多。近些年，张北县一批冷库群兴建起来，取代了原有的批发市场，成为批发商聚集的场所。因此，农产品批发市场的功能改进和完善要以当地农产品产销条件和交易需求为依据，通过设施改造提升批发市场的流通服务功能，如贮藏、加工配送、信息服务等功能，保障农产品流通顺畅。特别是产地市场更需要加强设施功能建设，因为产地市场经营的季节性较强，交易淡季时市场设施限制，成本回收期较长，使得批发市场经营者往往采取少投资、低成本的市场运营方式，与销地市场相比，设施装备比较简陋，管理人员配备量较少，流通服务功能弱化。除了改造单个市场设施功能之外，还需要通过信息网络建设，使整个市场体系形成信息共享。

8.1.5.3 变革市场交易方式

当前我国农产品交易方式仍然以对手交易为主，交易效率较低。为提高农产品流通效率，需要尝试对批发市场的交易方式进行变革，借鉴国内外批发市场的成功经验，通过实施包装规格化、重量标准化、质量等级化、客户会员化、结算电子化等，尝试在一些优势农产品主产区逐步建设一批拍卖交易市场。拍卖交易市场的建设也需要以当地农产品产销条件为依据，山东、江苏等农产品生产标准化程度较高的地区拍卖市场形成的可能性较大。如2003年在山东寿光蔬菜批发市场曾经开设过蔬菜拍卖交易专区，但是由于当时标准化农产品规模较小，拍卖交易管理的经验不足，还有其他一些原因，拍卖交易方式没有长期运作起来。随着农产品标准化水平的提高，在提高交易效率的驱动下，拍卖交易方式将会在一些农产品标准化示范地区开始逐渐采用。

8.1.5.4 市场制度建设问题

（1）坚持农产品批发市场的公益性　批发市场经营者以收取场地租金和管理费为主要收入来源，过高的租金和管理费用不利于农产品消费价格降低。因此，需要制定农产品产地批发市场管理条例，加强对批发市场的统一监管，制定合理的批发市场收费标准，政府对批发市场给予适当补贴，保障批发市场建设的公益性方向，降低农产品流通成本。

（2）加快信息服务制度建设　通过制定信息服务管理制度，明确农产品信息服务的责任主体，规范农产品相关信息收集、处理和发布的流程，统一整合和规范管理目前存在的大量农产品信息服务网站，在批发市场体系的基础上建立全国统一的公益性质的农产品信息服务网络平台，保障信息传递的准确性、及时性和全面性。

（3）加快制度建设　我国亟待建立一套统一的农产品标准体系和质量认证制度，使标准化管理与质量认证有明确的法律依据，为标准的制订、推广、应用和监督提供制度保障。还需通过健全批发市场管理制度，加强对各级市场的统一管理，维护公平、公正的市场交易秩序，保障批发市场功能不断改造和自我完善；通过建立贮藏管理制度，防止商业资本垄断收储等重要流通环节，操纵农产品市场价格。

案例：长沙"海吉星"物流园

2017年，长沙"海吉星"农产品物流园交易量为592万吨，总交易额为559亿元，蔬菜日均交易量达1.2万吨。据全国城市农贸中心联合会评选，长沙"海吉星"已跃升为全国最大蔬菜流通枢纽中心之一。

据有关媒体分析，长沙"海吉星"的成功归结于交通区位优势强、流通效率提高、质优价低等方面。长沙"海吉星"物畅其流，辐射范围扩大，蔬菜中转批发覆盖半径由原来的300千米延伸到500千米。大中小循环交通设计破解了批发市场内的拥堵难题。"一卡通"大大缩短进场和交易时间，次级批发商在"海吉星"的进货单次平均耗时，由原来的10小时左右缩短到6小时以内。"智慧中心"实时播放中国生鲜农产品批发价格指数，减少交易前的"犹豫不决"。

资料来源：长沙晚报，2018年4月25日。

8.2 农产品零售市场

8.2.1 农产品零售市场的形式

农产品零售市场是零售商直接向消费者销售农产品的场所，它是农产品流通过程的最终环节，也是实现农产品价值的关键环节。农产品零售市场数量众多，且大多分散于居民区附近；零售市场上农产品种类多，消费者购买农产品的频率较高。近些年来，我国农产品零售市场逐渐发生变化，目前的农产品零售市场的形式主要包括农贸市场、社区菜店（便利店）、生鲜蔬果超市、大型连锁超市、网上商店等。

8.2.2 农产品零售市场的发展趋势

8.2.2.1 传统业态主体地位逐渐被削弱

从20世纪70年代末开始，中国农产品购销体制从计划经济向市场经济转变，以农贸市场（或称菜市场）为核心的农产品零售终端体系逐渐形成。农贸市场和社区菜店主要经营生鲜蔬果等"菜篮子"农产品，成为广大居民购买农产品的主要场所。据中商商业研究中心的数据显示，2010年全国蔬菜水果等农产品零售额中大约有80%是通过农贸市场或社区菜店实现的，有大约5%是通过流动菜摊实现的，另15%（大城市这一比例大约高出10个百分点）是通过生鲜蔬果超市和大型连锁超市实现的。从形态上看，农贸市场可分为马路市场、大棚市场和室内市场等。农贸市场的优点在于方便居民购物，缺点在于存在"脏、乱、差"现象。随着各地"农改超"建设的不断实施，农贸市场等传统零售业态的主体地位逐渐被削弱。

8.2.2.2 连锁超市发展势头强劲

中国零售业对外开放以后，发达国家的各种零售业态迅速传入中国，连锁超市、仓储店、便利店、专卖店等新的业态形式层出不穷，打破了以往百货商店一统天下的格局。1995年，家乐福、沃尔玛等世界零售业巨头陆续登陆大陆市场，随后大型连锁超市如雨后春笋般在全国各地发展起来。例如，2001年至2008年，中国连锁超市总销售额和总门店数都呈现快速增长趋势，总销售额从

2001年的1177.29亿元增加到2008年的11999.00亿元，增长了9.19倍，总门店数从2001年的6520个增加到2008年的120775个，增长了17.52倍。国内投资的超市无论从门店数还是销售额来看，都占有较高比重。根据中国连锁经营协会资料分析，一线和二线城市的连锁超市开始趋于饱和状态，超市之间的竞争愈加激烈，所以三、四线城市逐步成为超市企业重点发展的目标区域，超市网点已逐渐遍布全国各个城镇。中国连锁经营协会的统计数据显示，2020年，连锁超市企业同店可比销售平均增长率为4.1%，增长主要来源于三线城市。

随着连锁超市门店数量迅速增加，超市商圈重叠现象越来越严重，超市之间争夺消费者的竞争不断加剧。中国消费者注重农产品的新鲜度，购买生鲜农产品频率较高。于是，生鲜农产品经营成为各大超市吸引顾客的重要手段，而且成为超市利润的一个主要来源。根据中国连锁经营协会的统计数据显示，2010年，连锁超市生鲜农产品平均销售额为10.89亿元，80%的企业生鲜销售额过亿元。生鲜农产品销售额在全部商品总销售额的比重为24.48%，比2009年提高了26.6%，生鲜农产品营销区的平效平均为2.43万元/（年·m²）。数据进一步显示，在各类生鲜商品中，水果的毛利率最高，为14.56%；蔬菜次之，为13.82%；然后是水产品，为11.70%；毛利率最低的是肉蛋禽类产品，为8.81%。许多超市越来越注重产品的采购规模效应，2010年有91.3%的零售企业采取总部统一采购为主的模式。为了获得更优质、价廉的蔬果类农产品，越来越多的超市总部开始关注并探索实施"农超对接"，从产地直接批量采购农产品。同时为了降低生鲜农产品的损耗率，87.5%的超市门店都有现代化保鲜设备，主要包括加湿器、冷藏库、保鲜柜、速冻库等。2020年，在全国百强连锁超市净增的2095个门店中，绝大部分是以经营生鲜食品为主业的社区型超市门店。

8.2.2.3　网络零售等新业态发展空间广阔

20世纪90年代以来，中国互联网用户数量迅猛增长。据中国互联网络信息中心公布的数据，1996年，全国上网人数只有20万人；到2011年6月，中国网民总数达到4.85亿人，互联网普及率为36.2%；到2018年12月，中国网民规模达8.29亿，普及率达59.6%。随着互联网普及率迅速提高，网上零售市场在中国消费品市场的地位持续攀升。2018年，实物商品网络零售额达到70198亿元，比上年增长25.4%，占社会消费品零售总额的比重为18.4%。其中，农产品网络零售额为2305亿元，比上年增长33.8%，占实物商品网络零售额的比重为3.2%。如今，越来越多的农产品经营企业，包括超市等零售企业，都建立了自己的网络销售平台；越来越多的电商企业也涉足线下业务，进军新零售市场。如表8-5所示，2018年中国全网各类农产品零售额所占比例排名前10名。

表 8-5　2018 年中国全网农产品零售额前 10 名

序号	农产品种类	占比 /%	序号	农产品种类	占比 /%
1	坚果炒货	13.8	6	水果	5.3
2	食用油	9.0	7	鲜肉	5.2
3	肉干肉脯	7.6	8	茶	5.1
4	液态奶	7.3	9	大米	5.0
5	海鲜水产	6.1	10	蜜饯果干	4.8

注：资料来源于中国电子商务研究中心。

案例：各大电商企业纷纷进军新零售业

2018 年，新零售已成为各大电商巨头争相布局的重点领域。阿里旗下着重布局的线下实体店有盒马生鲜、F2 便利店（fast&fresh）、盒小马、机器人餐厅、淘宝心选和天猫小店。2018 年底，盒马生鲜有 122 家门店。2018 年初，阿里巴巴零售通和"饿了么"宣布战略合作，零售通将推出新产品，帮助百万小店精准组货、拓展服务边界、连接线上阵地。

京东 2018 年在全国范围内布局 50 家 7Fresh、超过 200 家京东之家和 3000 家京东专卖店，它们多集中在一二线城市。京东基于线下门店，实现了线上线下库存打通，线上订单线下门店就近生产，给用户带来极致的消费体验。

苏宁从 2015 年开始打造智慧零售，已在全国 79 个城市做了布局。截至 2018 年 6 月 30 日，苏宁易购各类自营及零售云加盟店面共 5578 家，较 2017 年年底净增加 1711 家店面。

资料来源：2019 年中国农产品电商发展报告。

8.3　农产品期货市场

8.3.1　期货市场的产生

农产品市场价格波动频繁且剧烈，难以保持稳定，农产品交易双方面临着较大的不确定性。为了减少农产品市场风险，农产品卖方和买方可以签订一种远期合约，通过协商确定未来某一时间的价格。但是在合约的形成和履行的过程中会出现各种问题，如农产品生产者或收购者如何找到合适的合约对象；合约的价格是否合理；在交割当日，市场价格远高于或低于合约价格怎么办；交易双方能否真正履行合约；在履行合约过程中，交易一方中途退出怎么办；合约能否转手，能否在短时期内找到合约接手者；如果合约标的物没有实施标准化，那么合约转手是比较困难的。为了解决这些问题，人们创立了农产品远期合约的统一交易场所——期货市场。

案例：芝加哥期货交易所的产生

南北战争之后，芝加哥凭借其优越的地理位置发展成为一个交通枢纽。到了19世纪中叶，芝加哥发展成为重要的农产品集散地和加工中心，大量的农产品在这里进行买卖，人们沿袭传统的交易方式在大街上面对面讨价还价。然而谷物价格波动剧烈，在收获季节农场主把谷物运到芝加哥，市场供过于求导致价格暴跌，使农场主常常连运费都收不回来；而到了第二年春天谷物匮乏，加工商和消费者难以买到谷物，价格飞涨。为了解决这个问题，谷物产地的收购商应运而生。他们修建仓库，收购谷物后储存起来，然后分批上市。但是，收购商在实践中还遇到这样的难题：他们需要向银行贷款以便从农场主手中购买谷物储存，在储存过程中要承担着巨大的价格风险。解决这个难题的最好办法是"未买先卖"，与芝加哥的分销商和加工商签订远期合约，以转移价格风险和获得贷款。而分销商和加工商也同样面临这样的问题，他们只愿意按照比其估计的交割时远期价格还要低的价格支付。由于一些买方给的价格太低，谷物收购商为了自身利益不得不更广泛地寻找分销商或加工商。这样，芝加哥农产品远期合约交易逐渐活跃起来。在此基础上，1848年3月13日，第一个近代期货交易所——芝加哥期货交易所（CBOT）成立。

资料来源：上海期货交易所网站。

8.3.2 期货市场与现货市场

农产品期货市场，是指交易农产品标准化合约的场所。在合约中，农产品的规格、品质、数量、交货时间和地点等都是确定的，唯一变动的是合约价格。如表8-6所示为郑州商品交易所的粳稻期货合约，主要规定了粳稻的品级、交易单位、交割时间、交割地点、交割方式等内容。一般而言，适合期货交易的农产品有以下特征：品质易于标准化和分级，现货市场的容量大且价格波动剧烈频繁，便于长期贮藏和长途运输，现货市场上不存在垄断行为等。

表 8-6 郑州商品交易所的粳稻期货合约

交易单位	20吨/手
报价单位	元（人民币）/吨
最小变动价位	1元/吨
每日价格波动限制	上一交易日结算价±4%及相关规定
最低交易保证金	合约价值的5%
合约交割月份	1、3、5、7、9、11
交易时间	每周一至周五（北京时间法定节假日除外） 上午9:00-11:30 下午1:30-3:00；最后交易日上午9:00-11:30
最后交易日	合约交割月份的第10个交易日
最后交割日	合约交割月份的第12个交易日
交割品级	见《郑州商品交易所期货交割细则》
交割地点	交易所指定交割地点
交割方式	实物交割

为了明确农产品期货市场的特征，我们把期货市场与现货市场进行对比。如表8-7所示，期货市场与现货市场在标的物、交易目的、买卖方式和主要场所等方面存在较大差异。

表 8-7 农产品期货市场与现货市场比较

项目	期货市场	现货市场
标的物	标准化合约	现有的农产品实物
交易目的	转嫁风险或投资收益	商品所有权转移
买卖方式	电子撮合交易	协商、拍卖等
主要场所	期货交易所	批发市场、零售市场等

8.3.3 农产品期货市场的功能

8.3.3.1 规避市场风险功能

由于农产品市场风险较大，农产品经营者可以把期货市场当作转移价格风险的场所。期货交易者可以通过"套期保值"来规避市场风险。农产品期货**套**

期保值，是指在农产品期货市场上买进或卖出与现货数量相等但交易方向相反的农产品期货，以期在未来某一时间通过卖出或买进期货合约而补偿因现货市场价格不利带来的损失。套期保值实现的原理在于：同种商品的期货市场价格与现货市场价格受相同因素的影响具有一致性的变动方向，而且最终趋同；随着交割日的临近，同种商品的期货价格和现货价格将趋于一致；投机者和套利者的参与为实现套期保值提供了条件。

期货套期保值可以分为多头套期保值和空头套期保值。**多头套期保值**（买入套期保值），是指交易者（一般是农产品买家）先在期货市场买进期货，以便在将来现货市场买进时不至于因价格上涨而给自己造成经济损失的一种期货交易方式。**空头套期保值**（卖出套期保值），是指交易者（一般是农产品供应者）先在期货市场卖出期货，当现货价格下跌时以期货市场的盈利来弥补现货市场的损失，从而达到保值的一种期货交易方式。换句话说，空头套期保值是为了防止现货价格在交割时下跌的风险而先在期货市场卖出与现货数量相当的合约所进行的交易方式。

举一个空头套期保值的例子：2015年末，种植大户小蔡在陕西地区承包了4000亩耕地，打算第二年（2016年）种玉米。预计玉米亩产1吨，经过成本收益估算，他把目标价格定在2000元/吨（即保证目标利润的玉米出售价格），玉米上市时间为2016年9月份。为了防止玉米价格出现大跌，他在大连商品交易所注册交易账户，观察玉米1609期货（交割时间为2016年9月）价格，选择合适时机卖出。2016年3月的某一天，他发现期货价格达到他的目标价格2000元/吨，于是果断卖出400手（4000吨），和自己现货市场预计的产量相等。之后他不再关注期货市场价格，在4～8月份全身心投入到玉米生产过程中。到了9月份，玉米上市时，玉米价格大跌（如图8-2所示）。到了最后交易日，期货市场和现货市场的价格趋于一致，都为900元/吨左右。由于种种原因，小蔡的玉米并不在期货市场上进行实物交割，只在当地现货市场上出售。此时，他在期货市场和现货市场上进行同步操作：在现货市场上，他以900元/吨左右的价格卖出实物玉米4000吨，距目标价格亏了1100元/吨；而在期货市场上他以900元/吨的

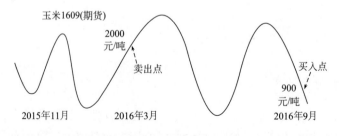

图8-2　小蔡在玉米期货市场上的操作

价格买入400手，对冲平仓，获利约1100/吨。这样，小蔡用期货市场的获利来弥补现货市场的亏损，实现了2000元/吨的目标价格。这里需要指出的是，在套期保值的实际交易中，由于农产品标准差异和"基差"（即现货价格和期货价格之间的差额）的存在，盈亏正好相抵的完全套期保值往往难以实现，只能呈现略显盈利或稍微亏损的效果。

从上面的例子可见，套期保值就是利用两个市场上的价格关系，取得在一个市场上出现亏损，而在另一个市场上获得盈利的效果。农产品经营者通过套期保值规避风险，但是套期保值并不能消灭风险，只能转移风险。转移出去的风险需要有相应的交易者（如期货投机者）承担。

农产品经营者在套期保值实践中还需注意以下问题：第一，坚持"均等相对"的原则。均等，就是进行期货交易的商品必须和现货市场上将要交易的商品在种类上相同或相关数量上相一致。相对，就是在两个市场上采取相反的买卖行为，如在现货市场上买，在期货市场则要卖，或相反。第二，应选择有一定风险的现货交易进行套期保值。如果市场价格较为稳定，那么就不需进行套期保值，因为在实际进行保值交易过程中需支付一定的费用。第三，比较净冒险额与保值费用，最终确定是否要进行套期保值。第四，根据价格短期走势预测，计算出基差预期变动额，并据此做出进入和离开期货市场的时机决策。

8.3.3.2 发现价格功能

期货市场的价格发现功能是指在期货市场通过公开、公平、高效、竞争的期货交易运行机制，形成具有真实性、预期性、连续性和权威性价格的过程。这是基于期货市场的特有属性实现的。农产品期货市场是有组织的规范化市场，它从制度上提供了一个近似完全竞争市场的环境，期货交易所聚集了众多的买方和卖方，把自己所掌握的对某种商品的供求关系及其变动趋势的信息集中到交易场内，所形成的期货价格能够比较准确地反映真实的供求状况及价格变动趋势。农产品期货市场采用电子撮合交易方式，形成价格的效率较高。所谓电子撮合交易，是指卖方在交易市场交易终端上发布售货邀约指令，由买方发布购货指令，交易平台按价格优先、时间优先原则确定双方成交价格和生成电子交易合同，并在交易市场指定交收仓库进行实物交收的交易方式。期货交易采取保证金制度，可以以小搏大，因此期货市场流动性较好。期货合约通过众多的交易者自由竞价可以用最有效的方式形成均衡价格。

价格发现不是期货市场所特有的，现货市场也具有一定的价格发现功能，但是现货市场价格反映的只是本期市场供求关系，无法反映潜在的供求关系变化，因此现货市场的价格是相对不完全的，价格调节具有滞后性。

8.3.3.3 其他功能

除了上述两大基本功能之外,农产品期货市场还具有其他一些功能,如风险投资功能、调节供求功能、国际定价功能等。随着我国农产品期货市场交易规模的扩大,这些功能将得到不断完善,期货市场价格对农产品生产和流通的指导作用将逐渐增强,我国农产品期货市场在国际市场上的定价权、话语权和影响力也将逐渐增强。

8.3.4 我国农产品期货市场发展现状

1990年10月12日,郑州粮食批发市场经国务院批准,以现货交易为基础,引入期货交易机制,迈出了中国期货市场发展的第一步。1993年5月28日,在郑州粮食批发市场的基础上,建成了郑州商品交易所,推出小麦、大豆、玉米等期货交易品种,这标志着中国农产品期货市场正式拉开序幕。1998年,为了对期货市场进行规范,国务院决定把原有的14家期货交易所撤并为3家,保留的农产品期货品种有:郑州商品交易所的小麦、绿豆、红小豆、花生仁;大连商品交易所的大豆、豆粕、啤酒大麦;上海期货交易所的天然橡胶、籼米和胶合板。各交易所的品种不重复设置。在期货市场整顿时期,农产品交易额显著减少,如1997年为5.42万亿元,1998年为3.05万亿元,到2000年减少到1.03万亿元。

2000年以来,我国农产品期货市场进入了规范发展阶段,交易规模显著扩大,交易品种有序增加。2001年,农产品期货市场交易量为1.09亿手,交易额为2.17万亿元。到2018年,大连、郑州、上海三个期货市场农产品期货交易量达到9.28亿手,交易额达到47.37万亿元,农产品期货品种有20多种,如表8-8所示。

表8-8 三大期货交易所的农产品期货品种

期货交易所	农产品期货品种
郑州商品交易所	强麦、普麦、棉花、白糖、菜籽油、早籼稻、油菜籽、油菜粕、粳稻、晚籼、棉纱、鲜苹果
大连商品交易所	玉米、玉米淀粉、黄豆一号、黄豆二号、豆粕、豆油、棕榈油、胶合板、纤维板、鸡蛋
上海期货交易所	天然橡胶期货

注:资料来源于2019年中国农产品电商发展报告。

思考题

1. 农产品流通过程中经历的营销场所有哪些，这些场所分别具有什么功能？
2. 我国农产品市场体系的构成和发展趋势是怎样的？
3. 设想你经营一家粮食加工企业，如何利用期货市场来规避风险，具体如何操作？
4. 广大农户如何利用期货市场、批发市场等有形市场经营好自己的农产品？

第9章 农产品物流关键技术

物流技术的发展，推动着整个农产品营销系统的变革。

导入案例：日本青森苹果经验借鉴之一

中国是苹果的生产大国和消费大国。2017年全世界苹果产量为7621万吨，中国以57%的产量占比位居世界首位。然而，世界上最出名的苹果却是在邻国日本的青森县。那么，青森是怎么做到的呢？为了能将高品质的青森苹果提供给消费者，除了不可或缺的自然环境与一整年的用心栽种，在储运、商品化处理等物流技术上的改进，出口前进行各项把关，更是青森苹果特色之一。

在储运技术方面：在50多年前（1961年），科研人员研制成功CA冷藏技术（气调冷藏），即可调节苹果呼吸并长时间维持苹果鲜度的高档储藏技术，从此，苹果长期冷藏技术得到了飞跃发展。苹果经销商对这项CA冷藏技术高度关注。为了能保持苹果的美味与鲜度，青森县内设有许多储藏苹果的仓库，目前的储藏量约有37万吨，高档储藏库约占整体储藏容量的45%。他们将秋天（9~11月份）采购的苹果保存在大型CA冷藏库中，一直到第二年8月后这段较长的时间内，向日本全国的苹果市场以稳定价格进行销售，使消费者一年四季都能吃到新鲜苹果。这对苹果生产者来说也营造了一个良好的环境，使他们能够安心从事苹果生产，促进青森苹果生产规模不断扩大。

在商品化处理方面，选果机可以对苹果的色泽、大小、形状等外观进行挑选、分级。同时，还利用光传感器技术，对糖度和果实内部的状态进行甄别，对苹果更加严格挑选、准确分级，为提升高品质苹果的流通效率发挥重要作用。苹果包装方面，大部分出口的青森苹果，都被装入保丽龙箱中。保丽龙箱不仅能保持苹果的鲜度，而且能避免搬运过程中的损伤。

在质量检测方面，虽然青森苹果并未受到核辐射影响，但为了能使消费者更加安心享用青森苹果，青森县会定期做放射性检测，并公布检测结果。经过层层检测，青森县产苹果并未检出任何放射性物质。

思考： 青森苹果的物流技术有哪些经验可供我国农产品企业借鉴？

案例来源： 根据青森苹果网站编写。

9.1 初识农产品物流技术

农产品物流是指，为了满足消费者需求而进行的农产品物质实体及相关信息在生产者与消费者之间的物理性流动，主要包括农产品采购、运输、贮存、装卸、搬运、包装、配送、流通加工、信息处理等一系列活动。

农产品物流技术是指，农产品在物流过程中，实现流通形态和流动功能所需要的机械、工具、设备和设施等硬技术和为了形成高效率农产品物流活动而运用的各种方法、手段等软技术。农产品物流技术不是一种独立的技术，而是多种技术综合应用的结果。

以下分别介绍农产品商品化处理、贮藏、冷链管理、加工、运输、配送、质量安全监测、信息管理、质量安全可追溯等关键技术。

案例：生鲜农产品网购的便利与无奈

"80后"的郑女士是某公司的小白领，因为平时工作繁忙，没有太多时间去实体店购物，近五年来她热衷于利用零散时间在网上挑选各种农产品及食品，包括大米、白面、食用油、牛奶、饼干、面包、苹果、橙子、芒果、香蕉等，最近一年连雪糕、速冻水饺、鲜虾、冻鱼等都在网上购买，变成了"低头网购族"。农产品网购在给郑女士家庭带来便利的同时，也造成了一些小麻烦。麻烦之一：网购农产品往往要小批量选购，否则单位成本较高，比如芒果要成箱买才划算，一箱5千克（10斤），单果重量200～400克（精选大果），总共35.5元，折合一斤才3.5元，比超市相同品质的芒果便宜好多。但是，芒果运到家里时都是不熟的，口感很差，嘴馋的话，只能忍一忍了。忍到一周左右的时候，许多芒果熟透能吃了，但是有的芒果开始出现黑斑，有的芒果失水严重，此时

10斤的芒果需要全家总动员在一两天内集中吃掉,否则芒果会迅速变质。买的香蕉也是同样的情况,刚到家时不能吃,到了第几天就要集中吃掉,导致郑女士家人出现胃胀、腹泻的情况。麻烦之二:生鲜农产品在运输过程中容易损坏,郑女士在打开包裹的那一刻,总是不太满意的,特别是易损、易腐性较强的生鲜农产品,经常会出现压坏、腐烂的现象,不知是网店的责任还是快递的责任,要花点时间去寻求赔偿。

那么,你在网购农产品时是否有过相同的经历?

思考: 作为商家,如何改进包装技术、催熟技术、保鲜技术、贮藏技术或运输技术等相关技术,并向消费者提供技术指导,实现顾客价值提升?

案例来源: 笔者根据自己生活经历编写。

9.2　农产品商品化处理

农产品商品化处理是指,为了保持和改进农产品质量并使其从农产品转化为商品所采取的一系列技术措施的总称。其过程包括整理、挑选、初级加工、分拣分级、清洗、烘干、愈伤、包装、打蜡、药物处理等。其中,**分拣分级**是指根据农产品的大小、重量、色泽、形状、成熟度、新鲜度、清洁度、营养成分以及病虫害和机械损伤等情况,按照一定的标准,进行严格的挑选,并分为若干等级,从而实现农产品商品化,适应市场需求。**包装**是指流通过程中保护产品、方便贮存、促进销售,按照一定技术方法而采用的容器、材料及辅助物等总体名称,包括为了达到上述目的而进行的操作活动。鲜活农产品含水量较高,组织娇嫩,在采收、贮藏和运输中容易受到机械损伤和微生物侵染。呼吸和蒸腾作用,会产生大量的呼吸热,使农产品失水。良好的包装可以减缓环境温度对产品的不良影响,防止产品受到尘土和微生物的污染,减少病虫害的蔓延和防止产品失水萎蔫。在贮藏、运输和销售过程中,包装可减少产品间因摩擦、碰撞和挤压造成的损伤,使产品在流通中保持良好的稳定性,提高商品率。此外,包装也是一种贸易辅助手段,可为市场交易提供标准规格单位。包装的标准化有利于仓储工作的机械化操作,减轻劳动强度,设计合理的包装还有利于充分利用仓储空间。

通过上述一系列的商品化技术处理,可最大限度地保持产品的营养、新鲜程度和食用安全性,美化产品,延续其新陈代谢和延长采后寿命,减少流通损耗。

当然，对于不同的产品来说，并不是上述所有的商品化处理环节都要进行，应该根据产品的特点和上市的目的，选择性地执行。例如，对于要贮藏的苹果，可以进行打蜡处理；对于那些为了便于运输而在绿熟期采收的果实，则应该在上市之前要进行催熟处理；马铃薯采收后，需要进行愈伤；葡萄在上市之前要进行修剪等。此外，商品化处理技术环节的先后顺序可以不同，有些环节还可以结合在一起进行，例如清洗、药物处理可以同时进行。

9.3 农产品贮运

9.3.1 农产品贮藏

农产品贮藏是指根据农产品采收后的生理学原理，对农产品存放、保质和增值的技术手段。影响农产品贮藏的因素主要有内在因素和外在因素两部分。内在因素主要包括农产品的呼吸作用、蒸腾作用、后熟与衰老、休眠等；外在因素主要包括环境的温度、湿度、气体成分和微生物等。表9-1给出了一些常见果蔬的低温贮藏最适合的温度和湿度条件。如果能够把环境的温度、湿度控制在最适宜的条件下，再控制好气体成分和微生物，那么将有利于延缓农产品衰老和变质。

表 9-1 常见果蔬低温贮藏最适温度和湿度

种类	温度/℃	相对湿度/%	种类	温度/℃	相对湿度/%
苹果	-1.0～4.0	90～95	蒜薹	-1.0～0.0	85～95
杏	-0.5～0	90～95	青花菜	0.0	95～100
香蕉（青）	13.0～14.0	90～95	大白菜	0.0	95～100
草莓	0.0	90～95	胡萝卜	0.0	98～100
甜樱桃	-1.0～0.5	90～95	芹菜	0.0	95～100
无花果	-0.5～0	85～90	甜玉米	0.0	95～98
葡萄柚	10.0～15.5	85～90	黄瓜	10.0～13.0	95
葡萄	-1.0～0.5	90～95	茄子	8.0～12.0	90～95
猕猴桃	-0.5～0.0	90～95	大蒜头	0.0	65～70

续表

种类	温度/℃	相对湿度/%	种类	温度/℃	相对湿度/%
柠檬	11.0～15.5	85～90	生姜	13.0	65
枇杷	0.0	90	生菜（叶）	0.0	98～100
荔枝	1.5	90～95	西瓜	10.0～15.0	90
芒果	13.0	85～90	蘑菇	0.0	95
油桃	-0.5～0.0	90～95	洋葱	0.0	65～70
甜橙	3.0～9.0	85～90	青椒	7.0～13.0	90～95
桃	-0.5～0.0	90～95	马铃薯	3.5～4.5	90～95
柿子	-1.0	90	菠菜	0.0	95～100
菠萝	7.0～13.0	85～90	番茄（硬熟）	3.0～8.0	80～90

注：资料来源于董全，闵燕萍，曾凯芳. 农产品贮藏与加工[M]. 西南师大出版社，2010。

农产品贮藏应用多种贮藏技术，大致可以分为以下几类：① 温控贮藏，是指通过控制环境温度进行贮藏的技术。根据温度控制范围，又可分为冷冻贮藏、半冷冻贮藏、冷藏、常温贮藏、高温贮藏等。② 气调贮藏，是指通过控制环境气体成分进行贮藏的技术。一般把农产品放在相对密闭的环境中，调节环境中的氧气、二氧化碳和氮气等气体的比例，并使其稳定在一定浓度范围内。③ 干燥贮藏，是指除去农产品中的水分使其干燥或脱水，防止腐烂变质。④ 化学贮藏，是指在贮藏过程中添加保鲜剂、防腐剂、催熟剂等化学制剂，达到保值增值的目的。⑤ 辐射等物理贮藏技术，是指在贮藏过程中利用电离辐射等技术对农产品进行处理，达到保鲜的目的。

案例：香蕉贮藏保鲜小试验

放暑假了，研究生安琪回到家里过上了"水果自由"的幸福日子。母亲买了一大堆她爱吃的水果，好几天都吃不完。可是，安琪担心天气太热，这么多水果很快就会烂掉，特别是香蕉、芒果、西瓜、葡萄这些不耐贮藏的水果。父亲说，别担心，都放在冰箱里不会坏的。安琪说："香蕉、芒果是热带水果，放在冰箱容易冻伤吧，我们上课时候学过。"父亲坚持说："加上保鲜膜放冰箱里肯定不会坏，老师讲的不一定对。"这时母亲过来反对说，香蕉别放冰箱，放在客厅里通风的地方就行了。

于是问题来了，香蕉应该如何贮藏保鲜呢？安琪上网查资料，得到了不同的答案。她想，实践出真知，干脆自己做个试验。她把一挂香蕉分成四组：A组香蕉裸露放在室温条件下，B组香蕉套上保鲜膜放在室温条件下，C组香蕉裸露放在冰箱冷藏室内，D组香蕉套上保鲜膜放在冰箱冷藏室内。安琪每隔24小时就记录一次四组香蕉的变化情况（如表9-2所示）。到了试验第96个小时，四组香蕉按新鲜度从高到低排序为：C组、D组、A组、B组。其中放在室温条件的B组和A组，香蕉腐烂了，不能吃了。此时，父亲过来咬了一大口C组的香蕉，并骄傲地对安琪说："真好吃！怎么样，你老爸是真理吧？香蕉放在冰箱里绝对没错。"安琪无语，她其实在想，如果把温度控制在13℃左右，保鲜效果会不会更好？除了控制温度，怎样控制湿度、气体和微生物等条件呢？

表9-2 安琪香蕉贮藏保鲜试验记录

实验时长	室温（27℃左右）		冷藏（7℃左右）	
	A组	B组	C组	D组
24h	出现黑色斑点	出现黑色斑点	颜色稍微变暗	颜色稍微变暗
48h	黑斑变多，轻微变软	黑斑较多，轻微变软	表皮颜色变深	出现水渍状斑块
72h	黑斑已深入果肉，果肉变软程度加重	黑斑已深入果肉，果肉变软程度加重	表皮全部变深色，果肉硬度适中	表皮颜色变深，水渍斑块面积加大，果肉硬度适中
96h	柄部与果肉脱离，果肉严重变软，果肉出水	果肉严重变软，果肉出现严重腐烂	表皮黑色程度加深，果肉硬度适中	水渍斑块连成一片，果肉硬度适中

案例来源：王安琪编写。

9.3.2 农产品运输

农产品运输是指运用运输工具将农产品从某一地点向另一地点运送。应根据农产品性能、交通条件、经济目标、客户要求、运输距离等选取合适的运输工具。农产品运输工具主要包括公路运输工具（各类机动车和非机动车）、铁路运输工具（火车）、水路运输工具（船）和航空运输工具（飞机）。国内农产品运输普遍采用的是公路运输工具，如农户采用农用运输车、批发商采用大型卡车。公路运输工具的优点在于机动灵活、可直达目的地等。大规模远距离的耐储农产品运输可采用铁路运输工具，其最大的优点在于运量较大、运费较低、运输连续性较高和时间准确性较高。农产品国际营销较多采用水路运输工具，其最大的优点在于运量大、运费低，比较适合耐储、对时间要求不高的农产品。近些年，航空运输工具的应用越来越多，其最大的优点在于速度快，比较适合鲜活易腐性强的高档农产品。

要充分发挥运输工具的效能，提高技术装载量，最大限度地利用各类运输工具的载重吨位。即在不违反运输法规，不影响商品质量的情况下，运用装卸技术，实行巧装多载。要利用信息技术合理组织运输，合理规划路线，减少运输工具空载运输里程。在农产品运输过程中，注意根据农产品的贮藏要求，合理控制车内温度、湿度等环境因素。应合理采用农产品专用运输工具。

案例：甘肃安定区马铃薯运输

甘肃定西市安定区是我国马铃薯的重要产地。2000年之前，安定区的马铃薯主要销往四川、湖北等临近省区市场。随着马铃薯产量的增加，这些市场趋于饱和，导致价格下降，利润萎缩。注意到沿海大型城市对马铃薯的需求仍然很高，本区决定把市场范围扩大到东部沿海地区。但是遇到了运输距离远、汽运成本高的难题。例如，从安定区到上海的公路运输成本为0.45元/千克，尽管生产成本较低，但运往上海后已不再具有价格优势；如果能通过铁路运输，运输成本会减少一半，将大幅提升价格竞争力（如表9-3所示）。然而，由于安定区的铁路货运车厢配额很少，无法满足马铃薯运输的要求。为突破限制条件，2004年安定区紧急寻求省政府帮助，与铁路部门沟通，破例允许安定区根据实际需求确定配额。到2009年，分配到安定区的货运车厢总数量上升至6145节，有37万吨马铃薯（约占总产量的1/3）能够经由铁路运输。这一举措让安定区马铃薯获得了较大的价格优势，市场范围迅速扩大到上海、南京等沿海大中城市。

表9-3 甘肃安定区马铃薯发往不同地区市场的运费

收货地点	货列运输费用/（元/吨）	汽车运输费用/（元/吨）
上海	225	450
广州	360	500
武汉	180	370

注：资料根据笔者2010年的调查整理。

9.3.3 农产品冷链物流

农产品冷链物流，是指农产品在采购、加工、贮藏、运输、分销、零售等环节都处于适宜的低温控制环境下，最大程度地保证产品品质和质量安全、减少损耗的物流系统。农产品冷链物流具有重要的作用和意义（图9-1）：第一，冷链物流能够降低农产品损耗，避免污染和减少浪费；第二，冷链物流能够保障农产品品质和安全，提升产品价值；第三，冷链物流有利于农产品运销半径扩大；第四，冷链物流的发展推动生鲜农产品电商的发展。

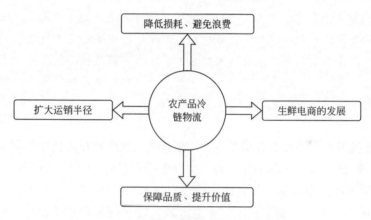

图9-1　农产品冷链物流的作用和意义

农产品冷链物流与一般农产品物流系统相比，具有高投入、高要求的特点：第一，农产品冷链物流各环节的管理与运作都需要专门的设备和设施，建设投资较大、回报期较长。第二，由于农产品的生产和消费较分散，不确定的影响因素较多，为保障冷链物流运作稳定，需要进行严格的监管。第三，农产品冷链物流要求较高的信息技术对农产品进行安全性的质量监控或实时跟踪。第四，农产品冷链物流要求各环节具有较高的组织协调性，任一个环节、任一家企业的不规范行为都可能导致农产品质量和价值受损。

据中国物流与采购联合会统计，2015年，欧美日韩等发达国家农产品冷链流通率为95%，其中果蔬冷链流通率为98%。而我国果蔬、肉类和水产品的冷链流通率分别为10%、26%和38%。据不完全统计，我国生鲜农产品流通损耗率为10%～30%，仅果蔬类农产品的损耗每年就达到上千亿元。而欧美日韩等发达国家果蔬损耗率则控制在5%以下。

> **问题讨论：为何我国农产品冷链流通率较低？**
>
> 为什么与欧美日韩等国家相比，我国农产品冷链流通率较低？其实，不能把问题归咎于我国冷链物流技术落后。因为，目前在国内市场上先进的冷链技术，如气调库、大型冷库、冷藏车等都能买到或租到。因此，应该从我国农产品市场需求状况，冷链技术应用成本与损耗成本，农产品流通渠道，第三方物流企业等方面，探讨产生这一问题的根本原因。
>
> 一般来说，冷藏车购置成本要比普通货车高出约60%；运输过程中，用于发电制冷的油耗比普通货车高出约30%～50%，租用冷藏车的费用要比普通货车高出大约1倍。比如，同样为20吨的葡萄从云南大理运到北京市场，普通货车的运费大约为8000元，冷藏车的运费为16000元。关于第三方物流企业，我国能独立开展仓储、运输、配送等一条龙冷链综合物流服务的企业很少，各地虽有一定数量的冷库和冷藏运输车队，但服务功能单一，规模不大，服务范围小，跨区域服务网络没有形成，无法提供市场需求的全程综合物流服务。

随着我国农产品消费者市场需求逐渐升级，农产品冷链技术的需求量将不断增长，冷链设备与设施不断完善。据全球冷链联盟（GCCA）公布的2016年全球冷库容量报告显示，作为冷库建设发展最快的国家，中国新增冷库容量3100×10^4立方米，达到了1.07×10^8立方米，较2014年增长了21%，人均冷库容量达到0.143立方米。据前瞻产业研究院发布的《保温冷藏车行业市场需求分析报告》数据显示，2014年，我国冷藏车产量达到20673辆；2016年，冷藏车产量增长到26113辆。到2016年年末全国冷藏车保有量11.5万辆，比上年同期增长23.6%；2017年上半年，冷藏车的上牌数量达到7000辆，同比增长25%。据统计，我国冷藏车市场主要集中在山东、广东、上海等10个省市，占有量比重大约为68%，这些地区经济比较发达，冷藏车使用密度要比其他地区高。

9.4 农产品加工

农产品加工，是指用物理、化学和生物学的方法，将农业的主、副产品制成各种形式的食品或其他产品的一种生产制造活动。农产品加工是农产品营销过程中重要的技术环节，也是新产品开发的重要手段。在农产品加工过程中往往应用物理学、化学和生物学等现代科学技术手段，能够创造多种产品形式效用，不断适应市场的变化，满足消费者多样化的需求，并实现农产品价值增值。农产品加工的内容很多，如粮食加工、饲料加工、榨油、酿造、棉纤加工、果蔬加工、屠宰加工、乳品制造、水产加工、烟草制造、茶叶加工、药品制造等。按照加工程度，农产品加工还可分为初级加工和精深加工。

改革开放以来，我国农产品加工技术迅速发展，随着农产品消费结构的变化，农产品加工转化率逐渐提高，农产品附加值也不断增加，农产品加工向着深度、精度及专用化方向发展。截至2015年底，全国规模以上农产品加工企业7.8万家，完成主营业务收入近20万亿元，农产品加工业与农业总产值比达到约2.2：1，农产品加工转化率达到65%。但这一数据还与发达国家存在一定差距。农业农村部部长曾指出，发展农产品加工，有助于优化产业结构，助推农业供给侧结构性改革；有利于破解农产品卖难滞销问题，带动农民增收；有利于促进农业一二三产融合，促进农业现代化。我国农产品加工业的目标是，到2025年，加工转化率达到75%，结构布局进一步优化、自主创新能力显著增强，基本接近中等发达国家水平。

9.5 农产品配送

农产品配送，是指配送商根据客户的需求，批量采购农产品后，对农产品进行仓储、分拣、加工、整理、分类、包装等一系列配货活动，再把配好的货品送到客户手中的整个过程。简言之，配送包含"配"和"送"两项业务活动。其中的"配"不同于一般的商品化处理活动，配货更加强调客户需求和服务优先，一般把零售商作为客户和服务对象，产品种类也比较多。而"送"也不同于一般意义的运输，送货更加强调客户满意和服务优先，送货的范围较小，每批运量较小，但批次较多。

农产品配送中心，是指专门从事农产品配送，集采购、配货、送货等多功能为一体的营销场所。如图9-2所示为农产品配送基本流程。配送中心的作业项目包括采购、验收、仓储管理、订单处理、配货、出货、装车、送货、送达服务及退货处理等。为保持这些作业项目的高效、稳定运行，配送中心需要建立完善的信息管理系统，包括客户管理、仓库管理、承运信息、线路优化、入仓管理、出仓管理、车辆调度、车辆监控、运输成本和商务结算等部分。

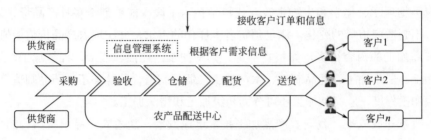

图9-2 农产品配送基本流程

配送中心的主要优点表现在：第一，由于采取统一采购和统一配送，可以产生规模效益，减少交易费用；第二，根据订单或需求信息配货，可以及时响应客户的需求变化；第三，集中送货，可以选择经济合理的运输路线和运输工具，有利于物流成本的降低；第四，及时送货上门，解决了客户（零售商）亲自采购的麻烦，使他们专注于零售业务；第五，减少了客户（零售商）的库存量，提高了其经营的灵活性和工作效率。

配送中心的建设是一项规模较大、投资额高、涉及面广的系统工程。因此，大多数农产品零售商都没有自己的配送中心，而是与配送公司合作，或者从批发市场采购农产品。但是，随着零售商规模扩大，连锁门店数量增多，他们对自己建设配送中心的愿望就越来越强烈。例如，武汉"天天鲜"生鲜连锁超市的创始人柯总表示，他们非常需要建立自己的配送中心，提高连锁超市的经营效率。但是她同时指出，配送中心的运营成本很高，配送成本要由零售门店来分摊，仅靠目前20多个店是远远不够的，要实现盈亏平衡，他们起码要发展到50个门店。目前，大型连锁超市、农产品电商公司、大型生鲜连锁店等零售主体一般都拥有自己的配送中心。

案例：日本京都河市水产公司

日本京都的河市水产公司于1963年成立，目前公司设立于京都中央批发市场内，员工数量84名（女性28名，男性56名）。公司的主要业务包括：采购、销售、配货、送货等，主要经营的水产品包括马鲭鱼、安康鱼、秋刀鱼、石斑鱼、三文鱼、金枪鱼、比目鱼、河豚、鳗鱼、扇贝、螃蟹等，产品种类齐全。

每天凌晨2点30分，公司的工作人员就开始为采购做准备。5点30分市场拍卖开始，公司采购员通过竞拍获得所需水产品。购进产品后，公司要根据客户的要求，迅速将产品加工成各种容易售出的形式。早上7点，公司配货结束，开始进行送货。送货业务包括场内近距离送货和场外远距离送货。场内送货时，工作人员之间通过无线对讲机保持联系，配送员利用小型搬运工具分别送到市场内的客户门店。而在场外送货时，配送员往往开着厢式卡车，按照总部设计的最优路线将货物及时送到超市、鲜鱼店等零售门店。

"得到顾客的信赖是最重要的。"所有配送人员都秉承这样的服务理念，在为客户送货的过程中，始终保持良好的服务态度，送货进店。与客户打交道时，脸上一直保持甜美的笑容。这家配送公司得到越来越多客户的信赖和支持，公司以京都为中心，在滋贺、大阪、奈良等地逐步扩展业务。

资料来源： 根据河市水产公司网站编译整理。

9.6 农产品质量检测

农产品质量包括两个方面的内容：一是农产品的品质，包括外观、口感、营养成分等；二是农产品的食用安全性，即符合人的健康、安全的要求。**农产品质量检测**是指，根据一定的标准或检测规程，对农产品的品质或安全性进行观察、试验或测量，并把所得到的检测结果和规定的质量要求进行比较，以判断出被检测产品或成批产品是否合格的技术性活动。

由于农产品的种类繁多、组成复杂、检测目的不同，检测项目存在多种形式。按照国家标准、相关行业标准等规定，农产品质量检测指标主要包括感官要求、主要理化指标、安全指标、生物学指标等方面。农产品质量检测方法可以分为感官检验法、物理检验法、化学分析法、仪器分析法、微生物检验法等。其中，感官检验法是最简单、成本最低的检测方法，但带有一定的主观性；化学分析法适用于常量分析，是农产品质量检测中最基础、最重要的检测方法；仪器分析法适用于微量分析，是一种较为灵敏、快速、准确的分析方法，适用于农产品生产与流通过程的监督控制。随着科学技术的迅猛发展，各种农产品检测方法不断更新和完善。许多高灵敏度、高分辨率的仪器越来越多地应用于农产品质量检测过程中，例如气相色谱仪、高效液相色谱仪、氨基酸自动分析仪、原子吸收分光光度计、紫外-可见光分光光度计、荧光分光光度计等已经在农产品检测中得到了广泛的应用。在保证检测准确度的前提下，农产品质量检测技术正在朝着微量、快速、智能化的方向发展。

快速检测技术得到广泛应用，快速检测技术最大的特点是快速高效，对可疑食品进行粗筛和对现场食品安全状况做出初步评价，便于执法人员掌握情况，提高工作靶向性，预防食品安全事故发生，因此成为日常农产品质量检测的主要手段。快速检测技术从20世纪80年代兴起，由最早的试纸片发展到当今的便携式仪器，从最初只能检测几个项目发展到现在能检测上百个，发展速度较快。目前，我国各地的基层市场监管机构大多配备了农产品快速检验设备，主要在农产品批发市场、收购点、超市、商场、菜店等场所开展农产品快速检测，重点检测的项目包括农药残留、水分、色素、甲醛等。快速检测方法与国家标准方法相比具有操作简单、快速的优点，但由于大多数快速检测方法在样品前处理、操作规范性方面还有许多待完善之处，目前还只能作为快速筛选的手段而不能作为最终诊断的依据，而兼具快速和准确两大优点则是快速检测方法追求的目标。

我国的农产品质量检测机构包括政府监督检验机构、社会中介服务检验机构和企业自有检验机构等。目前，由于我国社会中介服务检测机构和企业自有检测机构的检测能力较弱，政府监督检验机构在食品质量检测中扮演着重要角色。政府监督检验机构主要包括县级以上人民政府产品质量监督部门依法设置的检验机构，海关、市场监督、农业等部门设立的检测机构，还有县级以上人民政府产品质量监督部门授权的其他单位的产品质量检验机构。

案例：荷兰第三方检测公司——Qlip

Qlip公司是独立的第三方乳品质量安全检测认证机构，于2007年成立，办公地点位于荷兰，是独立的私营公司，目前员工数量超过250名（其中200名全职员工）。

荷兰Qlip公司的由来：荷兰检测乳制品已经有100多年的历史，可以说从乳品加工企业诞生那一天就开始了。因为加工企业需要根据牛奶质量来确定支付奶农的奶价。最初时候，牛奶检测项目很少而且简单，加工企业的实验室完全可以自己做。到了20世纪50年代末，乳品加工企业需要根据牛奶中乳蛋白的比重来定价，当时检测乳蛋白的仪器相当昂贵，不得不委托外面的实验室来做检测。于是，荷兰在这一时期内出现了很多家规模很小的乳品检测公司。到了60年代末，政府规定原料奶要通过第三方公司检测，使检测结果更加公平和公正。之后，这些小型乳品检测公司开始合并，后来全荷兰只剩下4家。1994年，这4家公司又进行合并，成立了荷兰乳品监管中心。2007年，乳品监管中心又与另一家专业的乳品检测公司合并，形成了如今的Qlip公司。目前，Qlip是荷兰唯一的原料奶质量安全检测公司，也是全球知名的乳制品检测机构，其检测标准的严苛性、前瞻性及权威性享誉全球。

Qlip对乳品样本的采集及检测过程：原料奶运输车负责到牧场收奶，奶车的GPS系统会对取样奶罐的位置进行精准定位，经过专业培训的司机在牧场把奶抽走之前要从奶罐中取样，取样用的无菌塑料瓶底部装有特制的数据芯片，相关的定位数据也会记录在芯片中，此外芯片中还会记录牧场奶罐编号、取样时间和日期、生鲜乳收购人、收奶车编号等。所有的奶样先送至乳品加工厂集中低温存储，然后Qlip会派专人去收集每天所有的样本，成千上万的样品被送至Qlip实验室，进行相关指标的测定。这些检测结果将反馈给乳品企业和牧场，并成为乳品企业支付奶农奶款的基础依据，也用于指导牧场和加工企业的生产。一旦牧场的牛奶被检测出不合格，将会对奶农进行扣款处罚，严重不合格将会拒收牛奶，同时还要赔偿。值得一提的是，Qlip检测与分析的费用是由加工企业支付，Qlip不涉及加工企业与牧场主之间的结算。

牛奶检测的主要指标：按照检测惯例，鲜奶的脂肪、蛋白质、乳糖、抗生素等是每批都测的。其中脂肪、蛋白质、乳糖等是定价的主要依据，牛奶中这些成分的比例越高，同体积的牛奶可以生产奶酪等乳品越多，定价就越高。而抗生素是限制检出的，如果发现抗生素残留，则需要把整个奶罐车的牛奶全部销毁。原因在于，原料奶中残留的抗生素将抑制发酵乳、发酵菌种的繁殖，导致牛奶的发酵不能正常完成或出现异常发酵，从而严重影响干酪、黄油、酸乳的发酵和后期风味的形成，使奶制品品质、产量和口感降低。细菌数和体细胞数根据加工企业要求，检测频率不同，有的要求每个月两次或更多次测试。

表9-4中前四行指标都是根据法律要求必须检测的，而其他指标主要根据加工企业的要求进行检测。例如，丁酸芽孢含量是反映饲料清洁程度的指标，用于判定牛是否吃了发霉的饲料；冰点用于判断牛奶中的含水量是否增加；余氯用于判断在设备清洁过程中是否存在洗洁剂残留。

表9-4 Qlip牛奶检测项目

检测参数	频率	限制	结果
脂肪、蛋白质、乳糖等	每批		
抗生素	每批	阴性/阳性	
细菌数	2次/月	≤10×10^{4}CFU/毫升	
体细胞数	2次/月	几何平均数≤40万/毫升	奖励（涨价）、惩罚（降价）、拒绝收奶
丁酸芽孢	1次/月	阴性/阳性	
沉淀物	1次/月	阴性/阳性	
游离脂肪酸	每批	月平均数小于100毫摩/100克脂肪	
冰点	每批	≤-0.505℃	
余氯	2次/年	<0.2毫克/千克	

Qlip不仅检测鲜奶样品，还会去牧场，对其生产工艺进行资质审核。荷兰的每家牧场，每两年Qlip至少要去审核一次。荷兰的每家牧场都有质量认证，在荷兰有两种质量认证体系，一种是菲仕兰，因为菲仕兰拥有荷兰百分之八十的奶牛，若不是菲仕兰的奶牛，会参与Qlip的资质审核。Qlip还会帮助乳品加工企业进行认证，也会帮助一些超市集团来检验某一些产品的特点。例如，Qlip可以帮助超市检测分析某些乳品的奶源是否来自放牧的牛。同时，Qlip的检测、分析、审核等业务都会受到政府部门监督。

资料来源： 1. 胡定寰等. 牧场到奶粉的故事 [M]. 中国农业科学技术出版社，2015: 103-115;

2. 王安琪根据2019年Qlip公司培训视频整理的笔记。

9.7 食品安全可追溯体系

自20世纪70年代以来，无论是在国际还是在国内，食品安全问题日益突出，如疯牛病、口蹄疫、禽流感等畜禽疾病传播，农药残留过量，瘦肉精非法添加等现象屡禁不止，食源性疾病危害越来越大，危机频繁发生，严重影响了人们的身体健康，引起了全世界的广泛关注。尤其是1990年英国疯牛病的暴发，政治上使欧盟各国产生矛盾，欧盟的权威性受到挑战，经济上使欧盟损失惨重，导致了公众对政府监督下的食品安全产生了严重的信任危机。

虽然ISO 9000、ISO 22000、GAP、HACCP等多种质量管理认证体系纷纷被引入并在实践中运用。但是上述的管理办法都主要是对生产、加工环节进行控制，缺少将农产品供应链进行整合的手段。因此，非常有必要对供应链各个环节的农产品信息进行跟踪与追溯，一旦发生食品安全问题，可以有效地追踪到食品的源头，及时召回不合格产品，将损失降到最低。

于是许多国家和地区纷纷探索食品安全可追溯制度建设。例如，我国台湾地区建立农产品**"产销履历制度"**，即农产品从"农田"到"餐桌"的所有产销资讯皆为公开、透明及可追溯的制度设计，是确保食物安全的信息化举措。欧盟的食品可追溯系统应用最早，尤其是活牛和牛肉制品的可追溯系统。欧盟把食品可追溯系统纳入法律框架下。2000年1月欧盟发表了《食品安全白皮书》，提出一项根本性改革措施，就是以控制"从农田到餐桌"全过程为基础，明确所有相关生产经营者的责任。2002年1月欧盟颁布了178/2002号法令，规定每一个农产品企业必须对其生产、加工和销售过程中所使用的原料、辅料及相关材料提供保证措施和数据，确保其安全性和可追溯性。根据牛肉标签法，欧盟国家在生产环节要对活牛建立检验和注册体系，在销售环节要向消费者提供足够清晰的产品标识信息。

食品安全可追溯体系的实现条件主要包括渠道条件、制度条件、技术条件等，其中技术条件是实现可追溯体系有效运行的辅助条件。可追溯体系建设依赖的技术主要包括条码技术、无线射频识别技术、物流追踪技术、物联网技术、区块链技术等。

思考题

1. 农产品流通过程中涉及哪些关键的物流技术？请阐述这些物流技术的作用。
2. 探讨各类农产品物流技术应用的影响因素有哪些。
3. 为什么我国的农产品商品化处理仍以人工作业为主，自动化设备应用较少？
4. 思考农产品质量检测的重要性，探讨相关农产品企业如何进行农产品质量检测。
5. 设想你经营一家农产品经销企业（先明确经营什么农产品），你会采用哪些具体的物流技术？谈谈应用这些物流技术的目的。
6. 探讨如何建立食品安全可追溯体系，实现条件有哪些？
7. 查阅相关资料，了解什么是技术集成。探讨如何进行农产品物流技术集成创新。

第10章 农产品标准与质量认证

导入案例：日本客商考察苹果基地

高桥先生是一位在中国做生意的日本人，担任一家日资连锁超市公司华北地区的生鲜采购经理，一次他去陕西洛川考察苹果货源地并甄选优秀的果蔬供应商，经熟人介绍，当地的果蔬批发商吕老板热情接待了他。吕老板表示愿意成为这家日资集团公司的供货商，而高桥先生首先提出想看一下苹果样品。吕老板并没有提前精心准备，于是随手在办公室角落拿出一箱苹果，从中挑出几个认为样子不错的洗干净，给高桥先生品尝。高桥先生看了看、尝了尝，然后摇头说道："果形不太端正，口感也不大好"。随后，吕老板开车把高桥先生带到自己公司的一个苹果收购点参观，收购点里的工人们正在忙碌地分拣、分级、包装和搬运。高桥仔细观察着苹果业务流程，并检查苹果外观，让他失望的是，在堆积如山的苹果当中，很难挑选到外形符合他心中标准的苹果。观察了十分钟，高桥先生跟吕老板告辞，合作自然没有谈成。

上面的事件发生在十年前，近些年我国大部分农产品经销商和生产者越来越重视标准化问题，农产品标准化做得不好，就很难赚到钱。同时，随着国内外农产品采购业务迅速发展，采购商对质量认证的需求也越来越大。本章将带你深入了解农产品标准、分级和质量认证等相关内容。

案例来源：笔者根据现实生活编写。

10.1 标准与标准化

什么是标准？ 标准是指被一致公认的衡量尺度，随着社会经济的发展，标准与人们的生产、生活的关系越来越密切。2017年11月4日修订的《中华人民共和国标准化法》中把标准定义为："农业、工业、服务业以及社会事业等领域需要统一的技术要求。"

可以从以下几点把握**标准的内涵与特性**：第一，标准的最终目的是取得效益。标准制定主要依据的是国家、地区、行业或企业的发展需要，最终目的是要通过获得最佳秩序而取得最佳效益。第二，标准制定的对象具有重复性。对于重复出现的概念（如术语）、重复出现的事物（如重复生产、加工的农副产品）才有必要制定标准。第三，标准的内容不断改进。标准所反映的是一定时期内科技的发展水平和实践经验总结，随着科技和实践的不断发展，标准的内容将不断改进。第四，标准应该是协商一致的结果。标准关乎某些群体及社会的利益，因此利益相关主体需要参与到标准制定的过程中，表达意见、协商讨论，形成一致。第五，标准由公认机构批准发布。标准是生产、生活的重要依据，是一种共同使用的资源，它必须由能代表各方面利益的公认权威机构批准发布。第六，标准是一种规范性文件。一项标准一旦发布实施，就具有一定的约束性和规范性。我国《标准化法》中规定：标准分为强制性标准和推荐性标准，强制性标准必须执行，推荐性标准国家鼓励采用。

什么是标准化？ 标准化是实现标准的途径，它主要包括制定、发布、实施和修改完善标准的过程。两千多年前，孟子所提出的"不以规矩，不能成方圆；不以六律，不能正五音"成为古代标准化实践的指导思想。随后，秦始皇统一全国的度量衡，并推行"书同文，车同轨，统一驰道，统一货币，统一兵器"等，成为中国早期最重要的标准化实践活动，对此后中国社会经济的发展产生了不可估量的影响。

10.2 标准的分类

标准有多种分类方法，如按照强制性、对象、性质或范围等依据划分。下面以范围为例，简要介绍标准的分类。按照标准发生作用的范围，可以把标准分为国际标准、国际区域标准、国家标准、行业标准、地方标准、团体标准和企业标准等。

10.2.1 国际标准

国际标准是指国际标准化组织（ISO）、国际电工委员会（IEC）和国际电信联盟（ITU）制定的标准，以及国际标准化组织认可已列入《国际标准题内关键词索引》中的一些国际组织制定的标准。例如，食品法典委员会（CAC）、联合国粮农组织（FAO）、国际计量局（BPM）、国际谷类加工食品科学技术协会（ICC）、世界卫生组织（WHO）、国际乳制品联合会（DDF）等组织发布的标准都是国际标准。与农产品行业有关的国际标准中，ISO和CAC的标准被广泛认同并采用。

案例：标准化是中药走向国际的推手

当前全球缺乏一套统一认证的中医药国际标准，而中医和西医建立在不同理论体系上，如果没有标准，就像语言不通一样，难以合作交流。通过制定国际标准促进中药与国际接轨，是中药国际化的必经之路。目前，已有三七、艾叶、灵芝、板蓝根、铁皮石斛和天麻6个中药材ISO国际质量标准发布。国际标准制定有一套严密的制定流程，从最初的项目论证到标准正式发布，都要经过多轮的投票表决和修改提议。寿仙谷药业研究团队从全球收集了1000多个批次的灵芝、铁皮石斛样品，针对水分、灰分、浸出物、有效成分、农残、重金属等进行了上万次的分析检测，科学地阐述了灵芝和铁皮石斛的道地性遗传机理和物质基础，为标准的制定提供了科学的数据基础。

资料来源：柴玉. 灵芝、铁皮石斛ISO国际标准发布[J]. 中医健康养生，2019，(5)。

10.2.2 国际区域标准

国际区域标准是由国际某一区域标准化组织制定并发布的标准,如欧盟标准化委员会(CEN)发布的欧洲标准(EN)。区域标准化组织主要是指,处于同一地区的国家为了消除本地区的贸易壁垒,促进本地区合作交流而成立的标准化组织。在国际上影响力较大的区域标准化组织主要有欧洲标准化委员会(CEN)、欧洲电工标准化委员会(CENELEC)、欧洲电信标准化学会(ETSI),它们发布的很多标准直接上升为国际标准。此外,比较知名的区域标准化组织还有亚洲标准咨询委员会(ASAC)、太平洋地区标准会议(PASC)、东盟标准与质量咨询委员会(ACCSQ)、泛美标准委员会(COPANT)、非洲地区标准化组织(ARSO)、阿拉伯标准化与计量组织(ASMO)等。

10.2.3 国家标准

国家标准是指由国家机构批准并公开发布的标准,在全国范围内实施的技术要求。我国的国家标准分为强制性标准和非强制性标准。强制性国家标准(代号是"GB"),是对保障人身健康和生命财产安全、国家安全、生态环境安全以及满足经济社会管理基本需要的技术要求。推荐性国家标准(代号是"GB/T")是对满足基础通用、与强制性国家标准配套、对各有关行业起引领作用等需要的技术要求。例如,原国家质量监督检验检疫总局和国家标准化管理委员会联合发布的GB/T 35873—2018《农产品市场信息采集与质量控制规范》(2018-09-01实施),表示国家标准第35873号,2018年发布,属于推荐性标准,于2018年9月1日起实施。

10.2.4 行业标准

行业标准是由行业标准化机构制定、发布的在某行业范围内统一实施的标准。我国的行业标准是对没有国家标准而又需要在全国某个行业范围内统一的技术要求所制定的标准。行业标准是对国家标准的补充,是专业性、技术性较强的标准。行业标准的制定不得与国家标准相抵触,国家标准公布实施后,相应的行业标准即行废止。我国行业标准的行业代号由国务院标准化行政主管部门规定,NY、LS、QB、FJ分别是农业、粮食、轻工、纺织行业的标准代号。例如,NY/T 3304—2018《农产品检测样品管理技术规范》,是农业农村部于2018年发布的农业行业标准，这一标准规定了农产品质量安全检测样品管理的术语和定义、一般要求、样品接收、制备、保存、流转、复检、处置等内容。

10.2.5　地方标准

地方标准是由一个国家的地方部门制定并公开发布的标准。我国的地方标准是对没有国家标准和行业标准而又需要在省、自治区、直辖市范围内实施统一的技术要求所制定的标准，它由省级标准化行政主管部门统一组织制定、审批、编号和发布。地方标准在本行政区域内适用，不得与国家标准和行业标准相抵触。国家标准、行业标准公布实施后，相应的地方标准即行废止。我国地方标准代号由"DB"加上省、自治区、直辖市行政区划代码前两位数字表示。例如，DB52/T 1377—2018《黔北麻羊饲养标准》，是由贵州省市场监督管理局于2018年发布的贵州省地方标准。

10.2.6　团体标准

团体标准指由社会团体按照自己确立的制定程序，自主制定、发布、采纳，并由社会自愿采用的标准。社会团体可在没有国家标准、行业标准和地方标准的情况下，制定团体标准，快速响应创新和市场对标准的需求。国家鼓励学会、协会、商会、联合会、产业技术联盟等社会团体协调相关市场主体共同制定满足市场和创新需要的团体标准。团体标准编号依次由团体标准代号（T）、社会团体代号、团体标准顺序号和年代号组成。例如，T/LYCY 006—2019《灰枣》，是由中国林业产业联合会于2019年发布的团体标准，这一标准规定了灰枣的相关术语和定义、质量要求、检验方法、检验规则、判定规则、包装与标志、标签、运输和贮存等内容，本标准适用于市场交易双方对干制灰枣的品质认定、等级划分。

10.2.7　企业标准

企业标准是由企业法人代表或法人代表授权的主管领导批准、发布，对企业范围内需要协调、统一的技术要求、管理要求和工作要求所制定的标准。企业标准作为企业生产经营的依据，要上报有关部门备案。企业标准不得低于相应的国家标准、行业标准或团体标准要求，企业标准只在企业内部有效。因此，我国各类标准的要求程度从低到高的顺序一般为：国家标准、行业标准、团体标准和企业标准。在我国标准化体系中，要努力形成"强制性标准守底线、推荐性标准保基本、行业标准补遗漏、团体标准搞创新、企业标准强质量"的格局。我国的企业标准编号依次由企业标准代号（Q）、企业代号、标准顺序号和年代号组成。例如，Q/SSS 0002 S—2015《山东神氏食品集团有限公司冻干蔬菜》，是由山东神氏食品集团发布的冻干蔬菜的企业标准。

10.3　农产品标准和分级

农产品标准是对农产品的质量、规格以及与质量有关的各个方面所作的技术规定、准则，包括与农产品相关的生产技术、品种、化学成分、外观、包装、质量等级、储藏运输、检验技术、卫生等方面。农产品标准化是实现标准的途径，它主要包括农产品标准制定、发布、实施和修改完善的过程。

案例：褚时健建立颠覆传统的标准

20世纪八九十年代，按照中国国家标准，优质烟叶的特征是表面光滑、颜色呈缎黄，烟草企业都按照这种标准去选择烟叶，但褚时健是怎么做的呢？他从美国考察回来后，对原有关于烟叶质量的国家标准颇有异议。经过一系列实验论证，褚时健得出结论，成熟的烟叶应该是不好看的，表面粗糙，颜色橙黄。于是他重新制定标准，玉溪卷烟厂全部采用新的标准体系，包括烟叶成熟度、尼古丁含量、糖碱比等，红塔山及其他玉烟产品按照新的标准体系生产，最终，红塔山采用的标准达到了国际水平。褚时健打造的爆品中，还有褚橙。他在实践基础上重新制定了一套近乎苛刻的标准，这是过去农业种植中从未有的，这意味着付出巨大的代价。

资料来源：马玥. 爆品思维建立持续打造畅销品的超级体系[M]. 中国友谊出版公司, 2017: 80。

农产品分级是指根据一定的标准将农产品整理，并划分为不同的等级。它是农产品能否进入相关市场的重要依据，也是农产品营销者便于对农产品进行质量比较和定价的基础。

对于营销者而言，农产品标准化与分级的好处表现在以下几个方面：第一，标准和分级建立了一种公认的格式化语言，减少因质量描述不一致所产生的争论，从而降低交易费用。第二，由于标准与分级对产品的准确描述，便于产品信息广泛传播和交易双方有效沟通，从而降低了营销推广成本，提高了农产品交易效率。第三，标准化与分级可以实现按质定价，农产品质量越好价格越高，不达标产品不得进入市场，这样促进了农产品质量的提升。

问题讨论：农产品标准化对市场的影响

请结合本书的其他章节进行讨论，农产品标准化会对市场产生哪些影响？比如，农产品标准化对我国农产品现货拍卖交易、农产品期货交易、农产品电商发展、农产品品牌形成等方面产生哪些影响（如图10-1所示）？再思考，农产品标准化对农产品流通效率提升、农产品销路稳定、农产品安全保障和农产品附加值提升等方面是否有促进作用？

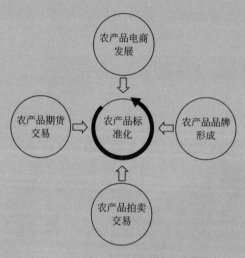

图10-1 农产品标准化与其他营销问题的联系

案例：标准化助力斗南花卉香飘海内外

斗南花卉市场，现已发展成为"中国及至亚洲最大的鲜切花交易市场"。每年有超过60亿枝鲜切花销往世界各地，这一数字的背后是鲜花的高品质和客户的高满意度，而标准化是质量控制的关键。

像鲜花这种产品很难像杯子一样具有完全一致的形态，那鲜花买家是如何判断鲜花的品相,以及拍卖价格是高还是低呢?这就要到斗南市场的内部去观察一下了。繁忙的市场内到处是鲜花、生产线、标着字母的货架和小货车,鲜花在进入拍卖交易之前就已经按照标准分好等级了。鲜花分为5个等级,即ABCDO级,O级是最差的,无法进入交易大厅。那么这5个等级是按什么标准来划分的呢?第一是看花的长短,以每10厘米为一个阶段,75厘米长的花束就能达到A等级。第二是看花的叶子与茎干,叶子为鲜绿色,茎干直径在0.54厘米的为高等级。第三是看花头的成熟度,叶片外瓣散开3~5片为最佳成熟度,鲜花是讲究时效性的,如果成熟度太高可能在进入终端市场时就开败了。第四是看花头大小,可分为大、中、小花苞三个等级,花苞大小为中的最好。最后是观察花的颜色,是要有该品种本该呈现的颜色,颜色过深或过淡都会影响该花的等级。

将鲜花分级后,由质检员对鲜花信息进行扫描录入,全部的分级过程都会摄像记录,保证分级的规范化、公开化,这样花农和花商的权益都能够得到保障。鲜花分级后就会去到标有相应等级字母的架子上,然后由小火车将这些花拉到交易市场,等待花商前来验花,随之鲜花信息就被放到拍卖大厅的大钟上进行拍卖,而花商只需要记下想拍的鲜花信息,等待大钟上出现该花的信息然后出价竞拍。拍卖大厅里600个席位通常是座无虚席,人们买卡并存入现金,再将卡插入到座位的电子屏幕上,即可进行拍卖操作。

案例来源: 王安琪根据央视新闻等公开资料编写。

10.4 农产品质量认证

10.4.1 农产品质量认证定义

农产品质量认证定义为,由可信任的第三方认证机构,依据一定的标准体系和法律法规对农产品生产环境、技术规程、农产品质量等方面进行检测、评价、审核及验证的活动。认证机构是指依法经批准设立,独立从事产品、服务和管理体系符合标准、相关技术规范要求的合格评定活动,并具有法人资格的证明机构。目前,我国涉及农产品质量认证的机构数量众多,如中国质量认证中心(CQC)、方圆标志认证集团(CQM)、北京中绿华夏有机食品认证中心

（COFCC）、中环联合（北京）认证中心有限公司（CEC）、浙江公信认证有限公司（GAC）、西北农林科技大学认证中心（YLOFCC）、各地农产品质量安全工作机构、食品药品监督管理机构等。

为什么需要质量认证呢？随着工业化大生产的发展，市场上各类产品不断丰富，政府及采购商出于各个方面的需要，越来越关注商品质量的客观评价；同时消费者市场对产品质量的要求也在不断提高，希望权威组织能提供足够的证据，证明企业有能力保证产品质量。于是各种质量认证应运而生。随着全球经济一体化发展，各种跨国采购越来越多，对质量认证的需求也越来越大，尤其是国际通用的质量认证。以下分别从国际和国内两个方面介绍农产品质量认证体系。

10.4.2 国际农产品质量认证体系

农产品质量认证始于20世纪初美国开展的农作物种子认证。随着国际贸易的日益发展和食品安全风险程度的显著提升，我国逐渐引入ISO 9000、ISO 22000、FSSC 22000、GLOBALGAP、HACCP、非转基因身份保持等多种国际通用的质量认证体系。企业应根据客户的需要选取相应的质量认证体系，即产品要卖给谁，就根据谁的要求提供认证。

ISO 9000标准是指由ISO/TC176（国际标准化组织质量管理和质量保证技术委员会）制定的国际标准。ISO 9000不是指一个标准，而是一族标准的统称。它可以帮助组织建立、实施并有效运行质量管理体系，是质量管理体系**通用的要求或指南**。ISO 9000系列标准自1987年发布以来，经历了1994版、2000版、2008版的历次修改，直至现今的ISO 9001：2015版系列标准。ISO 9000已被世界许多国家或地区广泛接受，一些国家或地区把ISO 9000标准作为国家标准的范本，如我国的GB/T 19000《质量管理体系 基础和术语》。

ISO 22000是指食品安全标准管理体系，是适用于整个食品供应链的食品安全管理体系框架，它将食品安全管理体系从侧重对HACCP、GMP、SSOP等技术方面的要求，扩展到了整个食品供应链。根据中国《食品安全管理体系认证实施规则》的要求，只有具备专项要求的产品类别，才能申请食品安全管理体系认证。可以申请认证的领域有餐饮业、饲料生产加工、食品加工行业，包括：肉及肉制品、速冻方便食品、罐头食品、水产品、果汁和蔬菜汁类、餐饮业、速冻果蔬、谷物加工、饲料加工、食用油、油脂及其制品、制糖、淀粉及淀粉制品、豆制品、蛋及蛋制品、糕点、糖果、调味品、发酵制品、味精、营养保健品、冷冻饮品及食用冰、食品及饲料添加剂、食用酒精、饮料、茶叶、含茶制品及代用茶,坚果,方便食品,果蔬制品,运输和贮藏,食品包装容器及材料等。

案例：天奇生物通过HACCP及ISO 22000认证

　　内蒙古天奇生物科技有限公司坐落于赤峰市，毗邻科尔沁大草原。利用大草原上天然的动植物资源，开发系列功能食品和保健食品。2018年6月，中国检验认证集团专家组与内蒙古中标检验认证技术有限公司一行到天奇公司进行了为期4天的全方位评审，对公司生产车间、库房等工作现场进行初步审核及分析，对公司管理小组、外部风险识别及应对机制、生产流程、检验流程、采购流程、贸易物流流程及各种体系文件和记录进行了详细调查和评估。公司相关部门负责人配合专家组开展调查和审核。最终，公司获得了专家组的认可，顺利通过HACCP体系认证以及ISO 22000食品安全管理体系认证。两个认证体系的通过，标志着天奇公司食品安全工作再上新台阶，与国际标准接轨。

资料来源： 内蒙古晨报，2018年6月6日。

　　食品安全体系认证22000（Food Safety System Certification 22000，简称FSSC 22000）是一套健全的、基于ISO的认证方案，在国际上受到广泛认可，目的是对整个供应链的食品安全进行审核和认证。获得ISO 22000认证的制造商只要符合行业PRP［即前提方案（prerequisite program，PRP），它的定义为：在整个食品链中为保持卫生环境所必需的基本条件和活动，以适合生产、处理和提供安全终产品和人类消费的安全食品］技术规范和计划的附加要求，即可获得FSSC 22000认证。目前FSSC 22000认证领域包含以下5个方面：易腐烂动物产品（如肉类、禽类、蛋类、乳制品和水产品）；易腐烂植物产品（如新鲜水果和果汁、果脯、新鲜蔬菜、腌菜和咸菜）；常温下具有长货架期的产品（如罐装食品、饼干、小吃、食用油、饮用水、饮料、面条、面粉、糖、盐）；生物化学制品（如维生素、添加剂和生物培养产品），但是技术辅助加工助剂除外；食品包装制品（如直接、间接接触食品的材料）。

　　全球良好农业规范（Global Good Agricultural Practice，简称GLOBALGAP），是于1997年由非官方组织欧洲零售商协会发起，并组织零售商、农产品供应商和生产者制定的有关农业生产的标准。GLOBALGAP是一套主要针对初级农产品生产的操作规范。它是以农产品生产过程质量控制为核心，以危害分析与关键控制点（HACCP）、可持续发展为基础，关注环境保护、员工健康、安全和福利，保证农产品生产安全的一套规范体系。它通过规范生产、采收、清洗、包装、贮藏和运输过程管理，鼓励减少农用化学品和药品的使用，实现保障初级农产品的质量安全、可持续发展、环境保护、员工健康安全以及动物福利等目标。GAP强调从源头抓起解决农产品、食品安全问题，是提高农产品生产全过程质量安全管理水平的有效手段和工具。该标准主要涉及作物种植、畜禽养殖、水产养殖等各农业领域。关于认证范围和认证要求的具体内容可查看中国质量认证中心（CQC）官网。

案例：日本东北农业兴起GAP认证热

据日本媒体报道，日本东北地区的农业正兴起一股GAP认证的势头。获取GAP认证势头的动力在于，借机宣传推广当地农产品，争取能成为2020年东京奥运会的食品原材料供应商。东京奥委会要求奥运村的食堂及奥运场馆的餐饮店所使用的食材须通过GAP认证。不过，GLOBALGAP和日本国内版GAP的认证需要花费审查费和更新费，高达几十万日元。由于认证成本高昂，目前日本国内通过认证的农户仅有4500户左右，约占农户整体的1%。照此下去，日本国内的认证农产品远远不能满足奥运会的食材需求。为此，日本东北各县纷纷创设了地方版GAP，认证标准遵照国家规定的检查项目，由第三方机构来认证颁发。与国际版GAP相比，地方版GAP检查项目比较简易，且不收取任何费用。

资料来源：中国贸易报，2017年11月9日。

HACCP（危害分析与关键控制点）认证是控制食品安全的经济有效的管理体系。HACCP是"Hazard Analysis Critical Control Point"英文词的首字母缩写。HACCP是对食品加工、运输以至销售整个过程中的各种危害进行分析和控制，从而保证食品达到安全水平。它是一个系统的、连续性的食品卫生预防和控制方法。以HACCP为基础的食品安全体系，是以HACCP的七个原理为基础的[详见1999年食品法典委员会（CAC）《食品卫生通则》]：危害分析（Hazard Analysis，HA）、确定关键控制点（Critical Control Point，CCP）、确定与各CCP相关的关键限值（CL）、确立CCP的监控程序、采取纠正措施（Corrective Actions）、验证程序（Verification Procedures）和记录保持程序（Record-keeping Procedures）。其认证范围和认证要求的具体内容可查看中国质量认证中心官网。

案例：泥坑酒业通过HACCP体系认证

泥坑酒业是河北省省级放心酒产销示范基地和邢台市唯一一家中华老字号生产企业。2018年12月，方圆标志认证集团河北认证中心专家一行3人来到泥坑酒业，就白酒安全管控等情况进行了现场审核。专家认为，公司对危害分析与关键控制点管控到位，白酒质量安全可以保证，同意推荐通过体系认证。之后，泥坑酒业收到方圆标志认证集团颁发的危害分析与关键控制点（HACCP）体系认证证书。根据证书，该体系认定产品及生产过程为浓香型白酒、泥坑白酒、固液法白酒的生产，有效期为2018年12月20日至2021年12月19日。

资料来源： 宁晋日报，2018年12月28日。

10.4.3 我国农产品质量认证体系

我国国内农产品质量认证主要包括无公害农产品、绿色食品、有机产品、中国良好农业规范（China GAP）、农产品地理标志、生态原产地保护产品、企业食品生产许可（SC）等。

（1）无公害农产品认证　无公害农产品，是指产地环境、生产过程、产品质量符合国家有关标准和规范的要求，经认证合格获得认证证书并允许使用无公害农产品标志的未经加工或初加工的食用农产品。2002年全国开始实施"无公害食品行动计划"，各地自行制定标准开展了当地的无公害农产品认证。2014年无公害农产品认证"全国一盘棋"的工作格局基本形成。目前无公害农产品认定处于改革期间。2017年12月农业部启动无公害农产品认证制度改革。将无公害农产品审核、专家评审、颁发证书和证后监管等职责全部下放，由省级农业行政主管部门及工作机构负责。下放后，无公害农产品产地认定与产品认证合二为一。目前省级农业农村行政部门及其所属工作机构按《无公害农产品认定暂行办法》负责无公害农产品的认定审核、专家评审、颁发证书和证后监管等工作。无公害农产品是保证人们对食品质量安全最基本的需要，是最基本的市场准入条件，普通农产品都应达到这一要求。无公害农产品的质量要求低于绿色食品和有机农产品。

案例：旅顺两家单位通过无公害农产品认证

2019年8月，旅顺口区北海街道袁家沟村大连春园水果专业合作社和泥河村大连金元樱桃园艺有限公司两家单位，通过了"农业部果蔬类无公害农产品检测"和《食品安全国家标准 食品中农药最大残留限量》的检验，获得大连市农村经济委员会颁发的《无公害农产品证书》。这两个农业企业生产的无公害农产品分别是葡萄和苹果等农产品，年产量分别为100吨和50吨，为消费者提供了优质放心的水果。

资料来源：半岛晨报，2019年8月4日。

（2）**绿色食品认证** 绿色食品，是指产自优良环境，按照规定的技术规范生产，实行全程质量控制，无污染、安全、优质并使用专用标志的食用农产品及加工品。与普通食品相比，绿色食品强调其产品出自优良生态环境，从原料产地的生态环境入手，通过对原料产地及其周围的生态环境因子严格监测，判定其是否具备生产绿色食品的基础条件，而不是简单地禁止生产过程中化学物质的使用。绿色食品对产品实行全程质量控制，实行"从土地到餐桌"全程质量控制，而不是简单地对最终产品的有害成分含量和卫生指标进行测定。绿色食品必须具备以下四个条件：必须出自优良生态环境，即产地经监测，其土壤、大气、水质符合《绿色食品产地环境技术条件》要求；生产过程必须严格执行绿色食品生产技术标准；产品必须经绿色食品定点监测机构检验，其感官、理化（重金属、农药残留、兽药残留等）和微生物学指标符合绿色食品产品标准；产品包装必须符合《绿色食品包装通用准则》要求，并按相关规定在包装上使用绿色食品标志。

案例：重庆市开展绿色食品认证检查

2018年6月，受市绿办委派，区农产品质量安全管理站组成绿色食品现场检查组，对重庆市黔江区的睿智种养殖股份合作社、顺湛深果树种植股份合作社、继宇家庭农场、庞益海家庭农场4家绿色食品新申报主体开展了现场检查。检查组按照现场检查规范要求，重点检查了4家单位的种植基地建设、环境条件、生产技术操作规程等环节及其场所和产品情况，询问了投入品管理与使用情况，查阅了生产记录和档案资料。经现场检查，检查组认为，4家主体的生产基地环境良好，生产过程控制较为规范，投入品使用符合规定要求，符合绿色食品的申报条件。

资料来源：武陵都市报，2018年6月11日。

（3）**中国有机产品认证** 有机产品是根据有机农业原则和有机产品生产方式及标准生产、加工出来的，并通过合法的有机产品认证机构认证并颁发证书的一切农产品。有机农业指在动植物生产过程中不使用化学合成的农药、化肥、生产调节剂、饲料添加剂等物质，以及基因工程生物及其产物，而是遵循自然规律和生态学原理，采取一系列可持续发展的农业技术，协调种植业和养殖业的平衡，维持农业生态系统持续稳定的一种农业生产方式。有机农产品是国际上通行的环保生态食品，已成为一些发达国家的消费主流。中国有机产品认证是依据中国相关法律法规所实施的国家自愿性认证业务，认证依据为GB/T 19630《有机产品》，包括生产、加工、标识与销售、管理体系四个部分。有机产品必须同时具备四个特征：原料必须来自有机农业生产体系或采用有机方式采集的野生天然产品；整个生产过程遵循有机产品生产、加工、包装、储藏、运输等要求；生产流通过程中，具有完善的跟踪审查体系和完整的生产、销售档案记录；通过独立的有机产品认证机构的认证审查。

（4）**中国良好农业规范认证**（China GAP） 这是一套针对初级农产品安全控制的国家自愿性产品认证业务，以关注食品安全、环境保护和农业可持续发展、动物福利及员工健康安全为基本原则。2005年底，我国发布了GB/T 20014.1～11良好农业规范系列国家标准，并且于2008年进行了重新修订和发布，标准对大田作物、果蔬、牛肉、羊肉、生猪、牛奶、家禽等的良好规范生产制订了详细要求，以提高我国农业综合生产能力，实现农业可持续发展。我国GAP认证与GLOBALGAP认证部分种类互认，可以"一评双证"。对有外贸需求的企业来说，获得GAP认证可在一定程度上回避贸易壁垒，降低进入国际市场的风险。

案例：恒都牛肉的认证

恒都集团成立于2009年2月，旗下有重庆恒都食品、重庆恒都乾途食品、河南恒都食品、重庆恒都饲料、内蒙古恒都农业等8个全资子公司，经过7年努力，已建成涵盖品种繁育、肉牛养殖、饲料生产、活牛交易、屠宰及精深加工、冷链运输、科技研发及市场营销于一体的肉牛产业的全产业链条。

恒都已在重庆丰都、河南泌阳建成2座肉牛屠宰加工厂和1个精深加工厂，牛肉细化分割达16个部位、200多个品种，年屠宰加工肉牛能力达20万头，年生产牛肉5万吨。采用先进的排酸、冷冻工艺，遵循HACCP，设立了4个关键控制点。目前，恒都牛肉已通过ISO 9001、ISO 22000、HACCP、SC、GAP、清真食品、绿色食品、有机产品八大认证，并进入国家储备牛肉库，产品在同类行业中具有竞争力。

资料来源： 恒都企业官网。

思考题

1.理解农产品标准、检测、质量认证的涵义，理清三者之间的联系。

2.思考农产品标准化、分级和质量认证的重要意义。

3.在日常生活中，你能否找出农产品包装上面标出的标准、等级或质量认证体系标志，并解释它的含义。

4.设想你经营一家农产品经销企业（先明确经营什么农产品），你会采用哪些标准？是否需要进行质量认证？如果需要质量认证，那么你想选用哪类质量认证？说明理由。

第11章 农业新产品开发

导入案例：小甘薯带来的大商机

孙柠出生在杭州市於潜镇，1997年丈夫从国企下岗后，夫妻俩决定回村创业。他们经营过生猪、肉羊、竹笋等农业项目，却都以失败告终。2002年7月，孙柠看报纸时，发现浙江农科院研发出一种小甘薯。这种薯只有拇指大小，每个重量仅1两左右，外皮极薄，口感香甜软糯。孙柠认为这种小甘薯很有卖点，于是立即买来试种，试种成功后又进行市场试销，结果市场反馈很好。之后，孙柠扩大种植规模，到了2006年，小甘薯种植面积达到100多亩，一年净赚50万元以上。

由于气候条件的限制，每年1月到6月杭州本地的小甘薯无法大量上市，市场供不应求。针对这一问题，2008年孙柠决定去海南试种小甘薯。由于海南气温高，昼夜温差小，小甘薯虽然长势良好，但是个头竟变得粗壮，这种规格让客户难以接受。后来她又赴广东的几个地区同时进行试种，对比后发现湛江种出的小甘薯符合标准，且可种3季，每个季度亩产能达到3000斤。于是，孙柠在湛江建立了小甘薯种植基地，基本实现了市场周年供应。

后来，孙柠又遇到了新问题。由于周转时间长，大量小甘薯出现发芽，被客户拒收。孙柠请教专家后得知，刚发芽的小甘薯实际上是最甜的阶段。于是，她采取应对措施，把发芽的薯加工成薯干继续出售。

孙柠靠着自己的智慧和耐心不断解决销售痛点，把小甘薯做成一个大产业。2018年，孙柠卖出了500万斤的小甘薯，其中有三分之二的产品通过电商平台销售。

资料来源：中央电视台《致富经》，2019年3月28日。王安琪整理编辑。

11.1 农产品整体概念

农产品营销中的产品是指向市场提供的、能用来满足人们需要和欲望的与农产品有关的任何事物。农产品的整体概念包含三个层次：核心产品、形式产品和附加产品（图11-1）。

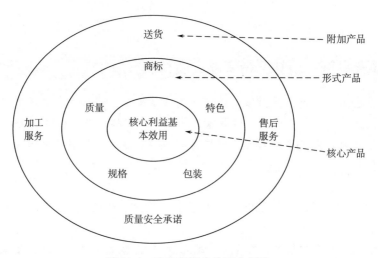

图11-1 农产品概念的三个层次

11.1.1 核心产品

农产品的核心产品是指消费者购买某种农产品时所追求的基本效用，或者说是消费者真正想要得到的事物。比如某一消费者购买白菜或黄瓜，可能真正想要得到的是白菜或黄瓜中维生素等营养成分；购买咖啡或茶，可能真正想要获得的是咖啡或茶"提神醒脑"的效用；购买日本神户牛肉，可能真正想要获得的不是牛肉本身的蛋白质，而是想获得香而不腻、入口即化的味觉体验。因此，农产品营销者的根本任务是向目标消费人群推广农产品的实际效用。

11.1.2 形式产品

农产品的形式产品是核心产品的实现形式,一般由农产品的质量、规格、特色、商标和包装等有形要素构成。例如,甘薯的形式多种多样,按照薯肉颜色可分为红心甘薯、白心甘薯、黄心甘薯、紫心甘薯等;按照口感可分为糯甜型甘薯、软甜型甘薯、水果型甘薯等;按照大小可分为大甘薯、中甘薯、小甘薯等。农产品的基本效用要通过某种具体形式才能实现,导入案例中孙柠营销的甘薯从形式上看,是特色的小甘薯,获得了广大消费者的喜爱。

如今,农产品形式呈现快消化,使农产品能够方便、多场景、多时间、多频次地消费。例如,相比中国传统茶品,立顿茶是快消式的,它行销全球。又如,武汉鸭脖作为当地特色风味食品一直就有,但只有当武汉鸭脖离开餐桌变身为零食休闲品时,市场才被放大,才成就了绝味、周黑鸭等一大批新兴食品品牌。

案例:博特农庄小胡萝卜

开袋即食的小胡萝卜(Baby Carrots)在美国受欢迎的程度,可能会颠覆许多人的想象。在北美,博特农庄的小胡萝卜每年销售100亿袋;每七个家庭就有一个购买博特农庄小胡萝卜。这种胡萝卜来到中国,尽管售价很高,每斤72元,却不愁销量。其实,小胡萝卜不是新品种或高科技,它只是将胡萝卜通过清洗、切削、打磨后制成大约5厘米长的胡萝卜段。原料是帝王系胡萝卜,其口感清甜爽脆。通常来说,成熟的胡萝卜其较甜的部位集中于中心,博特农庄正是从成熟的胡萝卜中切割提取出其最中心的部分,所以口感更佳。保鲜包装方面,在看似简单的包装塑料袋上,密布着激光小孔,在保持透气的同时可以防止水分散失。目前,博特农庄在加工和包装小胡萝卜上拥有20多项科技专利,保鲜期长达30天,其间小胡萝卜的口感不改变、营养不流失。

资料来源:小胡萝卜年销百亿袋的秘密[J]. 新农业, 2019, (4)。

11.1.3 附加产品

农产品的附加产品也称延伸产品,是指消费者在购买或使用农产品过程中所能获得的附加利益和服务的总和。比如,消费者购买某种农产品时所获得的免费加工服务、送货、烹饪方法的介绍、质量安全信誉承诺、其他售后服务等。农产品营销者应以提高顾客满意度为目的,适当提供农产品的附加利益和服务。

11.2 唯有新产品才可创造未来

随着科学技术不断发展和市场竞争不断加剧,许多产品的生命周期(包括投入期、成长期、成熟期和衰退期)变得越来越短,在这样的环境下企业要想生存和发展,必须通过开发新产品,迎合多样化的市场需求,甚至创造需求,开拓市场。

什么是新产品?新产品中的"新"是相对而言的,比如相对于过去的或其他企业的产品,在属性、功能、用途或形态等方面表现出显著的创新性。按照创新程度可以将新产品划分为以下几类:① 全新产品 是指应用科学原理、新技术或新材料等研发出的市场上从来没有的产品。例如,近几年,科学家从黄水仙和玉米中找到了控制 β- 胡萝卜素形成的基因,然后将这种基因转化到水稻细胞中,培育出"黄金大米",这是全新的大米品种,其 β- 胡萝卜素含量达到37毫克/千克,可用来预防维生素A缺乏症。② 换代新产品 是指在原有产品的基础上,采用新的科学技术、工艺或新材料等研发出新一代产品。例如,云南省内的种薯企业近些年不断实现马铃薯的更新换代,选育出80多个马铃薯,包括鲜食、淀粉、薯条、炸片等特色专用新品种。③ 改进新产品 是指对原有产品在包装、形态、用途等方面加以改进的新产品。例如,前面所介绍的博特农庄的小胡萝卜。④ 仿制新产品 是指模仿或引进市场上已经有的产品,作为企业首次推出的新产品。例如,华莱士通过模仿著名西式快餐店的产品,推出了自己的汉堡、炸鸡、薯条等产品,不断开拓国内市场。

案例:像吃苹果那样吃洋葱

美国俄亥俄州的年轻人 Shay Myers,他继承了祖父的农场,成为第三代农场主,十多年来他把农场经营得有声有色,并创立了知名品牌。Shay Myers 主要经营洋葱等农产品,他的洋葱可不是一般的洋葱品种。为了推广自己的特色洋葱,他录制了一段自己生吃洋葱的视频并传到网上。通过视频可以看见,他可以像吃苹果那样吃洋葱,整个过程很享受,不用担心会被辣哭。

思考： 这种特色洋葱属于哪类新产品？在中国市场上这款洋葱会受到欢迎吗？如果你是Shay Myers洋葱的经销商，你将如何营销与推广这款新产品？

资料来源： 笔者根据Shay Myers公开的宣传资料编写。

11.3 农业新产品开发意义

虽然农业产品的生命周期表现得并不明显，但是农业新产品开发对于农产品生产经营者、消费者以至整个社会而言，都具有重要的意义。首先，对于农产品生产经营者而言，新产品开发有利于企业不断适应营销环境的变化。在农产品市场竞争不断加剧的情况下，企业要想始终保持竞争优势，实现利润增长，必须不断创新，根据社会与市场需求的变化，不断开发新产品。其次，对于农产品消费者而言，新产品开发有利于个性化与多样化的需求得到有效满足，提升生活质量。最后，对于社会而言，新产品开发有利于提高资源效率，改善生态环境，实现可持续发展。例如，一些农业新产品开发，就是针对当前资源紧张、生态破坏、环境污染等问题开展的。

案例讨论：人造肉是否有市场前景？

2013年，荷兰马斯特里赫特大学创造出有史以来第一块人造牛排，是先从活牛身上提取干细胞，然后把干细胞放进营养液中培育出肌肉组织，最后形成肌肉纤维。5年之后，人造肉的口感已经能实现以假乱真。2019年4月，快餐连锁品牌汉堡王在美国圣路易斯的57家门店推出了一款人造肉汉堡，如果此次推广市场反响良好，这款汉堡最终将在全美近7200家汉堡王餐厅中推出。

为什么这些科技公司都如此热衷于制造"假肉"？在他们的公开发言中声称，缓解环境负担、提高产能、造福动物，是人造肉最诱人的三大前景。

未来，想要把人造肉摆上更多人的餐桌，需要做到的，远远不止让它像肉一样好吃，其背后还涉及对公共安全的考虑，以及利益关系的协调。

资料来源： 新京报，2018年12月6日。

11.4 农业新产品开发过程

新产品开发的过程一般包括创意提出与筛选、概念形成与测试、商业分析、样品研制、市场试销和商业化推广等阶段（如图11-2所示）。然而，新产品开发过程并非线性的，当某一阶段的项目不成功时，则要返回上一个阶段进行改进或者终止，从头开始。

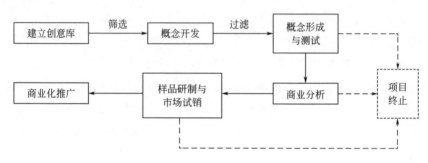

图 11-2　新产品开发的过程

11.4.1 创意提出和筛选

新产品开发过程始于发现并提出产品创意。创新型企业从来不会停止寻找和发现好的创意。创意的来源是多方面的：首先，要与顾客及潜在顾客进行沟通，及时发现未满足的或变化的需求，激发出解决问题的思路。其次，要观察市场动向，特别是调查竞争对手的产品状况，关注渠道成员的情况变化。再次，加强与本企业内部成员的沟通，鼓励他们提出产品创意并及时给出反馈。最后，还要听取科技工作者、社会学者、企业家、其他相关人员的想法和建议。从上述来源中寻找、发现并提出创意，形成创意库。比如通过基因工程技术研发全新产品的创意，利用商品化处理技术改进新产品的外观、包装、用途等，利用食品加工技术开发出新口味的食品，开发农产品的非食品用途等。

创意提出之后，还要求对每个创意进行描述，内容包括创意简介、目标市场、市场规模、竞争状况、技术能力、开发时间、开发成本、回报率等。获得足够多的创意之后，要根据企业自身的资源条件和发展目标对这些创意进行评估，删除可行性或可获利性较差的创意。

11.4.2 概念形成与测试

筛选后的创意要经过开发成为产品概念,即产品创意的具体化,包括新产品的用途、性能、形式、价值等。开发者要站在消费者的角度对创意进行描述和思考,使之变成有意义的产品方案,形成消费者对产品的印象。产品概念可以是书面说明,也可以是实物模型。

产品概念形成后,还要进行测试,即向合适的目标顾客与评估专家介绍产品概念,研究他们的反应。被测试的产品概念与最终产品越接近,那么概念测试的可靠性就越高。因此,企业要把各种产品概念用文字、图示或实物模型描述清楚准确,以便让测试者从中选出最佳的产品概念。

11.4.3 商业分析

通过测试选出了最佳的产品概念之后,为了将新产品成功推向市场,要制订初步的营销计划。营销计划的主要内容包括:第一,目标市场的规模、结构和购买行为,短期的销售额、市场份额、目标利润率等;第二,新产品的预期售价、分销渠道及第一年的营销预算等;第三,新产品的长期销售额、利润目标,不同时期的营销组合策略。

企业还需通过预测新产品的销售额、成本(如研发费用、生产费用、市场推广费用、物流费用、管理费用、财务费用等)和利润,评价该产品开发方案在商业上的可行性。方案可行,才可进入下一步研制工作。

11.4.4 样品研制与市场试销

样品研制阶段,是把新产品概念转变成实体产品的过程。在这一过程中,能够发现产品概念存在的问题或考虑不足的方面,能够确定产品概念转变成实体产品在技术经济上的可行性如何。研制出的样品要经过严格的性能检测和消费者测试。

如果样品研制出来,并通过了性能检测和消费者测试,那么下一步就是选择具有代表性的小范围市场进行试销,观察目标消费者的反应。根据市场反应,再决定新产品是否大批量生产并投放市场。

11.4.5　商业化推广

新产品试销成功后，才可以正式进入商业化推广阶段。在这一阶段企业面临最高成本的投入。企业应充分考虑内部条件和外部环境因素，合理选择新产品的投放时机、投放区域、目标市场和营销组合等。

> **案例：看日本农产品七十二变**
>
> "我们的农产品市场一不缺技术，二不缺设备，三不缺资金，唯一缺乏的或许是农产品研发的想象力。"长期从事中日经济技术交流的专家周冬霖说。在日本，梨，不仅用来当水果吃，还可以做成很多种糕点，甚至做成几十种菜肴；柑橘，除用作饮料、果冻外，还能制作成乳酸菌浓缩汁、十几种糕点、几十种清洁类日常洗涤及美容产品；柿子，不仅可以加工成柿饼，还能制作成深加工产品以及衍生产品，达到100多种；生姜，不仅限于作调料，还可加工成各种口味的饮品、食品，日用品行业开发了有生姜成分的生发液、洗发水及其他护肤品等十几种。很多我们司空见惯的水果、蔬菜，在日本被制成了多种多样的、精美实用的畅销产品。
>
> 资料来源：河南日报农村版，2015年1月7日。

思考题

1. 举例说明农产品的整体概念。
2. 举例说明，按照创新程度划分的农业新产品的类型，新产品"新"在哪里？
3. 农产品是否也有生命周期？联系实际谈谈农业新产品开发的必要性。
4. 请尽量列出你想到的关于农业新产品的所有创意。
5. 谈谈某食品企业进行新产品开发的过程，以及可能遇到的困难。

第12章 农产品品牌营销

美国营销专家莱赖特（Lang Light）说："未来的营销是品牌的战争——品牌互争长短的竞争。商界和投资者都将认清品牌才是公司最珍贵的资产，拥有市场比拥有工厂重要得多，而唯一拥有市场的途径是拥有具备市场优势的品牌。"

导入案例：褚橙品牌的创立

74岁的褚时健并没有想着安享晚年，而是种起了橙子，即"褚橙"。这么多年很多人都想做爆品，为什么只有褚橙成功？只有一个答案，那就是以褚时健命名的品牌效应。

2008年橙子刚刚挂果上市，褚时健老两口在街头促销的是名为"云冠"的冰糖橙，这与周围的摊贩并无差异，而且当地的冰糖橙品类众多，并没有统一的品牌，市场竞争激烈，怎么把橙子卖出去成了难题。后来，褚先生的老伴打出促销的招牌：褚时健种的橙子。一时间引来众多买家，橙子很快就销售一空。"褚橙"的品牌让大众很容易联想到褚老先生奋斗不息的拼搏精神，这才是真正的品牌效应。而事实证明，褚橙并没有让大家失望，"品质！品质！再品质！"这3句话支撑起了褚橙品牌。

2015年褚橙的砍树事件轰动一时，整个褚橙基地进行了大规模的剪枝，强枝都剪掉了，只留下弱枝。在面对是以产量为主还是质量为主这个问题时，褚老先生果断选择了质量。每年9月中旬，为了保证28天以上的安全期，所有基地一律停止打药，如果一种新药想进入褚橙的种植体系，至少需要两年以上的试验时间。所有褚橙必须达到24∶1的甜酸比，才能够进行销售。在褚橙庄园，全都是数据化管理的，在这里，不允许出现"也许、可能、差不多"等词汇，所有土壤、叶片、施肥总量等相关数据，必须有准确的数字，就连下雨也要细致到持续时间以及降水量。

褚橙成功后很多人前来学习，也有人说褚橙的成功不可复制，褚老说过这样一句话："你要学会种我们的冰糖橙，你要把我们这里的太阳搬过去"。

资料来源：熊守朋. 褚橙的品牌运作策略及其启示[D]. 南昌大学，2018。王安琪整理编辑。

12.1 品牌

品牌不同于产品，产品是具体的，消费者可以看得见、摸得着或感觉得到；产品具有特定的功能，比如山楂糕可以开胃、汽水可以解渴、羽绒被可以保暖等。而品牌是抽象的，是包含态度、情绪的综合感受，存在于消费者的认知中。广告大师大卫·奥格威（1955）把品牌解释为，一种错综复杂的象征，它是品牌属性、名称、包装、价格、历史声誉、广告方式的无形总和。

品牌是由名称、符号、标记、包装或其他设计要素组合而成的，用于体现某产品的特质，使之与竞争者产品区别开来，并为拥有者带来溢价和增值的一种无形资产。这里的溢价和增值主要源自消费者心智中对品牌形象的认知、态度、认可等综合感受，以及由此表现出来的顾客忠诚度。品牌好比是一座冰山，标记、符号等是显露在水面上的部分，仅占整个冰山的很小一部分，而品牌的价值、服务、文化等都是藏在水下的部分，是支撑一个品牌的根据所在。冰山到底有多大，决定因素在于冰山的水下部分，即只有品牌价值足够殷实，才能确保整个冰山的稳固与壮大。

品牌也不同于商标。商标只是商品的标识，是一种符号；而品牌不仅仅包括标识部分，还包括许多隐性因素，如信誉、文化、认可等。商标经过注册之后就成为受到法律保护的注册商标。一位合作社理事长到工商部门给蔬菜产品注册了商标，从此他认为自己合作社拥有了品牌。其实，这种理解是片面的，注册商标不等于形成品牌。在现实生活中，经常出现这种现象，完全同质的农产品，用A商标销售的市场价格是2元/千克，而用B商标销售的市场价格是4元/千克，用B商标多出来的2元/千克，可以解释为"品牌溢价"。这就是商标和品牌的区别。商标只有经过使用、获得市场的认可，积累了一定的商誉才能成为真正的"品牌"。在市场上获得广泛的知名度和美誉度之后，品牌就发展成为"名牌"。

品牌产生根本的动机是为了满足两种需要：一是营销者需要品牌资产，提升盈利能力；二是消费者需要品牌形象，获得品质保障，使自己买到对的产品。因此，品牌的内在功能主要体现在：

（1）客户识别功能　对于消费者而言，同种商品之间的差别越来越难以区分，消费者只有借助品牌来识别产品，以达到自己购买使用的目的，减少在产品选购时发生的搜寻成本。

（2）信誉承诺功能　品牌是以企业信誉为保证，好的品牌因其上乘的产品质量和良好的服务而赢得众多客户，消费者可以借助品牌降低自己的购买风险。

（3）权益保护功能　对于消费者而言，品牌可以视为一种协定或保证书，它明确了企业的责任，一旦产品出现问题，消费者可追究品牌经营者的责任。对于品牌经营者而言，注册的商标都是受到法律保护的，其他未经许可的经营者不得伪造假冒本企业商标，否则追究其法律责任。

（4）资产增值功能　品牌是企业的一项无形资产，品牌形象和品牌价值越符合消费者的心理，消费者就越愿意为品牌支付额外的费用，品牌的增值功能就越强。

> **问题讨论：做农产品品牌的时机到了吗？**
>
> 　　中国有令人耳熟能详的农产品品牌吗？能否列举出几个国内外知名的初级农产品品牌？农产品品牌的出现应当在恰当的时候，如果在市场不需要的时候做品牌，对市场销售促进不大，对于企业来说是负担。是否做品牌需要考察市场环境：（1）农产品供求状况　如今大宗农产品总量普遍供过于求，而在五六十年前，能吃上大米白面、瓜果蔬菜曾经是许多人的梦想。那个时候农产品需要做品牌吗？（2）市场竞争状况　如今同质化农产品竞争日趋激烈，竞争手段主要是价格。此时，企业是否希望通过一种价格之外的手段来定位产品，获取高溢价？（3）消费者需求状况　如今越来越多的消费者希望买到新鲜、美味、安全且好看的农产品，他们是否需要值得信赖的品牌，省去自己挑选辨别的麻烦，甚至体验与众不同的身份感？（4）农产品相关的技术条件　如今在物流技术方面，能否保证农产品的高品质、质量安全、低损耗，以及良好的消费体验？这些都是做农产品品牌的物质条件。综合以上判断，在国内市场做农产品品牌的时机到了吗？
>
> 　　参考资料：张正.从区域品牌到商业品牌，水果做品牌的唯一选择[J].销售与市场，2017，（3）。

12.2 农产品品牌的特性

与一般商品品牌相比，农产品品牌具有较强的特殊性，主要表现在以下五个方面：

第一，农产品品牌的地域性。农产品生产受自然资源环境的影响较大，各地区的土壤、水源、温度、湿度、光照、降雨等条件都不相同，造成农产品品质存在一定差异，而品质正是形成农产品品牌的物质基础。农产品区域品牌的地域性表现得尤为突出。例如，日照绿茶和西湖龙井两个绿茶区域品牌就存在明显的差异：优越的沿海气候条件和优良的环境，孕育了日照绿茶具有"叶片厚、滋味浓、香气高、耐冲泡"的独特品质，而西湖龙井素以"色绿、香郁、味甘、形美"著称，外形扁平挺秀，色泽绿翠，内质清香味醇。

第二，农产品品牌的食品安全性。食品安全性是农产品品牌建立和发展的前提条件和基本要素。许多消费者看重品牌农产品（特别是知名品牌）的信誉承诺，认为品牌农产品的安全性更高，才决定实施购买。我国农产品品牌经营者越来越重视标准化管理和质量安全认证，并采用质量安全可追溯技术，让消费者买得放心、吃得安心。

第三，农产品品牌主体的多元性。农产品品牌的拥有者可以是生产商、加工商、经销商或行业协会等经营主体。而农产品品牌建设是一项群体性活动，每一个参与农产品营销全过程的组织和个人都是农产品品牌建设者。农产品品牌建设自然离不开农户，因为农户是我国农产品生产的基本单位，属于农产品运销的第一道管理者。目前，农民专业合作社、农产品加工企业、行业协会、农业公司、家庭农场等成为品牌创建的主力军。农产品品牌的建设还少不了政府的参与和支持，政府可以提供一个具有公信力的质量保证的法制化平台。

第四，农产品品牌形象的复合性。广义上的农产品品牌包括农产品区域品牌、农产品商业品牌，以及无公害农产品、绿色食品、有机产品或地理标志产品等质量认证标志，这些都是农产品品牌形象的组成部分。

第五，农产品品牌效应的外部性。外部性是指行为人（个人或组织）从事经济活动时，其成本与后果不完全由该行为人承担，即行为与行为后果的不一致性。外部性包括正外部性和负外部性。正外部性是指，一种经济活动使他人受益，受益方并未因此付费。负外部性是指，一种经济活动使他人受损，施害方并未因此承担成本。例如，农产品地域品牌都是国家来提供担保，对于符合条件的农产品生产者而言，无需支付品牌相关费用，就可以获得品牌溢价，即区域品牌为广大农户带来了正外部性效应。但是如果某些农户为了片面追求经济利益，所生产的农产品不符合质量标准，那么将使区域品牌形象和价值受损，即带来负外部性效应。又如，伊利乳业曾斥资打造天然草原概念，使消费者普遍形成了这种认知。然而，这一概念后来被其他乳品企业借鉴，带有草原特征的品牌相继出现，导致伊利品牌的市场份额降低。可以看出，伊利的品牌宣传为其他乳品企业带来正外部性效应，而其他企业的行为给伊利带来了负外部性效应。农产品品牌效应的外部性导致品牌建设与保护的难度很大，产品和品牌边界很难确定，容易出现一荣俱荣和一损俱损现象。

案例：别让五常米变"无常米"

有"米粒珍珠碧，方圆十里香"美誉的黑龙江五常大米，一直受到市场追捧。不过，进入2019年了还有米农的米未销出去。这么好的大米为何会滞销？就2018年的年景来看，有一定的特殊原因。这一年自然灾害不断，导致原本种植成本就比外域稻米高出一截的五常大米成本价格又被推升。成本增加，米商不愿收购。一些不良米商不收当地高价米，并不意味着他们就没米可卖。其通常做法是，从外域收米进来，做成"调和米"（勾兑米），然后再打着五常大米的旗号卖出去。其行为给"五常大米"品牌带来负外部性效应。

资料来源：中国质量报，2019年1月8日。

12.3 农产品品牌的类型

农产品品牌有多种分类方式，按照品牌所有者类型可划分为生产者品牌、加工商品牌、经销商品牌和共有品牌等；按照品牌知名度范围可划分为地方品牌、国内品牌和国际品牌等。而按照品牌公共性质可划分为区域公用品牌和企业自有的商业品牌，以下主要介绍这种分类方式。

12.3.1 农产品区域公用品牌

农产品区域公用品牌，是指在一个具有特定的自然环境、人文环境或生产加工历史的区域内，由相关组织（地方政府部门、行业协会等）注册和管理，并授权若干农产品生产经营者共同使用的农产品品牌。这类农产品品牌名称一般由产地名和产品（类别）名构成，体现为集体商标、地理标志证明商标或取得地理产品保护制度注册确认，一般为单一产品或单一类别产品。如表12-1所示为天津市的一些农产品区域公用品牌，品牌注册单位都是行业协会或农业技术推广服务中心。行业协会一般负责品牌保护与管理工作，与区域品牌公用者保持密切的联系。与企业自有商业品牌相比，区域公用品牌具有更强的地域性和外部性。

相关阅读：我国地理标志产品

地理标志是知识产权的重要类型之一，地理标志对于提高产品附加值和农民收入、保障消费者权益、促进地方经济发展、保护传统文化遗产发挥着日益重要的作用。按照《国务院机构改革方案》要求，重新组建的国家知识产权局，负责商标、专利、原产地地理标志的注册登记和行政裁决，这为有效保护地理标志产品奠定了更加高效的体制机制基础。截至2018年6月底，累计保护地理标志产品2359个，其中国内2298个、国外61个；累计建设国家地理标志产品保护示范区24个；累计核准专用标志使用企业8091家，相关产值逾1万亿元。截至2018年6月底，我国共核准地理标志集体商标、证明商标4395件，其中国外171件。

资料来源： 法制日报，2018年7月12日。

12.3.2 企业自有商业品牌

与区域公用品牌不同，企业自有商业品牌的主体是企业自身，具有专属性，品牌所有者和使用者统一，企业化运作，其他企业不能够分享品牌所带来的利益。企业自有商业品牌的建设主要依赖于企业自身的管理、设施装备、技术含量、市场推广或销售服务等方面，当企业品牌获得较高的知名度、美誉度和顾客忠诚度以后，可以实现品牌延伸。比较知名的企业商业品牌如佳沛牌奇异果、新奇士橙、褚橙、佳沃牌蓝莓等。

企业自有商业品牌可以分为企业品牌和产品品牌两类。如表12-1所示为天津一些农产品企业品牌和产品品牌。企业品牌是指以企业名称为品牌名称的品牌，企业品牌传达的是企业的经营理念、企业文化、企业价值观念及对消费者的态度等；而产品品牌是以个别产品为核心，目的是通过建立一个有吸引力的

表 12-1 天津市部分农产品品牌展示

品牌类型	品牌名称	注册单位名称	所在区或单位	认定时间
区域公用品牌	宝坻黄板泥鳅	天津宝坻区泥鳅养殖业协会	宝坻区	2017年
	沙窝萝卜	天津西青区辛口镇沙窝萝卜产销协会	西青区	
	小站稻	天津津南区农业技术推广服务中心	津南区	
	茶淀玫瑰香葡萄	天津滨海新区葡萄种植业协会	滨海新区	
	七里海河蟹	天津宁河县七里海蟹养殖协会	宁河区	
	田水铺青萝卜	天津武清区大良镇田水铺青萝卜协会	武清区	2018年
	黄庄大米	天津宝坻区黄庄生态米业协会	宝坻区	
	台头西瓜	天津静海区台头镇西瓜协会	静海区	
	崔庄冬枣	天津大港太平镇崔庄冬枣协会	滨海新区	
企业品牌	学清公社	天津学清农产品专业合作社	武清区	2017年
	曙光	天津曙光沙窝萝卜专业合作社	西青区	
	海河	天津海河乳业有限公司	市食品集团	
	天惠诚信	天津诚信养殖服务有限公司	滨海新区	
	大民	天津天民蔬果专业合作社	武清区	
	科润	天津科润农业科技股份有限公司	市农科院	
产品品牌	禾鑫晟番茄	天津禾晟蔬菜种植专业合作社	静海区	2017年
	燕都甘栗仁	天津燕都甘栗食品有限公司	蓟州区	
	瑞成放心肉	天津沃浓畜牧养殖有限公司	滨海新区	
	毕先生葡萄	天津西青区九百禾葡萄种植园	西青区	
	家爱格鸡蛋	天津广源畜禽养殖有限公司	市食品集团	
	劝宝大蒜	天津劝宝农副产品有限公司	宝坻区	
	和跃升小站稻	天津安平顺达粮食种植专业合作社	津南区	2018年
	欣家润西红柿	天津中田视野农业科技发展有限公司	宝坻区	
	银坊米小站稻	天津正弘食品有限公司	津南区	

注：资料来源于天津市农村工作委员会。

产品品牌形象来推动具体产品的销售。企业品牌的发展一般以企业经营理念、业务发展方向和竞争优势为导向，而产品品牌的发展是以目标市场需求为导向。企业品牌与产品品牌一般是"母与子"的关系，企业品牌（母品牌）统领、助力产品品牌的建设，而产品品牌（子品牌）是企业与目标顾客之间的重要纽带。要形成母品牌和子品牌的良性互动关系，借助母品牌的影响力有效地推广子品牌，而子品牌的成功又可以反哺提升母品牌的品牌资产。

> **案例：白酒行业清理子品牌**
>
> 2017年白酒行业刮起了瘦身风，茅台、五粮液、泸州老窖等企业着重整顿、清理子品牌。1~9月，茅台砍去了155个子品牌。一向"子孙众多"的五粮液也不甘落后，在7、8两个月内便清理了155款低销售产品。事实上，子品牌、包销品牌曾经为酒企的业绩发展立下了汗马功劳。过去酒企通过大量的粗放式包销迅速占据市场，使企业资金能够尽快回笼，促进业绩发展。然而近年来，酒水消费回归理性，消费者对于白酒品牌的认知度和美誉度提出了更高的要求。此时白酒企业不能再以生产规模和能力为重要优势，而应该将注意力转移到核心品牌的管理和优化方面。白酒企业通过清退一些效益不好的子品牌，不仅能够释放一部分市场空间，还能将原有的资源对接到核心品牌上，形成有效的聚焦；而且能够减少相似子品牌之间的竞争，给消费者建立更清晰的品牌认知度。
>
> **资料来源**：北京商报，2017年11月1日。

12.3.3　区域公用品牌与商业品牌相结合

在农产品品牌创建实践过程中，我国有些地区的农产品虽然注册了地理标志商标，但是由于品牌知名度不高，并没有发挥出品牌价值增值功能。有些地区区域公用品牌知名度很高，但是由于品牌效应的外部性，往往出现品牌被滥用、品牌价值外溢、市场混乱等问题，如阿克苏苹果被其他地区企业滥用、五常大米出现"调和米"、新西兰奇异果早期市场混乱等。为了从根本上解决这样的问题，应该本着谁拥有、谁经营、谁受益和谁保护的原则创建农产品品牌。一个有效的途径是把区域公用品牌与商业品牌相结合，即在区域公用品牌的基础上，建立属于企业自己的商业品牌，既保持了区域公用品牌的公信力和知名度，又具有品牌的专属性，保持了品牌的发展动力。例如，比较有代表性的葵花阳光牌五常大米、佳沛牌新西兰奇异果、乌江牌涪陵榨菜等。

魏延安（2017）总结了区域农产品品牌的五种状态：① 没有品牌或者说品牌的影响力很小。在这种状态下，一个地区的农产品是默默无闻的，要么就近销售，要么做大路通货，要么傍别人的品牌。例如，宜川县与闻名天下的洛川县是邻居，处于同一苹果优生区。但是宜川的苹果却默默无闻，只能装着洛川苹果的箱子卖。② 有区域公用品牌却缺乏商业品牌。近些年来，通过各地政府、企业等方面的共同努力，实现了一批地域公用品牌的打造，如闻名天下的西湖龙井、阳澄湖大闸蟹、烟台苹果、静宁苹果等。有了区域公用品牌，农产品的价值明显提升。例如洛川苹果价格一般都接近每500克三元，非优生区的苹果最低只卖每500克五六毛钱，这就是品牌的差距。但是，有了区域公用品牌，还缺乏有影响力的商业品牌，很容易出现鱼龙混杂的情形。③ 有区域公用品牌，也有商业品牌。这个状态最典型例子是新西兰的奇异果，区域品牌是新西兰奇异果，统一的商业品牌是佳沛，由这个商业品牌代理了符合标准的新西兰猕猴桃的全球销售，以企业化的运作实现了生产、商品包装、市场推广的统一，其成就也是为人津津乐道的。在国内，普洱茶经历了过山车一样的行情之后，开始了理性的回归，也出现了一些好的商业品牌。比如说大益普洱茶，就通过较好的市场运作，实现了普洱茶这一区域公用品牌和大益这一商业品牌的融合。④ 有商业品牌却没有区域公用品牌。这个状态典型例子是立顿红茶，作为全球销售量最大的茶叶企业之一，立顿最早以销售机制碎红茶而闻名于世，后来逐渐整合各个国家优质的茶叶资源，推出了一系列的茶叶品牌，但都同属于立顿这个大的品牌之下，地域只是一个注脚。实际上，好多跨国企业都是这样，有自己的商业品牌，却没有明确的区域公用品牌，虽然他们也会标示产自哪里，但仅仅是一个备注而已。⑤ 跨地域、跨品类的多内涵市场品牌。当一个地方的龙头企业逐渐成长起来，利用一个地方的区域公用品牌足够多的优势资源后，还不满足于此，又开始了横向的跨地域、跨品类拓展。比如说，联想在介入四川的蒲江猕猴桃之后，还不满足，又把手伸向了新西兰的猕猴桃，甚至还有智利的。联想还在此前整合了青岛的蓝莓基地企业，开发了蓝莓系列产品；后来又在杭州开发西湖龙井，横跨了多个农业细分领域，统归"佳沃"品牌旗下。这种状态要求企业必须要有良好的商业品牌影响力和高超的资源整合能力。不过，跨地域、跨品类也不是大企业的专利，目前农特微商也出现了这种跨地域、跨品类的品牌整合迹象，因为农特微商有很典型的季节性，如果只卖某一个地方的农产品，就会出现大量的空档期，而整合了全国各个水果产区的优势产品之后，就能实现周年供应。所以，好多农特微商下面都有几个子品牌，对应做不同的区域公用品牌，同时打上原产地直接供应的标签。

12.4　农产品品牌创建的要点

12.4.1　品牌定位

　　品牌定位是指以市场定位为基础，企业通过市场推广使其特定品牌在消费者的心中占据最有利位置，成为某个类别或某种特性的代表。前文已经介绍过市场定位，品牌定位以市场定位为基础，但并不等同于市场定位。企业的市场定位可以和竞争对手相同，而品牌定位却不能，企业必须要找到品牌的核心竞争点及其差异性特征。好的品牌定位能够让消费者在产生某种需求时立即想到这一品牌。例如，当办公室职员工作时"小饿小困"，会想起某品牌奶茶；逢年过节给老年人送礼时，一些人会想到"脑白金"。品牌定位是农产品品牌创建的前提，它可以凸显品牌个性及卖点，为消费者提供明确的购买理由。品牌定位通过寻找目标消费者心智中的空白区域，把品牌核心价值植入其中，建立起品牌形象。

　　在品牌定位时企业应首先考察以下三方面的情况：① 了解目标市场的需求状况，分析目标市场的欲望和需求满足程度，并准确把握消费者的心理。例如，星巴克的品牌创建者通过市场调研了解到消费者对咖啡存在功能性和情感性两种需求，于是把星巴克定位为"第三空间"。星巴克的口号是"如果你不想在工作单位，又不想回家，那么到星巴克来吧"。星巴克准确锁定了目标消费者的需求，找一个地方，那里既有美味的咖啡又可以使自己得到彻底的休闲放松。② 了解竞争者的定位状况。在农产品市场竞争激烈的情况下，所有细分市场上都存在大量的竞争者，他们是影响品牌定位的极其重要因素。企业应研究清楚主要竞争对手的市场定位和品牌定位，采取与竞争对手不同的定位，形成品牌差异化。③ 了解本企业的资源条件，结合目标市场需求状况和竞争者的情况，识别自己在哪些方面具有潜在优势，如产品质量及安全性、产地文化、情感、服务质量、加工技术、包装、营销渠道、管理能力等，企业应在自己的优势方面进行品牌定位。如果想定位一种农产品深加工品牌，那么就需要企业在技术方面具有相对优势；如果想定位一种国际化品牌，那么就需要企业在国际营销方面具有一定的运营能力。许多同类农产品的同质化现象普遍存在，无论是口感、形状还是其营养成分都高度趋同，企业要想创建品牌，必须得具备产品差异化生产、加工或包装的能力。

案例：百事可乐的新定位

百事可乐最初步入市场时，作为一个向可口可乐发起挑战的对手，它采用了"MeToo"的传播策略。这样的定位很容易给消费者一种模仿和山寨的不良印象。果然，可口可乐针对百事可乐的挑战，轻松地推出"只有可口可乐，才是真正的可乐"进行还击，显示了自己在可乐界不可动摇的正统霸主地位。在可口的打击之下，百事终于转变策略，重新定位，既然可口可乐宣称它是正宗、老牌、历史悠久，于是百事可乐找到自己的定位"新一代的选择"，新一代的人，年轻、时尚、充满活力，百事可乐就属于这样的年轻人。新的定位一下子把百事可乐和可口可乐区隔开来，可口可乐不是宣称自己"正宗、老牌、历史悠久"吗，百事可乐的新定位正好反向给可口可乐贴上了"老迈、落伍、保守"的负面标签。百事可乐反败为胜，突飞猛进，超越美国市场上所有饮料企业，直逼可口可乐的龙头老大地位。

资料来源：席佳蓓．品牌管理[M]．东南大学出版社，2017: 70。

在品牌定位时还需注意以下三个问题：① 品牌定位应符合产品特点，如产品品质、规格、功效、用途等方面。例如，王老吉的品牌定位为预防体内"上火"，这就要求王老吉凉茶所用的中药材确实有这样的功效。② 品牌定位要考虑未来发展。品牌定位若过宽，面面俱到，则难以给消费者留下清晰的印象，品牌功能弱化；品牌定位若过窄，过于侧重某一方面，则限制消费者对品牌的认知，不利于品牌的未来发展。例如，纳爱斯公司试图用"雕牌"（著名的洗衣粉品牌）的影响力带动雕牌牙膏的销售，然而雕牌牙膏不能被消费者接受，最后牙膏只好改名为"纳爱斯"。又如，娃哈哈的品牌定位就对该品牌向成人化产品类别发展产生了一定的限制作用。企业要在实践中探索如何平衡品牌定位的宽与窄的关系。例如，"康师傅"是广大消费者熟悉的品牌，大家最初对这个品牌的印象主要停留在美味的方便面上，而后康师傅又推出了冰红茶等饮品，通过市场推广让康师傅"冰力十足"的形象深入人心。③ 品牌定位应该简明扼要，抓住要点，突出品牌个性。心理学研究表明，人的心智空间是有限的，这就决定了人的大脑不可能装载过多的信息。一些企业在品牌定位时，把许多优点、特点或用途等都纳入其中，反而不容易吸引消费者注意力。国内外知名品牌的定位大多只集中在一个卖点上。品牌定位需要在实践中不断探索，没有固定的模式，定位方法也会随着市场环境的变化而不断改变。

12.4.2　品牌设计

品牌设计的内容包括名称、符号、标记、包装或其他要素。品牌设计是一个复杂的过程，在设计过程中一般遵循以下几个原则：① 容易识别，便于记忆。品牌设计既要简洁明了，通俗易懂，又要新颖独特，能传递给消费者明确的信息，能给人留下深刻的印象。例如，"六个核桃"的品牌设计。② 富有意义。品牌设计应反映出产品的基本用途和它给消费者带来的益处，让消费者相信。例如，伊利牛奶品牌设计表达出安全、营养和好奶源的益处。③ 讨人喜欢。品牌设计应该具有美学感染力，在视觉、语言或其他方面具有迷人特性，能够激发消费者的购买欲望。例如，"三只松鼠"的品牌设计。④ 可以转换。一个好的品牌设计具有包容性，可以跨越地域边界、行业和细分市场进行转换。例如，雀巢品牌遍布世界各地，其在咖啡、乳品、婴儿食品、糖果等多个领域都占有一席之地。⑤ 可以调整。品牌设计不是一劳永逸的，要随着营销环境的变化而不断修改或更新。例如，肯德基品牌的标志经过几次修改，始终保持新老标识的一脉相承。⑥ 可以保护。品牌设计要特色鲜明，难以被模仿，以保证企业对某一品牌的独占性。品牌的名称、符号、标记、包装等还必须能够注册，以得到法律保护。当品牌进行市场推广时，还有必要进行防御性商标注册，防止以后出现"搭便车"行为。

12.4.3　品牌联想

品牌联想是指消费者记忆中与某品牌相关联的事物、情景等，是品牌在消费者心目中的具体体现。对于一个品牌，消费者最直接的联想可以是一个符号、一种产品、一个企业或一个人，可以是产品功能性、象征性或体验性的利益，也可以是消费者对品牌的总体态度与评价。例如，南京有一个酱油的老品牌叫"机轮"，设计本意是机轮永远转动不停息，表达一种自强不息的企业精神，但广大年轻的消费者并不了解其中的涵义，对"机轮"名称感到莫名其妙，甚至产生酱油类似于机油，在酱油中会喝出机油味道来的不利联想与错觉。而年纪较大的南京人一想到"机轮"，可能会联想到它的美味、回忆起与它有关的往事。企业在塑造品牌形象时，应通过品牌联想的各种来源，竭尽所能地为品牌建立并累积正面的品牌联想，进而在消费者心中形成持久性的印象，巩固品牌的市场优势。

一个成功的品牌包含着丰富的品牌信息，不同的消费者从不同角度理解和记忆这些信息,这就是品牌联想的支撑点。品牌联想的来源反映消费者的信息渠道,品牌联想的来源主要包括直接经验(试用和使用等)和间接经验(他人的使用经验、广告信息、社会舆论、第三方认证、原产地、购买渠道、新闻事件、流传故事、相关品牌等)。例如,当消费者面对一个从未使用过的农产品品牌时,他主要依靠间接经验产生品牌联想,如果他回忆起周围使用过的人都说"不错",广告印象深刻,有第三方权威机构认证,购买场所是正规的大型商超,关于这个企业的新闻没有负面报道,还有广为流传的品牌故事等,那么这些联想会让消费者觉得这个品牌不错,值得购买。在间接经验中,消费者一般更相信企业难以控制的来源,比如口碑、第三方认证、事件等。与间接经验相比,由直接经验而产生的联想与个人更相关、更确定,并形成更深刻的记忆。因此,正面联想大部分来源于直接经验的品牌会具有更高的价值和地位。

12.4.4 产品管理

创建农产品品牌,最根本的任务是进行严格的产品管理及其相关的营销管理活动,主要包括标准化管理、差异化经营、内部品牌化等。

(1)农产品标准化管理 是指农产品经营者严格按照一定的标准体系,开展生产、加工、包装、物流、服务等业务。实现农产品标准化是农产品品牌创建和持续发展的基础。

(2)农产品差异化经营 是指农产品经营者根据企业品牌定位,不断提供差异化产品,满足目标市场的差异化需求。差异化经营取决于企业自身的品种改良能力、加工能力、包装设计能力和其他的创新能力。例如,新西兰的奇异果对原产自中国的口味偏酸的绿色果肉猕猴桃进行了改良,推出了口味偏甜的黄色果肉的全新品种。又如,河南省新郑奥星公司最早主要经营新疆若羌红枣,而后创立"好想你"品牌,经营产品扩展为优质鲜枣、红枣片、红枣粉、红枣饮品、保健产品等,切入到细分的零食、饮品、保健品、节庆礼品等市场,从而突破了农产品的季节性制约,同时丰富了品牌内涵,强化了品牌形象。

(3)内部品牌化 是指为了确保企业内部员工及合作伙伴理解和赞同品牌理念,企业所进行的培训、沟通、激励、监督、控制等管理活动。

案例:丹东的农产品品牌建设实践

丹东有着太多的优质农产品,像草莓、大米、蓝莓、大黄蚬子、梭子蟹、杂色蛤、柞蚕、板栗、燕红桃等。可是,有的产品还"养在深闺待人识",只有好品牌才能赢得市场。越来越多的合作社正努力把丹东优质农产品卖得更好、卖到更远。其中，圣野浆果合作社不仅在丹东市有很高的知名度，在外地也有一定的影响力。"口碑来自于品质，抓品质必须从源头抓起，在生产过程中解决。"理事长马廷东说，为了把住源头，实现全程可追溯，合作社从2012年开始先后配套建设了物联网、农业环境智能监控系统、视频监控系统、农产品监测系统。同时，建立温室草莓大棚土壤数据库和草莓种苗提纯复壮繁育中心。不仅如此，该合作社还通过自办草莓大赛，参加国内、国际草莓文化节及北京农博会、国际农交会等活动，在更大舞台上推介东港草莓、宣传品牌。现在，圣野浆果合作社通过优化果形、糖度、口感等进一步提升草莓品质，探索新型销售渠道，加大品牌推广力度。

资料来源：丹东日报，2019年4月29日。杨微整理编辑。

12.4.5 品牌推广

品牌的市场推广是实现品牌价值、提高品牌知名度和美誉度的不可缺少的过程和手段。品牌的市场推广方式主要包括广告推广、人员推广、公共关系推广、营业推广、事件营销、网络营销、口碑营销等，相关内容详见本书第13章。

案例：庆丰品牌建立不仅仅依靠名人效应

2013年，名人效应使得庆丰包子铺从北京知名品牌一跃成为全国知名品牌并名扬海外。接着庆丰包子铺加强品牌管理、标准化和信息化建设，加快了外埠开店步伐。截至2015年底，庆丰共有连锁店铺314家，遍布全国11个省份、34个城市，全国范围内店铺平均每天接待17万人次，全年合计接待6200万人次，销售额逾10亿元。

近年来，庆丰包子铺适时把握发展契机开展品牌创新经营：① 注重产品创新。庆丰包子铺经营的菜品，并不局限于包子、粥、炒肝等常规菜品，还根据季节时令适时推出各种新菜品，通过菜品的不断更新吸引消费者，从而提升品牌在市场上的活跃度。② 注重标准化管理。随着加盟店增多，庆丰意识到建设标准化生产和管理体系的迫切与必要，这也是对老字号品牌的保护。③ 加强品牌传播。注重公益活动传播，借助美食节、庙会等开展节庆传播，利用各种机会加强海外市场的推广。④ 注重提升品牌内涵。将品牌理念界定为"积善余庆，国富民丰"。

资料来源：1. 企业家日报，2014年4月7日；
2. 张景云等. 从"字号"到现代快餐品牌经营[J]. 对外经贸实务，2017，(8)。

思考题

1. 在现实生活中找一些农产品品牌（包括加工食品品牌），说说这些品牌在哪些方面区别于其他同类品牌；谈谈你对这些品牌形象的认知和态度。

2. 你认为农产品品牌是否有必要产生？请解释，市场为什么会出现越来越多的农产品品牌。

3. 为什么我国有些地区农产品品质非常好，却卖不上好价钱？从品牌的角度，讨论如何解决这一问题。

4. 设想你经营一家农产品经销企业，你是否想创建自己的品牌？如果是，请阐述创建品牌的具体过程；如果否，请说明理由，并阐述本企业的营销战略。

第13章 农产品市场推广方式

企业经过不懈的努力,创造出符合市场需求的农产品,建立营销渠道和营销场所,采用相应的物流技术措施,还有一项重大任务就是进行市场推广,让广大客户知道该产品和品牌的存在、特性和优点,增强他们的购买意愿。

导入案例:日本青森苹果经验借鉴之二

青森苹果享有"世界最美"的赞誉,那么,它是怎么做到的呢?

青森苹果的成功得益于严格的品质管理和积极的市场推广活动。青森苹果的市场推广由相关协会和企业共同推动,包括日本全国农业联合协会青森县总部、青森县苹果商业联合协会、青森县苹果加工协会、青森县苹果出口协会、青森县苹果生产联合协会、青森县地方蔬果批发市场协会和196家果蔬公司等。

青森苹果在海内外的市场推广活动主要包括:① 媒体宣传,通过电视、报刊、网络等介绍青森苹果的优点和功能。② 演出和观光活动,包括"苹果女孩"偶像团体的文艺活动、青森苹果吉祥物活动、组织旅游观光活动、出口促销活动等。③ 幼儿群体的推广活动,青森苹果进入幼儿园和小学,宣传从娃娃抓起。④ 苹果试吃活动,日本各地市场开展青森苹果的试吃活动。⑤ 制作各类宣传品,为零售店制作海报、旗帜等宣传品,以及学生用橡皮擦等各种青森苹果周边用品。⑥ 出口促销活动,以中国台湾地区等为主要目标市场,开展各种出口促销活动。见表13-1。

表13-1 2015年日本对主要地区苹果出口量

出口地区	中国台湾	中国香港	中国大陆	泰国	新加坡	马来西亚	菲律宾	印尼	越南
数量/吨	27301	6713	1622	308	165	70	50	33	21

注:数据来源于日本财务省贸易统计。

思考： 青森苹果的市场推广有哪些经验可供我国农产品企业借鉴。

资料来源： 根据青森苹果网站编写。

农产品市场推广是指利用一定的媒介和营销手段，将某企业或地区的农产品及品牌信息面向目标市场传播出去，让更多的经销商和消费者认同这些农产品及品牌的价值，从而扩大市场份额的过程。以下分别介绍农产品市场推广的主要方式，企业应根据实际情况选用适当的市场推广方式。

13.1 广告推广

13.1.1 广告推广的概念

农产品广告推广，是指广告主为了达到特定的目的，以付费的形式利用大众媒体有计划地向目标对象传递有关农产品品牌的信息。广告推广的优点在于能够快速、广泛地传递信息，成为企业树立品牌、促进销售的重要手段。如可口可乐公司每年都投入大量的广告，1993年全年的广告费用就高达6亿美元，2016年广告费用竟超过40亿美元。在当今社会，信息传播手段不断发展，各种媒体都可以成为广告推广的工具，例如电视、报刊、广播、公共场所的广告位、互联网等。

对于农产品经营者而言，是否需要投入广告，要从产品特征、品牌情况、自身条件、市场竞争状况等方面综合考虑。如果企业没有品牌，农产品同质化严重，没有能力支付广告费用，处于完全竞争市场，那么没有必要投入广告。广告推广一般需要企业支付较高的费用，而农产品区域公用品牌的广告推广主要是公益性的。

案例：区域公共品牌的广告推广

从2018年6月1日起，和田玫瑰、莎车巴旦木、南疆核桃、南疆红枣的公益广告将通过中央电视台的8个频道向全国推广。2016年9月，中央电视台推出了"国家品牌计划——广告精准扶贫"项目，这是一个具有帮扶性、公益性并具体针对全国脱贫攻坚任务较重地区的扶贫项目。经过2016年、2017年的落地实施,对贫困地区的贫困农户脱贫致富、产业发展起到了很好的推动作用。据介绍,中央电视台推出"国家品牌计划——广告精准扶贫"公益性扶贫项目,以广告形式落实精准扶贫战略,探索出精准扶贫的新模式,是贫困地区脱贫攻坚的"助推器"。该项目在新疆启动后,必将有力提升新疆特色农产品的知名度和影响力,对推动贫困地区农产品销售和贫困群众增收致富具有积极意义。

资料来源:新疆农民报,2018年6月19日。

13.1.2 农产品广告策划

广告推广需要进行五项决策,要相应解答五个问题:广告推广的目标是什么?需要投入多少费用?怎样设计,要传递什么信息?利用什么样的媒体?如何评价广告效果?

13.1.2.1 广告目标

广告目标即广告活动要达到的预期目的和要求。成功的广告策划必须有明确的目标,广告目标是营销目标的组成部分。广告目标的确定应当是建立在对营销环境透彻分析的基础上,以目标市场、市场定位、品牌定位、市场营销组合等重要决策为依据而确立的。按照诉求目的,可把广告目标分为信息性目标、说服性目标和提醒性目标(表13-2)。

表13-2 广告目标按诉求目的的分类

类型	信息性目标	说服性目标	提醒性目标
诉求目的	介绍有关新产品信息 推介产品的新用途 介绍价格变动信息 介绍产品生产过程 描述可提供的服务 改正错误的印象 减少消费者的顾虑 树立企业品牌形象	培养偏好 鼓励顾客使用本品牌 改变顾客对产品特性的认知 说服顾客现在就购买	维持较高的知名度 提醒人们购买地点 提醒顾客近期可能需要本产品 淡季时保持本品牌在消费者心中的形象

注:资料来源于李东进,秦勇.现代广告学[M].中国发展出版社,2015:94。

13.1.2.2 广告预算

广告预算是指企业投入广告推广的费用支出计划,它规定计划期内从事广告推广活动所需的经费总额、使用范围和使用方法。广告预算中有两项基本费用：广告媒体使用费用和广告制作费用。随着市场竞争不断加剧，广告策划要求也日益提高，在编制广告预算时也应考虑广告调研费用和广告活动协调费用等。影响广告预算的因素主要有产品生命周期阶段、市场份额、竞争状况、广告频率等。一般而言，企业推出的产品刚上市、市场份额较低、竞争对手较多、需要广告频次较高时，需要加大广告投入，预算应适当增加。

13.1.2.3 广告设计

广告设计是广告策划的关键，对广告推广效果起到决定性作用。为了树立良好的品牌形象，实现长期盈利，广告设计应该遵循以下几个原则：① 真实性。真实可信是广告说服力和感染力的基础。言过其实、弄虚作假的广告虽然可能在短时期内达到一定的促销效果，但是会严重损害企业及品牌的形象。② 针对性。广告设计应该有的放矢，针对消费者购买行为中的具体问题设计广告内容。③ 准确性。要求广告内容能够准确无误地表达产品及品牌重要信息，不能让人产生误解。④ 简练性。广告内容应尽量精练，使消费者在短时间内接收重要信息并产生印象。⑤ 艺术性和独特性。广告内容只有新颖独特、具有艺术感染力，才能引人注意，放大广告效果。

13.1.2.4 媒体选择

媒体是广告推广的平台，常见的媒体主要包括电视、报刊、广播、公共场所的广告位、互联网等。不同媒体的特点各异，适合不同的广告推广要求。选择媒体应考虑到媒体的传播范围、影响力、使用成本，企业的目标市场，消费者的信息渠道等。例如，许多中小型保健品企业会选择广播电台、报纸等媒体推广产品，主要原因在于广播、报纸等传统媒体受众人群中老年人较多，而且媒体使用成本相对较低。随着网络媒体广告的迅速发展，广告推广逐渐实现精准化。如一些手机或计算机的应用程序能利用个人上网浏览记录、定位、基本身份信息等要素，使广告比较精准地推送给目标用户。

13.1.2.5 广告效果评价

为了对广告投放进行有效的计划和控制，企业还应对广告推广的效果进行评价。广告效果主要是指广告接受者的反应情况，主要表现为广告的促销效果和心理效果两个方面。促销效果是指广告促进产品销售的程度；心理效果是指广告对目标消费者心理的影响程度，包括对产品信息的注意、兴趣、情绪、记忆、理解、动机等。促销效果的测量和评价一般采用指标法，常见的指标如广告费用占销售额比率、销售额增长率与广告费用增长率之比等。心理效果的测量和评价一般采用抽样调查法和实验室控制法等。

案例：青海春天用10亿广告捧红极草

青海春天主营产品极草5X打着"虫草含着吃""科技专利"等口号，成功实现从籍籍无名到家喻户晓，这很大一部分归功于广告。在国内的机场、高铁、电视、杂志等媒体上，极草5X的广告频繁出现。近5年内，青海春天广告支出就超过10亿元，带动其营业收入呈几何式增长，一度从2010年的1.6亿元升至后来的逾50亿元，创造了脑白金式的行业神话。

然而，极草5X广告有虚假宣传、夸大功效的嫌疑。含着吃的虫草纯粉片在国内并非仅青海春天一家独有。极草虫草粉片虽然价格高昂（平均每克高达上千元的价格），但其所谓的压制技术并不复杂，此类技术在国内早已有应用。另外，极草自2009年上市，身份历经三次变更，从食品到中药饮片，再到试点产品，每一次"突围"都不免身份之争。2016年2月，极草获得的"保健食品"身份被取消，并停止生产经营。从此，虫草巨头跌下"神坛"。

思考： 你是否赞同青海春天的营销策略？你会从此案例中总结出哪些经验和教训？极草、脑白金等在市场推广过程中存在哪些问题？

资料来源： 长江商报，2016年4月11日。

13.2 人员推广

13.2.1 人员推广的概念

人员推广是指通过派出销售人员直接与目标顾客接触和交流，传达产品及品牌的信息，促使目标顾客实施购买。人员推广主要有以下几个特点：① 信息传递的双向性。通过接触和交流，一方面销售人员把产品及品牌信息传递给顾客，另一方面顾客把需求及反馈信息传递给销售人员。② 推广过程的灵活性。销售人员可以采用面谈、打电话、发信息等多种方式与顾客保持联系，可针对不同特征的顾客采取不同的推广手段和策略。③ 注重人际交往。销售人员在推广的过程中往往注重人际交往礼仪和技巧，与顾客建立良好的关系。

13.2.2 人员推广的过程

对于推广人员来说，人员推广业务的一般过程是：接受统一培训，识别潜在客户，做好推广准备，主动接近客户，通过沟通了解客户需求，根据客户需求推介相关产品，消除客户顾虑，促成交易，保持沟通，售后跟踪服务。其中，了解客户需求是最重要的，正如前思科中国区总裁林正刚所说："销售第一大事就是了解客户，我能够比客户更了解自己的需求。要做到这一点，我的销售行为是发问，聆听，很少介绍产品。"

13.2.3 推广人员的管理

人员推广活动对参与人员的要求较高，推广成效主要取决于推广人员的素质、能力，以及对企业推广人员的管理水平。推广人员的管理工作主要包括人员招聘、人员培训、日常业务管理、绩效考核、激励与惩罚等方面。在人员培训阶段，不仅要培训销售和推广技巧，还要统一推广人员的思想，明确行为规范和奖惩制度，落实每个人的目标和责任。在日常管理中，采取目标管理方法，对推广人员进行适当的监督和控制，积极处理客户投诉与建议，维护企业及品牌形象。建立公平合理的绩效考核制度，将绩效作为员工工资、奖金、晋升的主要依据，调动推广人员的工作积极性。

案例：这样的奶粉推广方式有何不妥？

据《承德晚报》报道，2018年5月30日，市民罗先生接到一个陌生电话，对方自称社区工作人员，可以清晰说出罗先生一家的家庭情况，然后问孩子现在喝奶粉的情况。罗先生误以为对方就是来给孩子做健康登记的，随着聊天的深入，罗先生这才意识到对方是奶粉销售员。罗先生的女儿现在已经一岁半。在孩子成长的过程中，没少接到推销各类产品的电话。"他们的表达技巧很好，不会直接叫我买东西，都是说有各类育儿讲座，我还是乐于去学习一些育儿知识，后来发现都是推销手段。"罗先生说，这次来推销奶粉的经销商更令人头疼，不仅清楚他的家庭情况，还能说出孩子的相关信息，到底是谁泄露了孩子的信息？罗先生找到社区工作人员，并联系了新闻媒体，想解决此事。

思考： 人员推广应注意什么问题？奶粉企业对于这种情况应该采取什么样的管理措施？

13.3 公共关系推广

13.3.1 公共关系推广的概念

公共关系推广是指企业在营销活动中正确处理企业与社会公众的关系，树立企业及品牌的良好形象，从而促进产品销售。在当今社会，竞争日趋激烈，社会关系错综复杂，企业为了长远利益的考虑，需要与社会公众保持良好的关系，实现公众对企业及品牌的长期认可、支持和合作。社会公众一般包括政府机构、大众媒体、社会公益组织、群众团体等。

13.3.2 公共关系推广的任务

公共关系推广的基本任务是加强企业与社会公众的联系，让社会公众更好地了解企业文化和品牌价值。企业的公共关系推广活动如果能把握好时机，并增加艺术性和创造性，那么可以获得非常好的推广效果，这种效果是广告推广所无法达到的。

公共关系推广的活动主要包括：① 支持各类公益事业发展。企业可以在正常范围内支持社会公益活动，如赈灾救援、基金捐款、社会公益广告等，并通过新闻媒体宣传企业的公益活动。② 参与各类社会活动，保持与社会各界的联系，如纪念日、节庆活动、新闻发布会、研讨会、博览会等。③ 加强与消费者团体的联系，如通过访问、接待、组织参观、意见反馈、信息咨询、产品试用等方式，与消费者保持良好的互动关系。④ 化解品牌危机。企业在发展过程中会遭遇各类危机，有的危机可能是自然灾害、社会动乱等不可抗因素造成，有的可能是人员失误、管理不当造成，有的可能是媒体不实报道造成。无论哪种危机，处理不当都会造成灾难性后果。此时，企业应及时调动公关力量，有针对性地开展公关工作，化危机为良机。

案例：问题食品的危机公关

在中国台湾，因为黑心油事件，顶新公司成了人人喊打的过街老鼠，而该事件辐射到大陆，影响最大的恐怕就是康师傅方便面了。事件持续发酵后，康师傅多次强调在大陆的产品不涉及台湾油品事故。2014年10月26日，康师傅集团在其官网发布的公告称："公司已终止对台湾味全公司的康师傅商标的品牌授权，台湾味全公司不得再以'康师傅'为品牌在台湾生产与销售方便面产品。"应该说，这种对公司弃车保帅的切割，不失为危机公关中的策略。但一纸声明能否改变黑心油的事实呢？

康师傅的老对手统一企业宣布，台湾统一的19款产品也使用了问题牛油。统一企业表示，公司已实行预防性下架，并启动退货机制。不得不说，这样的措施对消费者而言比较贴心。

资料来源： 每日商报，2014年10月29日。

13.4 营业推广

13.4.1 营业推广的概念

营业推广是指企业运用各种短期诱导因素刺激消费者或中间商购买或代理产品的促销活动。营业推广是配合一定的销售任务而采取的一种短期的、无规则的市场推广活动，属于战术性营销工具。

13.4.2 营业推广的手段

营业推广的一类手段是抓住了顾客图便宜、不吃亏的心理，刺激产品购买。例如，买满就送、价随量变、换购、折扣券、抽奖、优惠组合包装、搭配销售、限时抢购、赠送样品、免费试用、以旧换新、经销奖励等。还有一类营业推广手段是通过各类展销会、博览会和业务洽谈会，现场展示产品、拓展渠道、传播品牌信息。近些年，我国涉农展会不断发展，据中国国际贸促会的不完全统计，2016年全国中等规模（2000m^2）以上的涉农展会为314个，参展商数量为28.5万家，参观总人次为2705万，分别比上一年增长7.9%、13.1%和8.8%。

案例：天津武清区举办优质农产品展会

2019中国武清优质农产品展示交易会在天津市武清区环渤海农产品交易市场举办。此次展会围绕落实乡村振兴战略，推动区域农业资源整合，增强农业产业链优势竞争力，促进与各对口帮扶地区经贸合作，营造"农民庆丰收、全民享丰收"的浓厚氛围。同时，坚持"农民主体，政府引导，因地制宜，突出特色"的原则，展厅内共设展位85个，其中，武清特色农产品悉数亮相，包括武清区集4种水果味道于一身的富硒"雍贝·土耳其金果""小兔拔拔"牌水果萝卜、学清公社的黑色系列产品、谈家老铺的玉宝香油等。展会同时举办了武清区对口帮扶地区特色农产品专场推介会，来自武清区对口帮扶的各地特色优质农产品也竞相争妍。本次展会由武清区政府主办，承德市围场自治县，平凉市静宁县、泾川县，昌都市江达县共同协办，天津正中农贸市场开发有限公司承办。

资料来源：农民日报，2019年9月13日。

13.5 事件营销

13.5.1 事件营销的概念和特点

近年来，国内外出现了一种十分流行的市场推广方式——事件营销，它集新闻效应、广告效应、公共关系、形象传播、客户关系于一体，通过制造事件或话题，为新产品推介、品牌展示创造机会，并借助新媒体传播信息，快速提升品牌知名度与美誉度。

这种市场推广方式具有以下特点：① 经济性。事件营销无需支付高昂的广告费用及其他推广成本，主要靠制造或利用热点事件来吸引媒体报道，快速引起公众关注。② 依附性。事件营销必须把企业的推广目标依附于某个事件上，使广大消费者由事件产生品牌联想。例如，2003年，蒙牛抓住神舟五号升天这一热点事件,与航天部门签署合作协议,制作宣传广告,将蒙牛和中国航天事业联系到了一起。此后,蒙牛开启了中国企业关注和支持本国航天事业的时代,和中国航天开始了长达十年的合作。2013年,蒙牛再次成为航天员营养的"护航使者"。③ 风险性。事件营销主要借助第三方力量进行推广,企业对信息传播过程不能完全掌控,由此会带来一定的风险。

> **问题讨论:"悲情营销"是否可取?**
>
> 据2018年5月9日《北京青年报》报道,近日,山西临猗县政府发布了一则针对"临猗苹果滞销"不当营销方式的声明称,多个电商利用打"悲情牌"营销临猗苹果,给当地果业品牌形象造成了严重影响,并且营销内容有诸多夸大失实之处。其实,除了临猗苹果外,还有多个商家以"苹果滞销""鲜笋滞销""菠萝滞销"等为由头售卖商品,而采用的都是同一名老人的照片作为宣传图。
>
> 《新京报》则认为,"悲情营销"下的"水果滞销"骗局,打动人心的效果也会边际递减,公众见多也就不怪,这会拉高那些真正困难果农的求助门槛;而其虚假面目被戳破,更会抬高公众的信任成本。
>
> 思考:悲情营销下的骗局不可取,但是在现实生活中,如果你真的发现某地的农产品大量滞销,农民损失惨重,把这个事件如实报道出来,通过"事件营销"来推广,是否可取呢?近两年,我国各地开展了"消费扶贫",即社会各界通过消费来自贫困地区和贫困人口的产品与服务,帮助贫困人口增收脱贫的一种扶贫方式。你认为,"消费扶贫"怎样做才能发挥重要作用?

13.5.2 事件营销的手段

事件营销的手段主要有以下两种:① 造势,是指企业主动策划、组织和制造具备一定新闻价值的事件,以吸引大众媒体的报道,引起公众及广大消费者的关注,造成对自己有利的声势,进而提高品牌知名度。造势的手段多种多样,如炒作概念、举办活动、发表软文、制造事件等。② 借势,是指企业借助新闻事件、名人效应等,传播企业及品牌信息的活动。

举个实例,雕爷牛腩是中国第一家"轻奢餐"餐饮品牌,通过造势和借势提升了知名度和人气。其造势的手段包括:首创"轻奢餐"概念,抓住了当前消费者尤其是年轻消费者既想要追求品位、追求高端，又受经济能力所限不能随心所欲的心理；"封测"试吃，引发消费者兴趣和注意；"无一物无来历，无一处无典故"，给消费者提供了较多"晒"的素材，又使他们变成企业的义务推广员。其借势的手段包括：借助"500万购买秘方"和"食神"两个话题给普通的牛腩披上神秘与高贵的外衣；在开业之前邀请了数百位微博大号、美食达人、影视明星以及少数幸运者进行免费试吃，并且把这一行为在网络上广为传播；2013年9月，雕爷牛腩"快的打车"，推出了"快的出行，甜品相送"活动。

企业在进行事件营销时必须注意的问题是：事件与品牌要有关联性和契合点，这样才能把事件与品牌自然顺畅地联系起来，把消费者对事件的关注点转移到品牌上。同时，事件营销必须考虑公众的价值观和审美观，把握好营销尺度，不能违背社会习俗及道德观念，不能弄虚作假，欺骗消费者的感情。

13.6 口碑营销

"一传十，十传百"，这是对于"口碑"生动而精彩的描述。口碑营销是指企业努力使消费者通过其亲朋好友之间的交流将自己的产品及品牌信息传播开来的推广活动。口碑营销具有可信度高、针对性强、成本较低等优点。口碑传播可以是正面的，也可以是负面的。要想实现正面的口碑传播，首先必须把产品和服务做好，再与客户搞好关系。

口碑的形成主要来源于消费者对某种产品使用后的直接经验，或者接收到别人传递的间接经验。企业应关注这种自发生成的口碑，并加强对这类口碑的引导，使其向有利于企业的方向发展。

相关阅读：零售经营的口碑营销

零售经营者如何开展口碑营销？

（1）找到传播者　满意度高的顾客是最好的传播者，他们能把自己满意的消费感受分享给亲友。

（2）制造传播话题　可以从以下两方面下功夫：一是宣传商品的功能和卖点，以品质优势、包装特色、文化内涵、促销活动等为切入点，开展宣传或组织免费体验等，强化良好的感受。二是提供优质服务，当你为顾客提供的服务超过他们的预期时，他们就会愿意把这种好的体验告诉其他人。

（3）善用传播工具　在互联网发达的今天，微博、微信、论坛和QQ等都成了口碑传播的有效工具。比如很多商家就开展过类似的活动——顾客将满意的消费体验分享在朋友圈里，即可获得购物折扣；在朋友圈集齐一定数量的"赞"，可以获得相应赠品等。

资料来源：东方烟草报，2017年10月29日。

13.7　网络营销

13.7.1　网络营销的涵义

20世纪90年代初，互联网的飞速发展在全球范围内掀起了互联网应用的热潮，全球各大公司纷纷利用互联网为客户提供信息服务，扩展公司的业务范围，并且根据互联网的特点积极寻找适合本企业的经营管理模式、市场开拓方式以及营销管理方式。网络营销也随之应运而生，并成为21世纪企业营销与推广的重要方式。美国《财富》杂志评选的全球500强企业几乎都在互联网开展营销业务。如今，越来越多的农产品营销与推广活动正在从实体市场进入互联网空间。

农产品网络营销是借助互联网、计算机通信技术和数字交互式媒体来满足农产品消费者需求，实现农产品经营者营销目标的一系列营销活动。一般而言，农产品网络营销的主要功能有推广品牌、收集信息、客户服务、在线洽谈和付款结算等。网络营销也不仅限于网上，一个完整的网络营销方案，除了在网上做推广外，还有必要利用传统方法进行线下推广。上面介绍的广告推广、人员推广、公共关系推广、营业推广、事件营销和口碑营销等推广方式现在都与网络推广密不可分。

网络营销主要有以下几个特点：① 便捷交互性。顾客可以通过网络平台有针对性地了解自己需要的产品信息，企业也可以通过网络平台较为准确地了解顾客的需求。通过即时通信、跟帖评论、网络投票、网络游戏等手段，实现了与用户的深度交流。② 突破时空限制。网络营销具备全天候和跨地域性，只要有网络接入的地方，就可以进行交易。③ 推广精准性。依托互联网的资源和技术优势，可建立起强大的用户消费行为数据库，从而较为精准地推送营销信息。④ 整合性。在网络营销过程中，需要根据环境的不断变化，对各种营销工具和资源进行及时整合。

网络营销不同于电子商务，网络营销是企业整体营销与推广的一个组成部分，是促进产品交易、传递品牌信息的重要手段。而电子商务主要强调的是交易行为和方式，开展电子商务一般离不开网络营销。

案例：效仿王小帮

90后的小伙子李春晓回乡创业，在村里做一名农产品经纪人。这一年的秋季，全乡的洋芋大量集中上市了，他开着农用三轮车穿梭于乡间小路，往返于收购点和田间地头，为外地客商收购洋芋。春晓在收购的过程中发现今年本地洋芋价格非常低，有时甚至低于0.5元/千克，乡亲们对他大吐苦水。好心的春晓跟外地客商商量，能否提高点收购价格，却遭到了白眼。他并没有死心，想起曾经看过的一个创业故事：

王小帮（化名），是山西吕梁市临县某贫困村的一位普通农民，只有初中文化的他通过到大城市闯荡开阔了眼界，回村后凭借着一种想改变命运、不服输的精神，把互联网和当地土特产进行了成功嫁接，将山里的小米、红枣、黄豆等农产品搬上了网店进行营销推广，并注册了"王小帮"商标，提升了农产品附加值，带动乡亲们一起致富，成为大家心中的"王小帮"。

春晓想效仿故事里的王小帮，把家乡滞销的洋芋通过网络推广出去，破解当地土特产的营销难题，带动乡亲们一起致富。于是，他立即创建了"小李土特产"网店和微店，还通过微信和微博等平台进行推广。然而，网店创建的前三个月，产品价格一直不断下降，销量惨淡，仅有不到10笔订单，总共才50斤左右，算上物流成本和推广成本，根本不赚钱。到了第四个月，本地的洋芋基本都卖完了，春晓的网店也只好关张了。农产品网络营销看似很火、很便利，实施起来却没有那么简单容易，需要不断探索和深入钻研。

案例来源： 作者根据现实生活编写。

13.7.2 网络营销的形式

近年来,我国农产品网络线上营销发展迅速,线上营销推广的形式多样。就目前来看,线上营销主要形式有自媒体营销和网店营销等。

(1)自媒体营销 是指利用社会化网络、在线社区、博客、百科、短视频、微博、微信、直播平台或者其他互联网协作平台和媒体来进行市场推广活动。

(2)网店营销 是指经营者通过网络销售平台直接面对采购商或消费者开展营销与推广活动。决定网店经营情况的主要指标是店铺的流量和转化率(即产生购买行为的人数占所有到店的人数的比率),经营者要通过店内(网店内)、站内(商城网站内)和站外的大力推广,来提高网店流量;同时通过良好的销售服务和有效的促销手段,来提高转化率。

农产品经营者在网络营销过程中还必须注意,由于农产品的标准化难度大、生鲜易腐性强、季节性强等特点,许多生鲜农产品网络营销还主要定位在宣传推广层面上,要真正做好生鲜农产品网络营销,还必须做好线下工作:要严格分拣分级,保证农产品达到标准;注意贮藏与保鲜;突破冷链物流的发展瓶颈;与物流公司合作,降低物流成本;协调好货源,及时送到货。

案例:新农人让泰宁特产抖起来

最近,一条"泰宁朱口的小籽花生"的抖音视频火了:22岁的泰宁小伙子温林旺站在小籽花生的收获田间,用泰语式腔调、搞怪的肢体语言和农民伯伯互动,画面甚是有趣。这个作者为"泰宁滋味"的视频刚发布不到一小时,点击量就破万。在温林旺团队的努力下,抖音号短时间内已经有了10.8万粉丝,获赞47.3万次,通过抖音推广的方式,带动农产品销售额达40余万元。

如何把流量转化为销量?其实,在做抖音之前,温林旺团队就已经在微信公众号、淘宝及实体店等多渠道销售当地农产品,并有了一批相对稳定的客户。团队销售的农产品都具有安全检测合格证而且可追溯,这些过程都会在短视频里一一体现,让顾客能直观地看到产品的安全、无污染。团队在全省各地都有线下销售的合作网点,还与泰宁政府联合打造"寻找泰味"官方品牌,旨在做优质的特色农产品。

资料来源:三明日报,2018年11月29日。

思考题

1. 从市场推广的角度探讨，如何提高品牌的知名度和美誉度？
2. 农产品市场推广方式有哪些？
3. 各类市场推广方式的特点有哪些？
4. 如何突破生鲜农产品网络营销的发展瓶颈？
5. 设想你经营一家农产品经销企业（先明确经营什么农产品），你想制定什么样的市场推广策略？
6. 尝试做一份某农产品品牌的市场推广策划书。

第14章 农产品国际营销与推广

世界逐渐变成"地球村",世界各国、各地区经济的发展越来越相互依存、相互制约、相互影响。农产品市场越来越开放,最终形成世界性市场。

导入案例:加工蔬菜畅销日本市场

四川洪雅县的杨勇曾在大连一家日资农产品加工企业打工10年,期间到日本考察学习,了解日本的消费市场。他说:"在日本,一个3斤左右的莲花白,都要卖四五十元人民币。因而,在日本能吃上新鲜蔬菜的一般是有钱人和农民,大多数人都是买加工蔬菜。"杨勇从中发现了商机,于是2011年返乡创业并创建合作社,带动当地农户种植了600多亩菜薹。杨勇说:"我免费向农户提供种子,农户的合格品我统一收购,订单价1元/斤,亩产可达2200~2700斤。"杨勇将收购的"上海青"菜薹,通过盐渍进行初加工,再发往国内的企业进行深加工,最后他回购成品,再通过他开设在香港的贸易公司出口到日本。

2013年以来,杨勇再带动周边农户种了100亩红苕。近两年,他的团队又对野生的刺嫩芽、野芹菜进行驯化。由于当年在日资企业的经历,杨勇结识了许多日本客户。每年六七月份,杨勇都会与客户签订第二年的订单。"我们的加工蔬菜都是在日本的超市销售,我们非常注重质量,只要日本客户信得过你的质量,他们就会长期跟你合作。"杨勇说。由于产品畅销,他的合作社每年带动了当地1600多户农户增收。

资料来源:四川农村日报,2019年2月20日。

14.1 农产品国际营销与国际贸易

农产品国际营销是指企业跨越国界所进行的农产品市场营销活动。世界上任何一个国家或地区的农产品市场，都可以看作是农产品国际市场的一个组成部分。

农产品国际营销通过国际贸易活动进行，即没有国际贸易，就无法开展国际营销，但两者也有区别。国际贸易是指不同国家和地区之间的商品、服务等的交换活动，更多地着眼于国家整体利益；而国际营销是以企业为主体，更多地着眼于企业利益。国际贸易包括购进与售出两个方面，即进口和出口；而国际营销主要涉及售出方面。国际贸易的核心任务是在海外物色合格的代理商或采购商，实现产品的国际流通；而国际营销的核心任务是以国际市场需求为导向，运用营销策略来促进国际消费者购买，提高产品的国际市场份额。国际贸易的原动力是比较优势理论，而国际营销的原动力则是顾客价值理论。

2001年12月11日，《中国加入WTO议定书》生效，中国正式成为世贸组织成员。入世以来，我国农产品市场开放水平大幅提高，农产品进出口贸易持续快速发展。大量国外农产品纷纷进入我国市场，导致本国农产品必须参与国际市场的竞争；我国许多农产品企业也纷纷走出国门，主动参与到农产品国际市场竞争中去。

问题讨论：是否需要农产品国际贸易？

在营销课之后，研究生小周和小段在讨论近期中国不断增长的农产品进口问题。小段对此的看法是："我国没有必要大量进口谷物、豆类、肉类、水果、蔬菜等农产品，因为这些农产品本国完全可以自给自足。大量进口只会促进本国农产品降价，使农民利益受损，冲击我国脆弱的农业。"小周提出异议："我国的农产品的确可以自给自足，但是本国的消费者有权按照自己的偏好选择农产品，他们认为进口农产品更便宜、更优质。而且国际贸易本身就是一条双行线。如果我们想要将产品销往海外，我们就必须同时购买其他国家的产品，因为这些国家也想向其他国家出口它们的农产品。"小周又回忆起课上老师讲过的间接生产，补充道："一国生产某些优势产品并在国际市场上销售，然后购买本国生产相对弱势的产品，要比都由自己生产更经济划算。"你认为谁的观点更合理？对我国而言，是保护本国基础的农业产业重要，还是实现农产品自由贸易重要？

14.2　农产品国际贸易的产品结构

自加入世界贸易组织（WTO）以来，我国农产品国际贸易不断增长。2018年，我国农产品进出口额达到2168.1亿美元，同比增长7.7%。其中，出口额为797.1亿美元，增长5.5%；进口额为1371.0亿美元，增长8.9%；贸易逆差573.8亿美元，增长14.0%。

从出口情况来看，近五年我国的水产品、蔬菜、水果、禽类等农产品出口占据主要位置。如图14-1所示，2018年我国水产品、蔬菜、水果和禽类产品的出口额分别为216.82亿美元、152.38亿美元、71.57亿美元和18.28亿美元。这表明，我国这几类农产品在国际市场上占有明显的竞争优势。但是这一数据并没有把农产品种类细化，企业在农产品国际营销过程中，应充分了解国际目标市场对具体种类农产品的需求状况，出口具有比较优势的农产品。例如，对于韩国市场，中国的大蒜、人参、泡菜、各类新鲜水果等农产品的品质较好、成本较低，价格往往只有韩国的20%～30%，因此中国这些农产品具有明显的比较优势。

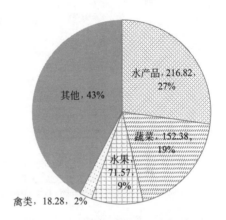

图14-1　2018年我国主要农产品出口额
（单位：亿美元）

从进口情况来看，近五年我国的食用油籽（主要是大豆）、水产品、肉类、奶类、水果、粮食等农产品进口占据主要位置。如图14-2所示，2018年我国食用油籽、水产品、肉类、奶类、水果、粮食

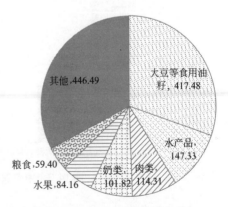

图14-2　2018年我国主要农产品进口额
（单位：亿美元）

的进口额分别为417.48亿美元、147.33亿美元、114.31亿美元、101.82亿美元、84.16亿美元和59.40亿美元。这表明，我国对这几类农产品的消费在一定程度上依赖于进口。其中，大豆对进口的依赖程度最高。

案例：中美农产品贸易摩擦会带来什么影响？

从我国与美国在农产品方面的贸易来看，进口远远大于出口，存有较大逆差。特别是大豆，占到了美国对我国出口总金额的约1/11。2017年，我国向美国出口的农产品相比进口贸易额，不在一个量级（详见图14-3），中美农产品贸易逆差164.2亿美元，占中国农产品贸易逆差的33%。

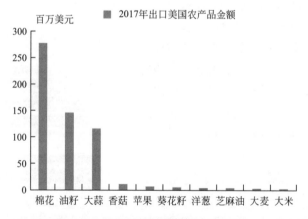

图14-3　中美农产品贸易的产品结构

2018年中美间的贸易摩擦成为全球焦点。在此次由美国挑起的中美贸易摩擦中，我国进行回击的一大措施是对自美国进口的一些农产品加征关税。农产品是中国回击的最佳主牌之一,而大豆是其中的王牌。2018年4月4日,我国对原产于美国的大豆加征25%关税的消息公布后,美国农产品期货全线大跌。据美国《国会山》日报2018年4月9日报道,美国总统特朗普承认美国农民可能会因为与中国的贸易摩擦遭受打击,但他说,他们最终会"理解"为什么有必要进行对抗。

资料来源:夏青.中美贸易中的农业版图[J].农经,2018,(5)。

14.3 农产品国际市场的特点

与国内市场相比,农产品国际市场具有一些特殊性,主要表现为以下几方面。

14.3.1 进入国际市场的障碍多

农产品进入国际市场的障碍较多,其中最主要的障碍是贸易保护。农业关乎国家的稳定,为了保护本国农业,各国一般通过关税壁垒和非关税壁垒限制农产品进口。所谓**关税壁垒**,是指进出口商品经过一国关境时,由海关向进出口商征收关税所形成的一种贸易障碍。例如,目前我国农产品平均税率为15.2%,远低于发展中成员56%和发达成员39%的平均关税水平。而**非关税壁垒**,是指除关税措施以外的一切限制进口的措施,主要包括进口配额、技术性壁垒、通关环节壁垒、进口税费、进口许可、进口禁令、反倾销、反补贴和保障措施等。非关税壁垒形式多样,且更为隐蔽。其中,技术性壁垒是最难对付的、最隐蔽的非关税贸易壁垒。近些年来,一些农产品主要进口国不断提高标准,形成越来越高的技术性壁垒,导致我国农产品进入国际市场的难度越来越大。

14.3.2 国际市场波动性较大

与国内市场相比,农产品国际市场环境复杂,不确定因素更多,供求关系不稳定,市场波动性较大,风险更高。近些年,全球气候变化等自然因素对国际农产品市场的影响加大,气候变化导致洪涝灾害、干旱、极端气温和病虫害增加,给农业生产带来不利影响。据比利时鲁汶大学灾害流行病学研究中心

（CRED）数据显示，2000—2018年，全球自然灾害数量共7717起，其中洪涝灾害、干旱、极端气温等灾害共3756起以及病虫害19起，发生频次大大增加。随着经济全球化的推进，农产品交易范围已从局部、区域性的市场扩展为全球市场，农产品作为资本的金融投机对农产品市场价格的影响日益突出。

14.3.3　主要农产品出口市场高度集中

谷物、大豆、棉花等主要农产品出口市场较为集中。2017年，全球77%的大米出口来自印度、越南、美国、巴基斯坦和缅甸；50.9%的小麦出口来自俄罗斯、澳大利亚、加拿大、阿根廷和美国；68.3%的玉米出口来自阿根廷、美国、巴西、乌克兰和俄罗斯；91.5%的大豆出口来自巴西、美国、阿根廷、巴拉圭和加拿大。此外，棉花、食糖的出口市场集中度也比较高，超过60%的出口集中在全球前五大出口市场。

14.4　农产品国际营销与推广的要点

14.4.1　研究并适应国际营销环境

企业进行国际营销更应该重视营销环境的研究。不同的国家和地区之间在政治法律、经济、自然、社会文化、人口、技术等宏观环境和微观环境上存在着较大差异。其中，文化差异有时决定着企业国际营销的效率和效益。国际营销环境对经营者的影响越来越大，有时起到了直接的制约作用。例如，日本大米生产成本是美国的好几倍，然而美国大米却迟迟打不开日本市场，原因是日本政治法律环境、社会文化环境等制约着美国大米的进口。经营者要想成功开拓国际市场，必须首先研究清楚国际营销环境，并采取有效的营销策略，不断适应国际环境的变化。

14.4.2　通过质量管理突破技术性壁垒

对于广大农产品经营者而言，进入国际市场最难跨越的障碍是技术性壁垒。例如，近年来，我国输往日韩的大蒜和出口美国的水产品因不符合其标准时有被退回。目前，农产品出口的技术性壁垒主要包括食品中农兽药残留限量要求、微生物指标要求、重金属等有害物质限量要求、食品标签要求以及加工厂和仓库注册要求等五大类，这对我国出口食品的生产工艺和生产质量都提出了更高的要求。要突破技术性壁垒，农产品经营者必须建立与WTO规则相适应的现代企业制度，以国际标准为标杆，实施严格的标准化管理，积极通过相应的国际质量体系认证（获得市场准入的通行证），改造相关技术工艺，提高产品质量。

案例："咯咯哒"进军国际市场

韩伟集团是我国大型蛋鸡生产企业，始建于1982年，旗下品牌"咯咯哒"为我国知名鸡蛋品牌。

韩伟集团为开拓海外市场，积极采用国际标准，努力获取国际认证，从2000年开始全面实施ISO 9000和ISO 14000认证，把产品质量和工作质量放到第一位。为保证产品质量，优先使用符合绿色产品标准的原料；为保证鸡群外部环境的绝对安全，投资买断了5个山头，鸡场全部实行封闭性管理，鸡场内进出的车辆轮胎都要进行严格的消毒，粪便每天清理两次，并用封闭运粪车运往有机肥加工厂；为保证鸡种纯正，直接从美国海兰公司引进鸡种；为保证鸡蛋没有药残，请国内外兽医专家定期对鸡进行诊断，平时对鸡群进行严格监控，如果发生零星病鸡，立即将病鸡火化处理，绝不治疗。就是这样，"咯咯哒"鸡蛋以无药残、无激素、无抗生素、无重金属等绿色品质得到市场认可和世界家禽协会的首肯。

1999年，经过日本冷冻食品检查协会三年跟踪检测，"咯咯哒"牌鸡蛋通过了世界上最严格的标准——日本食品卫生检测的检验，并获得"日本国冷冻食品检查协会检验合格证书"，由日本三井特产企业独家代理出口日本，成为我国率先出口国外的品牌鸡蛋。在获得该证书五年后，日本对药物残留和食品卫生标准要求由十几项提高到近七百项的检查，近乎苛刻的标准连日本国内的企业都难以通过，而"咯咯哒"都顺利通过。

但在2008年10月25日，由韩伟集团养鸡三场生产，在中国香港百佳超市销售的鸡蛋被查出含有三聚氰胺，"咯咯哒"鸡蛋被下架、退货，辽宁省出入境检验检疫局也中止了对集团出口产品的检验，出口中断。在外界看来，韩伟集团摇摇欲坠，有可能成为又一个"三鹿"。经调查发现，在2008年9月份购买的玉米酒精糟的饲料辅料中含有三聚氰胺，传导到了鸡蛋中。三聚氰胺事件后，韩伟集团全面提升了对饲料、蛋品的检验范围和检测标准（过去三聚氰胺不在质量检测范围），引进了专业的三聚氰胺检测设备，还引进质检站工作人员进驻企业，对所有出厂产品批批检测；同时重新建立了合格的饲料原料供应商档案，加强了供应链管理,建立了更加完整的可追溯体系。2008年12月17日新闻报道了韩伟集团蛋品出口开始恢复的消息,这意味着韩伟集团快速化解了危机。

参考资料: 马文萍,范青.我国企业应对技术贸易壁垒的主要措施——以大连韩伟企业集团为例[J].辽宁师范大学学报(社会科学版),2010,(33)。周志彦整理编辑。

14.4.3 瞄准目标市场开展差异化营销

与国内市场相比,农产品国际市场的环境更为复杂,竞争更加激烈。为了能在强手如林的国际市场竞争中立于不败之地,企业应该采取差异性营销策略,即针对不同的目标市场采取差异化的营销组合,满足不同消费者的需求。例如,安丘市某食品公司通过与国外客户当面洽谈等方式研究不同国家、不同人群的消费偏好,并针对不同地区的消费者开发适销对路的农产品。根据日本环海夏多雨、冬寒潮湿的气候特点,公司向其出口生姜、大葱、圆葱、辣椒等系列农产品;根据韩国人的饮食特点,向其出口泡菜、速冻芋仔、烤花生果等食品;根据英国、美国、澳大利亚、加拿大等国家对面食的偏好,向其出口春卷、金钱袋、酥饺、锅贴等食品。企业还要在差异化营销过程中,导入和塑造品牌,不断提高品牌的知名度和美誉度。

案例:新希望如何在越南市场站稳脚跟

新希望集团是中国民营农业企业"走出去"的典型代表。1996年开始,新希望对多个国家进行实地考察,在综合考察市场、政局、人文、意识形态等因素后,最先瞄准了越南市场。接下来的三年里,新希望多次派人到越南调研,对越南的经济改革形势、资源禀赋、饲料市场需求、法律体系、办事程序等做了"拉网式调查"。调查中发现,越南市场和中国市场有着诸多相似之处:首先,越南的风土人情、生活习性、耕作方式、养殖习惯都与中国相近,在产品需求上与中国有不少共通之处。其次,越南也是社会主义国家,正积极效法中国的改革,政策走向与中国相同,市场转型蕴含巨大商业机会。再者,越南和中国一样是农业国家,为饲料业提供了很大的市场。当时,占据越南饲料业主要市场份额的不外乎正大、嘉吉、普瑞纳、大成等大型跨国公司,它们同样是新希望在国内的主要对手。

新希望于1999年在越南投资建厂,但这只是万里长征的第一步,能够把产品卖出去并且盈利才是关键。公司领导层果断决策：首先塑造新希望品牌"质优价廉"的形象。严格按照国际标准进行生产，保证出厂产品的合格率为100%，形成了"保姆式"的服务，对客户购苗、畜禽生长、出售、育种等各环节全程跟踪并给予技术或信息支持。为了获得越南广大养殖户的信任，新希望还采取了"先赊后付"的杀手锏，这对于坏账较多的饲料行业来说，无疑是对客户最大的优惠。新希望以此逐渐打开销路，在连续亏损三年多之后，2003年终于实现全面赢利，"NEW HOPE"品牌开始站稳了脚跟。2008年，新希望在越南已经跻身饲料行业前三名，成为当地知名的饲料品牌。

结合在国内市场的经验以及越南的具体实际，新希望确立了"大产品、大客户"的渠道策略，在建设完善的销售渠道的同时，特别关注与"大客户"的营销关系，以及在核心市场的领导地位。如此，新希望建设了庞大且牢靠的营销网络，在面临竞争对手的进攻时，新希望的营销网络几乎毫发无损。

参考资料： 张秀青. 中国民营农业企业"走出去"的路径选择——基于新希望集团调研的思考与启示[J]. 全球化, 2019, (1)。周志彦整理编辑。

14.4.4 慎重选择国际贸易中间商

农产品国际营销具有较强的专业性和复杂性，买家和卖家各处异国，往往互不了解，并且文化差异较大，这就需要贸易中间商搭建渠道作为买卖之间的"桥梁"。许多国内的农产品经营者自建渠道的能力不足，一般都要选择贸易中间商代理或经销其产品。但是企业在与贸易中间商交易的过程中，由于双方的信息不对称，往往会承担巨大的交易风险。例如，广西的农产品企业（A）收到了香港一贸易公司（B）的询单，B自称是欧洲一家大型食品企业（C）的进口代理商，并提供了以C为买方的大额订单。A获得满意报价后与B公司签订了合同（合同中忽略了某些保护A利益的重要条款），约定到货后支付货款。但是A发货后，C支付的货款却迟迟未收到。A追款数日，没有结果，B也不承担责任，导致A企业资金周转不灵，损失严重。这个案例给我们的启示是，农产品经营者在选择贸易中间商（特别是贸易代理商）时，务必要考察中间商的从业时间、从业声誉，并学会利用法律保护自己的权益。

14.4.5 利用电子商务开展国际营销

电子商务是以电子信息网络应用为前提，以系统化电子工具为基础，以商品贸易等经济活动为对象，以电子数据交换和网上交易为内容的全新商务模式，是整个商务贸易活动的电子化和网络化。

电子商务的主要模式可分为：①B2B，商家对商家的电商模式，即企业与企业之间通过互联网进行产品、服务及信息的交换。②B2C，企业直接面向消费者销售产品的电商模式。③C2C，个人与个人之间的电商模式。④ABC，被誉为继阿里巴巴B2B模式、京东商城B2C模式以及淘宝C2C模式之后电子商务的第四大模式。它是由代理商、商家和消费者共同搭建的集生产、经营、消费为一体的电子商务平台。⑤O2O，将线下的商务机会与互联网结合的电商模式。

农产品经营者可利用电子商务开拓国际市场。与传统商务活动相比，电子商务具有交互性、个性化、经济性、跨区域等特点，扩大了企业的销售范围，改变了企业的传统营销方式，提高了国际营销的效率。企业可针对国际市场消费者需求差异性大的特点，利用电子商务的交互性，引导客户对产品及服务进行选择和提出具体要求，根据客户的选择和要求及时进行生产并提供相应的产品。比较知名的国际电商平台有Amazon、eBay、全球速卖通、EC21、TradeIndia、FIS.ru等。

思考题

1. 农产品国际营销与国际贸易的区别与联系有哪些？
2. 我国一些农产品企业为什么要开展国际营销？
3. 开展农产品国际营销的主要困难有哪些？
4. 设想你经营一家农产品企业（先明确经营什么农产品），目前准备开拓国际市场，请阐述你们企业开展国际营销的一般过程和营销策略。
5. 农产品企业在开展国际营销时应注意哪些问题？

第15章 各类农产品营销与推广

农产品市场营销既有共性，又有个性。个性揭示了不同类农产品之间的营销存在差异性，在实践中应注意总结，并准确把握要点。

导入案例：未来谁来养活中国？

1994年，美国学者莱斯特·布朗写了一篇文章《谁来养活中国》，文章从三个方面列举了一大串令人生畏的数字。

（1）中国人生活消费结构、质量的趋优变化，强烈刺激着粮食需求。如1978年全国猪肉消费量是700万吨，到1994年，上升到3000万吨。1t猪肉消耗4t粮食，1t禽肉则需要2t粮食。

（2）人口的增长，膨胀着原本就较大的粮食需求。中国每年新增人口数大约1300万，按人均300千克计，每年需要新增粮食近39亿千克。

（3）工业化进程"吞食"原本就很紧缺的耕地，使粮食生产受到严重掣肘。如日本、韩国工业化往往以牺牲耕地为代价，它们工业化分别导致耕地减少52%和46%。中国工业化同样要求使用更多土地，还有就是汽车业发展，到2010年汽车保有量将达到2200万辆，这需要几百万公顷的道路、高速公路、服务设施和停车场。

布朗由此推论：中国粮食面临人口增加、需求增加和耕地减少这样"两增一减"的严峻形势，粮食短缺，必须进口。但是，谁能提供那么多粮食？答案是谁也不能。中国对粮食的需求，超出全世界所有粮食出口国的出口能力。那么，谁来养活中国呢？布朗的结论是：中国不仅自己养活不了自己，而且世界也不能养活中国。

21年之后，布朗的一些预测言中了，如中国人食物结构发生了很大变化，肉蛋奶在食物结构中比重增大了。又如2010全国汽车保有量7000万辆，是布朗预测的3倍多。但是这能否充分证明布朗的结论呢？请查找我国最新的耕地面积、粮食种植面积、粮食产量、粮食消费量、粮食进出口量等相关数据，并结合实际情况探讨"谁来养活中国""中国人能否养活自己"这一重要问题。

参考资料：粮油市场报，2015年10月31日。

15.1 粮食产品营销与推广

15.1.1 粮食供给与需求

15.1.1.1 我国粮食生产概况

粮食的概念有狭义和广义之分，狭义的粮食是指谷物，包括稻谷、小麦和粗粮（玉米、大麦、高粱、粟、荞麦等）。而广义的粮食不仅有传统的谷物类，还包括豆类（大豆、红豆、绿豆等）和薯类。其产量计算方法是：豆类按去豆荚后的干豆计算；薯类（包括甘薯和马铃薯，不包括芋头和木薯）由于含水量高，按5千克鲜薯折1千克粮食计算；城市郊区作为蔬菜的薯类不计粮食产量；其他粮食一律按脱粒后的原粮计算。

粮食问题自古以来都是关乎国计民生的头等大事，粮食安全是国家安全的重要前提。我国政府始终把解决粮食安全问题作为治国理政的头等大事，改革开放以来，粮食（特别是谷物）综合生产能力得到显著提升。如图15-1所示为1991—2018年我国谷物、薯类和豆类的产量变化趋势。由图可见，2004年到2015年我国谷物产量实现了"十二连增"，2016年到2018年，谷物产量出现了小幅回落。与谷物相比，薯类和豆类产量一直在低位波动。2018年，我国谷物、薯类和豆类的产量分别为61003.58万吨、2865.37万吨和1920.27万吨。2018年，我国粮食播种面积达到117038.21千公顷，占农作物总播种面积的比例为70.5%。粮食生产分布范围较广。

粮食自给率，也就是当年粮食产量占当年粮食消费量（用产量减去出口量，再加上进口量来估算）的比重，可用来衡量一个国家的粮食安全水平。一般认为，一个国家或地区的粮食自给率在100%以上，就是完全自给；在95%~100%，属于基本自给；在90%~95%，是可以接受的粮食安全水平；

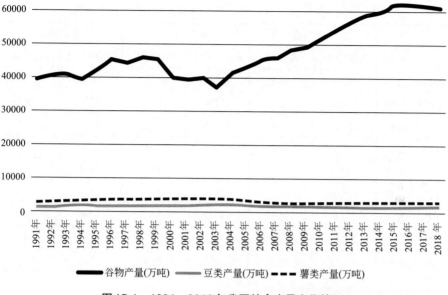

图15-1 1991—2018年我国粮食产量变化情况

一旦小于90%，粮食安全的隐患就会增大。按照粮食自给率的概念，笔者根据海关总署和国家统计局的数据，计算出2016、2017、2018这三年的我国粮食自给率分别为96.87%、96.50%和97.34%。这表明，我国粮食基本实现自给。不过，粮食产品中大豆的自给率偏低，2017年大豆自给率仅为13.80%（请思考：作为大豆原产国的中国，曾经是世界上最大的大豆生产国，为什么如今却成为最大的进口国，难以保障大豆的自给？）。

15.1.1.2 我国粮食消费概况

民以食为天，粮食需求具有普遍性、持续性和刚性的特征。我国粮食的消费量巨大。粮食消费主要包括食用消费、饲料消费和工业消费等方面，种用消费比例较低，这里忽略不计。粮食消费首先要保证食用消费的充足，在食用消费得到保证的前提下，再保障饲料消费和工业消费。

（1）食用消费　粮食食用消费总量受人口增长影响，在2012/13年度以前保持稳定增长态势，其中，2012/13年度达到28650万吨，较2007/08年度增长17.5%，年均增幅3.3%；随着国民经济的不断发展，人民生活饮食习惯逐渐改变，人均粮食消费量出现下降趋势，其他类农产品逐渐取代部分粮食食用需求，2015/16年度粮食食用消费量为26566万吨，较2012/13年度下降7.3%（如表15-1所示）。分品种来看，稻谷、小麦作为主要的口粮品种，食用消费量分别占粮食食用消费总量的60%和33%左右。

表 15-1　2007/08～2015/16 年度我国粮食分用途消费情况

年度	食用消费		饲料消费		工业消费	
	数量/万吨	占比/%	数量/万吨	占比/%	数量/万吨	占比%
2007～2008	24385	56.5	12010	27.8	6080	14.1
2008～2009	25035	57.7	11750	27.1	5880	13.6
2009～2010	25640	55.1	13100	28.1	7090	15.2
2010～2011	26240	54.4	13760	28.5	7530	15.6
2011～2012	27490	52.9	15718	30.3	8000	15.4
2012～2013	28650	55.1	14876	28.6	7700	14.8
2013～2014	27277	55.5	13820	28.1	7300	14.9
2014～2015	26753	56.9	12420	26.4	7130	15.2
2015～2016	26566	56.6	12070	25.7	7556	16.1

注：数据来源于国家粮油信息中心。

（2）饲料消费　粮食饲料消费主要以玉米为主，当玉米供给不足、价格较高时，小麦将对玉米形成一定的替代，另外，高粱、大麦等杂粮在饲料消费中的总量也将随之增加。20 世纪 80 年代以来，随着我国居民对肉蛋奶等畜禽产品的需求不断增加，养殖业不断向规模化、标准化、专业化等方向发展，对饲料的需求也逐步增加。分品种来看，稻谷饲料消费仅在部分主产区的小规模农户散养畜禽中使用，且以籼米为主；小麦饲料消费受玉米价格波动影响较大，稻谷和小麦两者消费之和占饲料总消费的比例最高不超过 30%。玉米是粮食饲料消费的主要品种，2015/16 年度我国玉米饲料消费量为 10200 万吨，占饲料消费的比例为 84.5%。

（3）工业消费　工业消费是粮食的第三大消费用途。我国工业用粮主要包括酿酒、制油、制作调味品、制酱、制剂和制药等，不包括生产食品糕点用粮。酿酒粮食消费在工业消费中占重要位置，约占整个工业用粮的 25%，玉米、小麦、早籼稻是酿酒常用的谷物原料。国家统计局数据显示，2005—2015 年发酵酒精、白酒、啤酒产量分别增长 176.2%、275.8% 和 54%。另外，玉米淀粉、燃料乙醇等工业产品受产业起步晚起点低、国家政策相关限制等因素影响，工业消费增速较慢。2015/16 年度国内工业消费用粮为 7556 万吨，较 2007/08 年度增长 24.3%，年均增幅 2.8%，处于稳步发展区间。2015/16 年度，稻谷、小麦工业消费用量占粮食工业消费总量的比重分别为 15.9% 和 11.3%，玉米工业消费占比达到 72.8%。

15.1.2 粮食流通

粮食流通是指粮食从生产领域向消费领域的运动过程。粮食流通涉及营销渠道、营销场所、物流技术等方面的问题。

15.1.2.1 粮食流通的渠道

一般而言，我国粮食流通渠道较长，粮食由农户采收后要经历经纪人代收，产地收购商收购，粮食储备企业收储，粮食加工企业加工，各级批发商逐级分销，最后进入零售终端，由零售商销售给消费者（如图15-2所示）。与果蔬等农产品相比，粮食流通受国家管控的程度较大。根据《粮食流通管理条例》的规定，从事粮食收购的经营者必须取得粮食收购资格后，方可从事粮食收购活动。申请从事粮食收购活动，应当向办理工商登记的部门同级的粮食行政管理部门提交书面申请，并提供资金、仓储设施、质量检验和保管能力等证明材料。粮食收购者还要向收购地的县级人民政府粮食行政管理部门定期报告粮食收购数量等有关情况。国家工商部门对粮食经营活动中的无照经营、超范围经营以及粮食销售活动中的囤积居奇、欺行霸市、强买强卖、掺杂使假、以次充好等扰乱市场秩序和违法违规交易行为进行监督检查。

在粮食流通渠道中，粮食储备企业是落实国家粮食政策、调控粮食市场的重要主体，发挥着稳定粮食市场价格的重要作用。粮食储备企业是国家粮食收储政策的执行者。1996年开始，我国对国家专项粮食储备实行垂直管理，许多地方粮食仓储企业受到原政府粮食储备部门的委托，可以直接代为收购国家专项储备粮食。2000年，为深化粮食流通体制改革，中国储备粮管理总公司（现更名中国储备粮管理集团有限公司，简称中储粮）成立，标志着中央储备粮垂直管理体系正式建立，目前中储粮在全国设立23个分公司、6个全资二级管理子公司、1个科研院，机构和业务覆盖全国31个省、自治区、直辖市。分公司根据集团公司授权委托，负责管理辖区内的中央储备粮油和直属库；子公司、直属库是独立核算、自负盈亏的法人实体，直接从事中央储备粮油收购、储存、运输、加工、销售及农业生产等相关业务。2004年，国家发布了《粮食流通管理条例》，指出我国应鼓励多种所有制主体进行粮食的经营，国有粮食企业应该在粮食市场中发挥主导作用，以保证国家粮食安全，维护好粮食流通秩序为目标。国家实行"中央和地方分级粮食储备制度"，各级政府贯彻落实自己责任监管下的地区粮食总量稳定以及地区粮食储备平稳的任务。

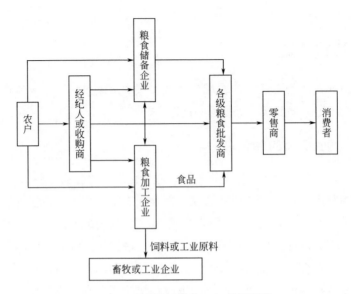

图15-2 当前我国粮食一般营销渠道

粮食储备企业还是粮食价格保护政策的执行者,当粮食供求关系发生重大变化时,为保障市场供应、保护种粮农民利益,必要时可由国务院决定对短缺的重点粮食品种在粮食主产区实行最低收购价格。粮食最低收购价格政策主要包括三个方面内容:一是按保护价敞开收购农民余粮,二是粮食收购企业实行顺价销售,三是粮食收购资金封闭运行。所谓粮食保护价收购,是指国家对农民的余粮收购实行保护价制度,保护价的原则由国务院确定,保护价的具体水平由各级政府确定。所谓顺价销售粮食,是指坚持保本微利的原则,以原粮购进价为基础,加上当期合理费用和最低利润确定销售价格。所谓粮食收购资金封闭运行,是指收购资金必须保证"钱随粮走、购贷销还、价值同一、库贷挂钩、封闭运行",坚持收多少粮,贷多少款;销多少粮,相应收回所占用的贷款本金,收回应分摊的有关贷款利息。

这种通过干预市场价格进行粮食补贴的政策,由国有储备粮食企业执行,以保护价的形式补贴粮食生产者。但是,这一政策存在一些弊端:① 国家财政每年要耗费大量的资金补贴给粮食企业,负担比较重。② 补贴资金效率低,大量资金消耗在中间环节,农民利益没有得到充分的保护。③ 在保护价政策实施过程中,寻租行为难以避免,导致压价现象时有发生,农户并未从政策中得到实惠。④ 实施保护价不利于市场调节,扭曲了国内粮食市场,带来一系列的问题和矛盾,如国内外粮食价格严重倒挂,导致国外低价粮涌入(即使在国内粮食供给严重过剩的情况下);下游的粮食加工企业生产成本较高,生存压力较大。因此，目前我国正在探索粮食补贴改革，努力实现"价补分离"。价补分离是指政府不制定最低收购价格，而是制定目标价格，再将目标价格和市场价格之间的差价直接补贴给农民。价补分离通过调低乃至取消价格支持来消除其对市场的干预和扭曲影响，把粮食价格形成还给市场机制，另外通过直接补贴措施来保障粮农收益。

案例：宁波市继续实行粮食最低收购价等政策

据《宁波日报》报道，2019年，宁波市围绕守住粮食生产能力不降低这条底线，要全面完成全年粮食播种面积160万亩、总产量64万吨的目标任务。

继续实行规模种粮补贴，补贴标准保持不变。各地要从当地粮食生产实际出发，通过政策扶持引导、流转机制创新、项目示范带动，大力培育种粮大户和家庭农场等规模经营主体。对经营面积50亩以上且全年稻麦播种面积也为50亩以上的种粮大户、家庭农场、农民专业合作社、合作社联社和社会化服务组织等新型粮食生产经营主体按实际播种面积给予每亩不低于100元的补贴，其中市财政每亩承担50元。

继续实行粮食最低收购价政策，价外补贴标准保持不变。严格执行省小麦、稻谷最低收购价政策，其中甬优系列籼粳杂交水稻最低收购价保持去年水平。严格落实粮食订单政策，稳定订单数量，规范操作程序。国有粮食购销企业按订单收购市内种植户生产的早稻和小麦价外补贴标准为每50千克补贴23元，中晚稻为每50千克补贴15元。对交售订单粮食种子的农户继续实行价外加价政策，杂交稻种子收购价外补贴为每50千克75元。对信用好、具有还贷能力并按订单交售粮食的大户发放粮食预购定金，同级财政给予贴息。

继续实行种粮大户收购环节直接补贴，补贴政策保持不变。对经营面积50亩以上且全年稻麦播种面积也为50亩以上的种粮大户或家庭农场等新型粮食生产经营主体实行大户收购环节补贴。补贴标准早稻每50千克补贴8元，小麦每50千克补贴7元，中晚稻每50千克补贴5元，补贴资金由市和区县（市）按各50%比例承担。对订单生产粮食种子的大户也按上述标准享受收购环节补贴，杂交稻种子收购每50千克补贴25元。

15.1.2.2 粮食流通的营销场所

粮食流通过程中涉及的重要营销场所包括粮食储备库、成品粮批发市场、粮食电子交易平台、粮食期货市场、粮食加工场所等。

（1）粮食储备库　我国各地的粮食储备库主要由粮食储备企业负责经营，并受到国家粮食部门的统一管理。我国稻谷、小麦和玉米都有较高的库存，这成为稳定国内粮价的"定海神针"。改革开放以来，我国粮食仓储设施一直发展较快，到2017年全国粮食储备库总容量达到64753万吨，比上一年增长4.36%。

（2）成品粮批发市场　我国粮食产销呈现出区域性、差异性、互补性等特点，使得大量粮食跨区域、全国性流通。成品粮批发市场是粮食大范围流通、产销衔接的重要节点，一头连接着全国粮食主产区的生产加工企业，另一头连接着城市用粮企业，集物流、商流、信息、资金流为一体。我国实行粮食购销市场化政策后，成品粮批发市场经过持续多年的发展，形成了以区域性大型成品粮批发市场为龙头、中型成品粮批发市场和城市农产品批发市场粮油交易区为骨干的成品粮批发市场体系。国内影响力较大的区域粮食批发市场位于郑州、九江、芜湖、武汉、长沙、长春、哈尔滨、威海、成都等地。

（3）粮食电子交易平台　2016年1月8日，全国粮食统一竞价交易系统（国家粮食电子交易平台）正式上线运行，在国家有关部门大力支持和全国29家联网省级交易中心共同努力下，2017年1月9日升级改版为国家粮食电子交易平台，截至2018年12月31日，共组织国家政策性粮食竞价及挂牌交易会1222场，累计成交各类粮油2.5亿吨，成交金额4500亿元，成交品种包括小麦、稻谷、玉米、大豆和菜籽油，成交地域覆盖全国。其中，2018年组织交易会456场，累计成交1.26亿吨，成交金额2063亿元。2018年10月25日，单日成交玉米、小麦393.2万吨，成交金额62.2亿元，再创历史新高。交易平台每周安排国家政策性粮食、地方储备粮和社会贸易粮竞价交易，采取会员制方式交易，目前交易会员超过3.36万户，国内主要用粮企业基本都是交易平台会员。交易平台已经实现交易、签约、出库、资金结算、商务纠纷处理全程电子化。

（4）粮食期货市场　粮食具有产量大、商品率高、品级易划分、易于储运、价格波动大等特点，比较适合进行期货交易。我国粮食期货交易所较为集中，主要包括郑州商品交易所和大连商品交易所等，粮食期货品种包括强麦、普麦、早籼稻、粳稻、晚籼、玉米、玉米淀粉、黄豆、豆粕、豆油等。当前我国粮食期货市场的规模还较小，远未达到期货市场为现货市场20～30倍的国际参考标准；粮食期货品种较少，期货成交量和成交额较低，发展潜力较大。

15.1.2.3　粮食流通的关键技术

粮食在收获之后，一般要进行脱粒、干燥、储藏、运输、加工、成品粮分级、检验、包装、食品加工或饲料加工等一系列的技术处理过程。粮食属于耐储藏农产品，我国粮库储存粮食的期限通常为2～3年。与其他农产品相比，我国粮食产品的标准化程度较高,主要粮食产品都有统一、明确的标准,粮食企业在粮食的加工、分级、检验等方面都要严格按照相关标准执行。

案例:大米国家标准的修订

2019年5月1日起,《大米》(GB/T 1354—2018)国家标准(以下简称新国标)正式实施。新国标对大米加工精度指标设置了上限,对一级大米的加工精度由旧国标的90%以上调整为80%~90%,突出了适度加工,更多地保留了大米原有的营养价值,使大米国家标准更能适应绿色发展理念。大米新国标的广泛宣传和实施,可使居民改变以"精、白、亮、美"大米为好大米的错误导向,走出消费误区;避免过度加工,加快转型升级,推动行业健康发展。"新国标"通过调整加工精度和适当放宽碎米率,可以提高稻谷出米率。如果我国大米出米率再提高3%~5%,年可增加大米450万~750万吨,相当于增加稻谷种植面积1500万~2000万亩。请总结,大米新标准的实施可能会对市场和稻米行业带来哪些影响。

资料来源: 粮油市场报,2019年4月27日。

15.1.3 粮食营销与推广的要点

根据以上介绍可知,粮食需求具有较强的普遍性和刚性,粮食流通具有较强的政策性,粮食市场受政府干预较多,粮食供给往往大于需求,市场竞争激烈。因此,粮食经营者必须充分了解粮食政策,关注政策走向,根据营销环境合理选择经营项目,不违背粮食安全的政策目标。经营者要充分利用粮食批发市场、电子交易平台及期货市场准确把握粮食市场的动向。在竞争日趋激烈的粮食市场中,粮食经营者应找准目标市场,根据目标市场个性化需求采取差异化的营销策略,通过公共关系、口碑营销、网络营销等市场推广逐渐树立品牌,并实现利润持续稳定增长。

案例:双合合作社的玉米营销

成立于2011年的黑龙江绥棱县双合现代农机合作社,从2015年开始发展壮大,转机在于种植专用黏玉米。当年由于玉米收购政策发生了变化,合作社通过市场调研发现,种植黏玉米可以开拓一方市场,黏玉米作为玉米的细分品种,既可以做主食，又可以当菜品。通过速冻生产，错时销售，不仅能增加产品附加值，采收后秸秆还可以作青贮饲料。

2016年，合作社及时调整种植结构，使黏玉米的种植面积由2012年的0.3万亩迅速扩大到1.2万亩，彻底转变了过去合作社只种植传统玉米的经营方式。当年产量达到2000多万棒，合作社实现总盈余1146.08万元，入社农民亩均分红853.32元，比当地种普通玉米的农民亩均增收450元以上。现在，合作社的黏玉米注册了"常之禧"品牌，产品销售网络已遍布北京、上海、广东、江苏等全国20多个省市。今年，他们计划继续细分产品，尝试种植有机黏玉米。

资料来源：黑龙江日报，2017年3月27日。

15.2 棉花营销与推广

棉花是我国重要的农产品，在我国种植业生产中是仅次于粮食的大田作物。棉花营销与推广同广大棉农切身利益息息相关。

15.2.1 棉花供给与需求

与其他农产品不同，纺织、服装、炼油等行业是棉花的直接需求方，这些行业的发展情况对棉花需求产生重要的影响。我国对纺织服装产品的市场需求量巨大，随着城乡居民生活水平提高，棉纺产品将替代化纤产品，棉花的需求潜力很大。

1949年以后，棉花生产在我国农业生产中一直处于重要地位。1983年以后，我国棉花产量一直处于世界首位。加入WTO以来，我国棉花的播种面积和产量出现了较大幅度的波动。2002—2007年，受纺织服装产品出口量迅猛增长的影响，我国棉花产量和播种面积较快增长。2008年，受全球金融危机的影响，我国纺织服装产品出口受阻，导致我国棉花生产下滑。2011年，全球经济开始出现复苏迹象，我国纺织服装产品出口增长又带动了棉花生产的发展。2012—2013年，我国实施棉花临时收储政策期间，国内棉花价格显著提升，棉花价格显著高于国际市场价格，造成我国纺织服装行业的生产成本上升，出口受阻，进而导致国产棉花需求下降，2013年我国棉花产量和播种面积下降。2014年，国家实施目标价格补贴政策及相关补贴政策之后，国内棉价逐渐与国际接轨，但在品质上国产棉与进口棉相比还存在较大差距，导致对国产棉花需求下降，2015—2016年，我国棉花产量和播种面积连续两年大幅下降，直到2017年棉花生产才止跌回升（如图15-3所示）。2018年，我国棉花产量和播种面积分别达到610.28万吨和3354.41千公顷，分别比上年增长8.0%和5.0%。经过多年发展，我国棉花生产形成了三大优势区域：西北内陆棉区（新疆为主）、长江流域棉区和黄淮流域棉区。

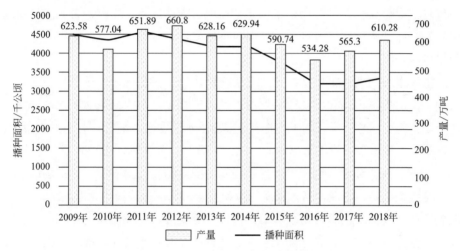

图15-3　2009—2018年我国棉花产量和播种面积

15.2.2　棉花流通

与其他农产品相比，棉花的流通渠道较长。棉花由农户采收下来之后，一般要经历棉花经纪人、轧花厂等产地加工厂、棉花储备企业、棉花批发商、棉纺织企业、棉纺织成品企业（服装生产企业、家用纺织品企业、针织企业等）、棉纺织成品批发商、棉纺织成品零售商等。当前我国棉花的一般营销渠道如图15-4所示。

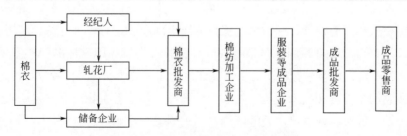

图15-4　当前我国棉花的一般营销渠道

与粮食相似，国家也注重对棉花市场进行调控。国家储备棉花企业（如中储棉公司）落实棉花收储政策，在棉花供大于求时吸储棉花，在棉花供不应求时抛售棉花，从而稳定棉花市场价格；棉花企业还利用国际市场棉花资源调节国内市场供需。2014年，我国开始实施棉花目标价格政策，即当市场价格低于目标价格时，国家根据目标价格与市场价格的差价以及产销、面积等其他综合因素对棉花生产者给予补贴。2015年，我国棉花政策进入抛储政策阶段，抛储政策目的在于让棉花价格彻底市场化，实现国内棉业"去库存、去产能"的战略目标，并且通过此手段将国内外棉花价格差进一步缩小，降低纺织企业的原材料成本，使中国的纺织业更具有竞争力。

批发市场和期货市场是棉花的重要营销场所。棉花批发市场包括产地收购市场、皮棉批发市场和棉纺成品批发市场等。其中，全国棉花交易市场是由中华全国供销合作总社承办的大型棉花交易综合服务平台，它拥有行业规模最大、标准最高、技术最先进的数据中心，采用大数据、云计算、物联网等先进技术，为棉花电子商务和现代物流发展提供强有力的数据和技术支撑。该市场的主要功能是组织交易、发现价格、规避风险和传递信息，为涉棉企业提供交易结算、实物交收、仓储物流、贸易融资、信息咨询等服务。在我国境内登记注册、具有独立法人资格的棉花收购加工企业、经营企业、纺织企业、棉花进出口企业以及其他具有棉花和纺织原料相关业务背景的企业，均可申请成为交易市场交易商。截至2018年底，参与交易市场业务的涉棉企业超过5000家，商品棉成交总量超过5000万吨，为涉棉企业、合作银行等提供规范的棉花监管服务3500多万吨，联合合作银行为涉棉企业提供直接融资服务1000多亿元，涉及1000多家涉棉企业。与粮食产品相似，棉花也比较适合进行期货交易。郑州商品交易所为棉花经营者提供了期货交易平台。

棉花加工和质量检验是棉花流通的必要技术环节。刚采摘下来的棉花叫籽棉。棉花初加工是指直接对籽棉进行加工，使之成为皮棉、短绒、棉籽的过程，包括籽棉预处理、轧花、剥绒、打包等环节。皮棉是棉花的主产品，是棉纺企业的重要原料，而棉秆、棉短绒、棉籽等属于副产品，可以进行综合利用和深加工。棉花质量公证检验，是指专业纤维检验机构按照国家标准和技术规范，对棉花的质量、数量进行检验并出具公证检验证书的活动。经营者收购棉花时，应当按照国家标准和技术规范，排除异性纤维和其他有害物质后确定所收购棉花的类别、等级、数量；所收购的棉花超出国家规定水分标准的，应当进行晾晒、烘干等技术处理，保证棉花质量。

15.2.3 棉花营销与推广的要点

棉花经营者必须充分了解棉花政策，关注政策走向，根据营销环境合理选择经营项目。经营者要充分利用全国棉花交易市场和期货市场准确把握棉花市场的动向，及时规避风险。在经济全球化和贸易自由化发展的背景下，降低成本和提高棉花品质是我国棉花市场竞争力提升的根本途径。棉花经营者应采取订单方式，加强与棉花生产者的合作，在保证棉花品质的前提下努力降低生产成本。

15.3 果蔬产品营销与推广

15.3.1 果蔬产品供给与需求

15.3.1.1 我国果蔬产品生产概况

1978年以前，受"以粮为纲"的政策影响，我国果蔬种植面积、产量和产值在农业中所占的比例都较小，改革开放以后果蔬生产得到了较快发展。近些年，我国蔬菜和水果种植面积比较稳定（如图15-5所示），2017年蔬菜播种面积达到19981.07千公顷，果园面积达到11135.92千公顷。蔬菜和水果的年产量也

图15-5　2009—2017年我国蔬菜和水果面积

呈平稳增长趋势，2017年蔬菜产量达到69192.68万吨，比上一年增长2.6%，水果产量达到25241.90万吨，比上一年增长3.4%。目前，蔬菜和水果已分别成为种植业中紧随粮食之后的第二和第三大产业，在我国国民经济中占有重要地位。

  从种类上看，我国蔬菜水果的种类丰富，达到上百种。蔬菜按植物学分类可分为白菜类、甘蓝类、芥菜类、根菜类、绿叶菜类、葱蒜类、茄果类、瓜类、豆类、薯芋类、水生蔬菜、多年生蔬菜和食用菌类等13大类。水果按果实构造可分为仁果（如苹果）、核果（如桃）、浆果（如葡萄）、坚果（如核桃）、柑橘、复果（如菠萝）和瓜果（如西瓜）等7大类。水果按照开发程度来分，可分为：第一代水果，即我国大量栽培的传统水果，如苹果、柑橘、梨、桃、葡萄等，这些水果种植面积大，市场容量趋于饱和；第二代水果，泛指近几十年来人工栽培或野生的山果，如山楂、猕猴桃、草莓等；第三代水果，是指尚未被大量开发的野生山果或特色水果，如沙棘、野蔷薇、刺梨、醋栗、露夏子、三月泡、欧洲蓝莓等。

  从区域分布上看，我国各地土地资源、气候条件等复杂多样，各地果蔬生产分布存在较大差异。改革开放以来，随着市场经济的发展，各地果蔬生产布局坚持以市场为导向、依托本地农业资源比较优势的原则进行不断调整。根据国家统计局公布的1999～2019年我国各地区蔬菜播种面积数据，西南、华中、华东、华南等地区的蔬菜产业迅速发展。20年间，增加的蔬菜播种面积排前三的省区为贵州、云南和四川，分别为1111.76千公顷、873.47千公顷和695.62千公顷。到2019年，蔬菜播种面积排前三的省区为河南、广西和山东，分别为1732.94千公顷、1485.16千公顷、1464.19千公顷。根据国家统计局公布的2003～2020年我国各地区水果产量数据，西北、华南、华中、华东、西南等地区的水果产业发展迅速，17年间，增加的水果产量排前三的省区为广西、陕西和新疆，分别为2144.58万吨、1339.61万吨和1252.09万吨。到2020年，水果产量排前三的省区为山东、广西和河南，分别为2938.91万吨、2785.74万吨和2563.43万吨。在全国各省区中增加的水果面积最多，共增加了1300.65万亩，增幅高达695.91%。但是从存量上看，华南地区的水果面积最大，到2010年，华南地区的水果种植面积达到4100.4万亩，其中广东的水果种植面积为1627.20万亩，超过其他省区。随着各地区农业生产布局和农业种植结构的不断调整，全国逐渐形成了一大批优质特色农产品专业化生产区。各产区根据农产品生产周期安排上市时间，形成了广域化流通格局，保证全国农产品市场的周年供应。

15.3.1.2 我国果蔬产品消费概况

  随着居民生活水平逐渐提高和消费结构的变化，果蔬产品消费呈现稳步增长趋势。从表15-2可见，近几年全国居民对果蔬类产品的人均消费量总体上看是趋于增长，其中水果产品增长趋势更为明显。

表15-2　2013—2017年全国居民果蔬产品人均消费量　　单位：千克

项目	2013年	2014年	2015年	2016年	2017年
蔬菜及食用菌	97.5	96.9	97.8	100.1	99.2
干鲜瓜果	40.7	42.2	44.5	48.3	50.1
合计	138.2	139.1	142.3	148.4	149.3

注：资料来源于中国统计年鉴。

近些年，市场对果蔬产品高品质、多样性和安全性的需求逐渐增加。分区域来看，南部沿海、东部沿海和北部沿海地区人口增长速度较快，北京、天津、上海、杭州、南京、广州、深圳、香港、澳门、大连等大型城市集中于这些区域。这些大城市农产品自给率较低，果蔬产品需要从外省区调运，拉动了全国范围农产品大流通。这些地区经济比较发达，居民的购买能力较强，消费水平较高，对高品质、多样性和安全性的果蔬产品具有更高的需求。

案例：牛油果为何会热销？

牛油果，其貌不扬、吃起来又不像水果，2010年时我国进口量还不足2吨，但到了2017年一下子飙升至32100吨，增长16000多倍。这到底是什么原因？

天天果园联合创始人赵国璋说："牛油果是中国消费升级浪潮中，具有象征意义的产品。"牛油果食用量的激增，代表了消费者饮食结构的变化。牛油果中的不饱和脂肪含量高，能提供饱腹感，经常被用来做代餐食品或出现在沙拉等低热量健康食品中。牛油果成为具有代表性的水果单品，离不开电商与社交网络的推波助澜。牛油果开始走红的这几年，正好遇上国内电商的高速发展。同时，电商购物人群通常比较年轻，容易接受新鲜事物。牛油果消费，有明显代际划分特点，赵国璋表示："牛油果在中国影响最大的是20岁至40岁这个年龄段的人，目前很难突破60岁以上人群。"

思考：牛油果为什么会在我国热销，它迎合了消费者什么样的需求？

参考资料：1.人民日报，2019年3月28日；
2.21世纪商业评论，2018年6月8日。

15.3.2 果蔬产品流通

20世纪80年代，我国开启果蔬产品流通体制市场化的改革进程，实行自由上市，自由交易，随行就市，按质论价，形成了多元化、多渠道的流通格局。与粮食产品相比，生鲜蔬菜水果等园艺产品的流通过程具有更强的不稳定性。根据笔者在河北、山东、海南、甘肃、辽宁等果蔬主产区的调研，对我国目前果蔬产品流通过程（图15-6）进行如下一般性的描述：首先，在产地市场阶段，由于小农户分散经营的特征，需要由农产品经纪人或产地批发商把一家一户的农产品集中起来进行收购，收购的地点包括田头、收购站或产地批发市场等，农产品经过必要的分选、分级、加工、预冷、保鲜、包装等商品化处理过程之后，即可装车运输到销地市场。其次，在销地市场阶段，位于销地批发市场的批发商对农产品进行再处理，然后进行分销，农产品被次级批发商或零售商购买后，即可进入零售市场。最后，在零售市场阶段，零售商对农产品进行再处理，然后直接面对消费者进行零售，消费者通过感官判断挑选所需的农产品。在果蔬营销渠道中存在着农产品生产者、农产品经纪人、产地批发商、销地批发商、次级批发商、农产品零售商、物流公司、市场设施经营者等多种营销主体，其中产地或销地批发商是流通渠道的主导者，各类渠道成员之间关系比较松散。果蔬产品历经了产地收购市场、销地（或中转）批发市场、消费地零售市场等营销场所，大型农产品现货批发市场为核心流通节点，果蔬产品的期货市场较为罕见，我国目前只有苹果作为果蔬类期货交易产品。果蔬的市场交易方式以传统的对手交易为主。果蔬产品在物流过程中要执行商品化处理、交易、运输、贮存、保鲜、质检等一系列技术活动，由于果蔬产品生鲜易腐性较强，物流过程中对保鲜的要求较高。

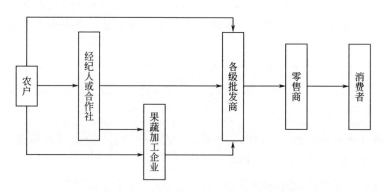

图15-6 当前我国果蔬产品一般营销渠道

15.3.3 果蔬产品营销与推广的要点

根据以上的介绍可知，我国果蔬产品的种类丰富，市场对果蔬产品高品质、多样性和安全性的需求逐渐增加。与粮食产品相比，果蔬产品的市场波动性较大，如图15-7所示为2016年7月至2019年7月我国蔬菜水果与粮食的基期消费价格指数变化情况，果蔬产品价格变动频率和幅度都明显较大，不稳定性较强，经营风险较大。因此，果蔬产品经营者应该长期关注市场变化，研究价格变动周期规律，探索风险管控方法；通过合作化、联盟化等途径壮大组织实力，建立稳定的营销渠道，保持良好的产销关系；加强农产品标准化管理，以品质树立品牌；果蔬流通过程中注意贮藏、保鲜技术的应用，降低果蔬的价值损失。

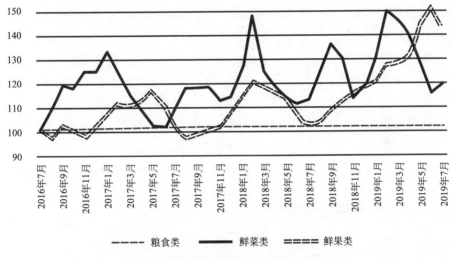

图15-7　蔬菜水果与粮食的基期消费价格指数（2016年7月=100）

15.4　畜产品营销与推广

案例：牛肉为何难赚钱？

目前国内肉牛供需缺口较大，2016年我国人均年牛肉消费量只有5.1千克，低于世界平均水平的9.8千克。每年需进口牛肉量57.98万吨（2016年），还有其他途径进来的活牛和牛肉,国内牛肉的缺口由此可见一斑。牛肉价格近10年持续攀升,从30~40元/千克,涨到了现在70~80元/千克。

国内肉牛饲养周期长,基本上从初生的牛犊喂到650千克出栏,需要1年半到两年左右的时间。有人做过统计,一头肉牛,从出生到屠宰大约需要36个月,每头肉牛大约可产出300多千克鲜牛肉。同样36个月的时间,一头母猪所产的后代,总计可以产出大约3420千克鲜猪肉。在屠宰方面,肉牛屠宰场由于不能及时收到活牛,肉牛屠宰厂的利用效率普遍不高,中部产区开工率约为45%,而东北、西北地区分别为38%和33%,西南地区相对落后为18%。

国内肉牛转运成本高,肉牛一生会经历至少3~5次运输,那么,3~5次周转,经纪人费用200元×(3~5)=600~1000元,运输成本150元×(3~5)=450~750元,运输掉膘5斤×(3~5)×15元/斤=225~375元,运输换圈舍应激至少5天不长肉,每天耗料10斤×15天×全价料1.5元/斤=225元,运输死亡折算100元/头,合计每头牛1600~2350元。

其他影响肉牛发展的因素,如国内屠宰肉牛的企业少且屠宰量低,都是屠宰企业制定标准,把控价格,产业利润分配严重不合理,压缩了养殖环节的利润空间。

资料来源: 尤佩华. 暴利的中国肉牛业为什么大家都赚钱很难[C]. 第十三届中国牛业发展大会,2018年9月27日。杨微校对编辑。

15.4.1 畜产品供给与需求

15.4.1.1 我国畜产品生产概况

畜产品是指通过畜牧生产获得的产品,如肉、乳、蛋、皮、毛、骨、蜂产品等。长期以来,我国畜产品生产以猪肉、禽肉、牛奶和禽蛋等为主。过去凡是有耕作的地方,都会有少量的家畜或家禽饲养,农户主要用种植业的副产品作饲料,不需要投入较多成本。而畜禽也为种植业提供有机肥料,这是改良土壤及保持地力的有效办法。随着各地农业结构的调整,畜禽品种逐渐改良,饲养和防疫技术不断改进,我国畜产品生产呈现出规模化、专业化、集约化、商品化的趋势。改革开放以后,我国畜产品生产得到了快速发展,逐渐解决了畜产品市场紧缺问题。如图15-8所示,1999~2018年我国肉蛋奶类产品产量呈增长趋势。到2018年,肉类、牛奶和禽蛋产量分别达到8624.63万吨、3074.56万吨和3128.28万吨。

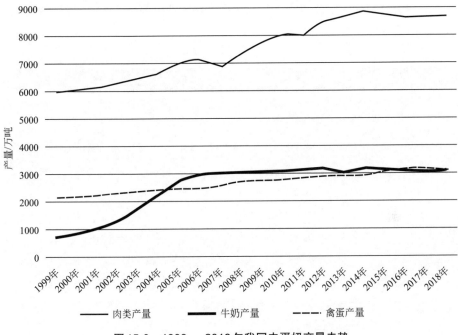

图15-8　1999～2018年我国肉蛋奶产量走势

从产品供给结构来看，肉类产品以猪肉为主，乳品以牛奶为主，禽蛋产品以鸡蛋为主。如表15-3所示，2018年全国猪肉产量为5404万吨，占肉类产量的比重为62.7%；第二位是禽肉，占23.1%；第三位是牛肉，占7.5%；第四位是羊肉，占5.5%。我国牛肉供应仍然有较大缺口，对进口的依赖程度较大。据海关统计，2018年牛肉进口量是104万吨，比上一年增长49.5%。

表15-3　2018年全国主要畜禽产品产量

产品类别	猪肉	禽肉	牛肉	羊肉	牛奶	羊毛羊绒	禽蛋	蜂蜜
产量/万吨	5404	1994	644	475	3075	12	3128	45

注：资料来源于国家统计局。

畜产品生产具有一定的地域性，饲料资源、气候条件、相关产品加工业、城镇化进程、市场圈层等因素影响着畜产品生产的区域布局。从肉类产地分布来看，近几年肉类产量超过300万吨的地区有山东、河南、四川、湖南、河北、广东、湖北、云南、广西、安徽、辽宁、江苏、江西等。再看具体种类畜产品的产地分布，如生猪产地主要分布在冀鲁豫、西南和长江中游等地区；肉羊产地主要分布在内蒙古、西北、冀鲁豫、西南等地区；禽蛋产地主要分布在冀鲁豫、东南沿海、长江中游和东北等地区；牛奶产地主要分布在内蒙古、冀鲁豫、东北、西北等地区。

> **问题讨论：畜产品供给的特点有哪些？**
>
> 　　与其他农产品相比，畜产品供给的特点有哪些？可从以下几方面思考和讨论。
> 　　（1）生产周期长还是短？可选择几种有代表性的畜产品，如牛肉、猪肉、羊毛、牛奶、鸡蛋等，通过查阅技术资料了解这些产品的生产周期有多长。
> 　　（2）生产是否有季节性？再选择几种有代表性的畜产品，通过查找相关统计数据（如产量、价格的月数据），查看有无明显的季节性波动。
> 　　（3）生产是否有连续性？结合农业生产实践思考，与其他农产品相比，畜产品的生产是否比较连续，一般不间断？畜产品的生产成本与收益的核算是如何进行的？
> 　　（4）生产是否有风险性？举例探讨畜产品的生产技术（防疫、育种、饲养等）难度如何，畜产品生产过程中面临哪些主要风险？
> 　　（5）生产是否有区域性？选择几种有代表性的畜产品，了解其主要产地分布情况，解释一下，为什么有些畜产品会集中在某一地区？影响畜产品产地布局的因素有哪些？
> 　　（6）其他方面的探讨。谈谈你发现的其他特点。

15.4.1.2　我国畜产品消费概况

　　畜产品是我国城乡居民的主要动物性蛋白质来源。近些年，随着我国人口持续增长和人民生活水平提高，畜产品的市场需求总量不断增长，需求结构也在逐渐变化。从表15-4可见，我国居民对肉、蛋、奶等畜产品的人均消费量在持续增长，从2013年的49.3千克增加到2017年的54.3千克。人均消费量每增长1千克，就需新增畜产品供给量约140万吨。其中，牛肉、蛋类等畜产品的消费增长趋势较为明显。猪肉在我国城乡居民畜产品消费结构中仍占有最主要地位。畜产品的消费受到收入水平、文化习俗、消费习惯、节假日等因素的影响。不同地区之间畜产品消费量存在差异，如城市的畜产品人均消费量普遍高于农村，有些少数民族地区的牛羊肉人均消费量普遍高于汉族地区。随着消费者购买力的逐渐提高，畜产品的市场需求将朝着多样化、高品质的方向发展，如特种畜产品、特色加工制品、安全认证畜产品等的未来市场潜力较大。

表 15-4　全国居民主要食品人均消费量　　　　单位：千克

年份	2013	2014	2015	2016	2017
猪肉	19.8	20.0	20.1	19.6	20.1
牛肉	1.5	1.5	1.6	1.8	1.9
羊肉	0.9	1.0	1.2	1.5	1.3
禽肉	7.2	8.0	8.4	9.1	8.9
蛋类	8.2	8.6	9.5	9.7	10.0
奶类	11.7	12.6	12.1	12.0	12.1
合计	49.3	51.7	52.9	53.7	54.3

注：资料来源于中国统计年鉴。

15.4.2　畜产品流通

自1985年我国取消猪、牛、羊、鲜蛋和羊毛的派购任务以来，畜产品实行自由上市，自由交易，随行就市，按质论价，逐渐形成多元化的流通渠道。畜产品流通过程一般包括收购、加工、批发和零售等重要环节（图15-9）。在收购环节，经纪人或收购商往往收购的是出栏的活体畜禽，必须经过屠宰加工转化为消费品。在加工环节，猪、牛、羊等畜禽实行定点屠宰加工、集中检疫制度。未经定点，任何单位和个人不得从事畜禽屠宰活动，农村地区个人自宰自食的除外。定点屠宰厂（场）的畜产品未经肉品品质检验或者经肉品品质检验不合格的，不得出厂（场）。一些大型畜产品加工企业是畜产品营销渠道的主导者，可对其他渠道成员进行有效管理和控制，建立自己的品牌。在批发环节，经加工的畜产品（比如分割后的猪肉）由批发商分销，最后进入零售终端。全国大中城市一般都设有畜产品批发市场，批发市场可与定点屠宰加工企业签订"场厂挂钩"协议，批发市场只能销售与之签订协议的定点屠宰厂的畜产品。

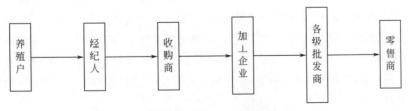

图 15-9　畜产品一般营销渠道

由于畜产品的鲜活易腐性较强，畜产品贮藏运输的难度较大。如活体畜禽容易掉膘、牛奶容易腐败变质、禽蛋容易破碎、皮毛产品容易虫蛀，因此畜产品在运输之前要进行加工处理和包装，例如牛奶要进行高温灭菌和真空包装、鸡蛋要采用蛋托包装。畜产品运输需要采用专业的运输工具，如活畜运输要采用专门的车辆、原料奶运输采用罐车、肉品运输要采用冷藏车。还要加强对鲜肉、冻肉、鲜奶等畜产品的冷链管理，降低畜产品损耗，保障食品质量和安全。

15.4.3 畜产品营销与推广的要点

畜产品生产周期较长，对市场价格反应的滞后性较强，市场波动呈现出明显的周期性。例如生猪生产对价格的反应滞后期大约为2年，价格周期一般为4年左右；肉牛生产对价格反应的滞后性更强，价格周期更长。畜产品经营者面对市场周期波动应保持理性，把握好价格变动规律，适时进行反周期投资和经营。

畜产品经营者（一般是加工企业）应以品牌为核心进行全产业链管理，不断满足目标市场对畜产品的个性化及高品质需求；强化对养殖环节的管理，完善标准和技术手段；提高畜产品贮运、包装技术水平，加强冷链物流整合和优化。畜产品从养殖、加工到零售的整个流通过程中的食品安全隐患较多，消费者对畜产品的质量安全存在担忧。对此，畜产品营销者应通过建立食品安全可追溯体系让流通过程透明化，在屠宰加工点和批发市场等重要环节实行严格检疫检验，防止问题畜产品进入百姓餐桌；并通过相关质量安全认证来提高消费者信任度，增强畜产品的市场竞争力。

案例：乳品营销的"四化"

中国乳品的市场越来越大，整个乳品行业的发展趋向良好，未来中国乳品的发展将会呈现"四化"发展趋势：第一，随着消费升级，产品呈现高端化。例如，蒙牛不断在高端牛奶品牌的开发和推广上加大投入，促进这些品牌销售不断增长。第二，随着消费群体年轻化，包装呈现个性化。年轻化群体对于乳品的包装更希望新奇，喝的不仅是牛奶，也是一种生活方式。第三，逐渐打破传统，营销整合化。例如，伊利某子品牌在营销上，充分利用电视冠名+网络广告+包装设计+赠品+产品展示+公关活动等一系列的组合拳，让这一品牌知名度大大提高。第四，产品创新需要年轻人，人才呈现年轻化。

资料来源：中国食品报，2018年1月8日。

15.5 水产品营销与推广

目前我国消费的主要水产品为鲜活、冷冻水产品和熟制干制品等。鲜活水产品分为鱼、虾、蟹、贝四大类。

15.5.1 水产品供给与需求

水产品是海洋和淡水渔业生产的动植物及其加工产品的统称,主要包括鱼类、虾蟹类、贝类、藻类和特种水产品。我国是世界水产品生产大国,水产品产量位居世界第一,总产量占全球比重超过40%。如图15-10所示,2009～2018年近十年我国水产品产量呈现平稳增长的趋势,平均年增长率为3.2%,2018年全国水产品总产量达到6457.66万吨,其中海水产品产量为3301.43万吨、淡水产品产量为3156.23万吨。从水产品的种类结构来看,我国鱼类产量最多,2017年产量为3818.33万吨,占水产品比重的59.2%;其次是贝类,产量为1528.09万吨,占比23.7%;再次是虾蟹类,691.5万吨,占比10.7%;最后是藻类和其他水产品,产量为407.41万吨,占比6.3%。

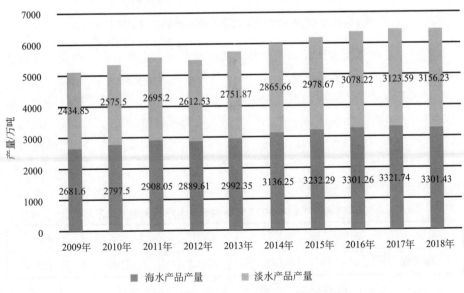

图15-10 2009～2018年我国水产品产量

按照作业方式和水域，水产品可分为海水捕捞产品（天然生产海水产品）、人工海水养殖产品、淡水捕捞产品（天然生产淡水产品）、人工淡水养殖产品四类。从图15-11可见，从1999年到2017年，天然生产淡水产品产量较低，且呈现出平稳不增长趋势；天然生产海水产品也呈现出平稳不增长趋势；而人工养殖的淡水产品和海水产品都呈现出明显增长趋势，2006年以来人工养殖海水产品产量超过了天然生产海水产品产量；人工养殖淡水产品产量要高于人工养殖海水产品。到2017年，我国水产品捕捞与人工养殖比例为23.9：76.1。

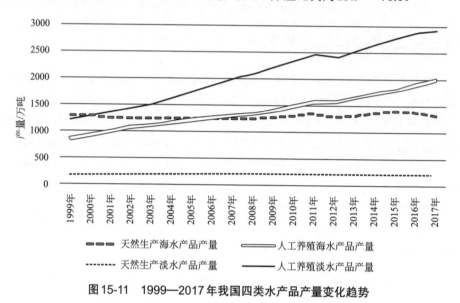

图15-11　1999—2017年我国四类水产品产量变化趋势

我国也是世界上水产品消费量最大的国家之一。水产品是人类食物优质蛋白质的重要来源，与畜禽产品相比，水产品蛋白质肉质更嫩，而且脂肪含量少，更有利于人体健康。随着消费者生活水平提高，我国水产品消费持续增长。从表15-5可见，近几年全国居民对水产品的人均消费量持续增长。2017年，全国居民水产品人均消费量为11.5千克。但是与一些发达国家相比，水产品人均消费量还较低，我国水产品消费仍有很大的增长空间。近些年，市场对高品质、安全的水产品需求也逐渐增加。

表 15-5　2013—2017 年全国居民水产品人均消费量　　　　单位：千克

年份	2013	2014	2015	2016	2017
人均消费量	10.4	10.8	11.2	11.4	11.5

注：资料来源于中国统计年鉴。

15.5.2 水产品流通

水产品（特别是活体水产品）流通渠道一般较短（如图15-12所示），主要分为三个阶段：产地出货阶段、批发市场交易阶段和零售阶段。在产地出货阶段，养殖户或捕捞业者向收购商提供水产品，由于水产品鲜活易腐性较强，收购商必须快速集货，及时发往客户所在的批发市场。在批发市场交易阶段，批发商与加工商、配送商或零售商等进行交易。在零售阶段，零售商（包括餐饮企业）将水产品销售给最终消费者。在大部分水产品流通中，批发市场发挥了重要作用。近些年，我国水产品批发市场发展迅速，各大城市和港口城市专业化水产品市场逐渐形成，个别水产品批发市场实行拍卖交易制。水产品流通过程中贮运技术较为重要。对于活体水产品而言，在整个物流过程中要采用水箱加氧、控制温度、消毒等技术手段保证水产品的鲜活。对于冷冻类水产品而言，要实施冷链物流管理。

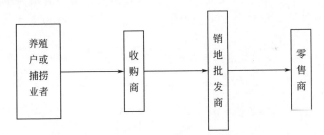

图15-12 水产品（活体）一般营销渠道

15.5.3 水产品营销与推广的要点

（1）注重开拓国际市场 水产品是我国国际贸易最主要的农产品之一。据海关统计，2018年我国水产品进出口总量954.42万吨，总额371.88亿美元，同比分别增加3.33%和14.44%，进出口总量和总额均创历史新高。全年贸易顺差74.65亿美元，同比收窄23.39亿美元。这说明我国水产品国际市场营销活动较为活跃。经营者在开展水产品国际营销时，应注重产品质量管理和冷链管理，突破技术性贸易壁垒。

（2）注重食品安全 据国家食品药品监督管理总局通报，2017年食品安全监督抽检平均合格率达97.6%，在不合格食品中，水产品成为食品安全的重灾区，而其中超九成是兽药超标。为保证水产品鲜活性，一些经营者在水产品养殖、运输、暂养、分销等环节违规用药，使水产品食品安全出现隐患。对此，水产品经营者应该加强水产品的安全管理，采取合适的质量安全认证，并建立可追溯体系，让消费者买得放心、吃得安心。

> **案例：海产品富集重金属问题**
>
> 海鲜富含优质蛋白质和多不饱和脂肪酸，营养价值很高。但是，总有人说海鲜有重金属，吃了有害健康。是真的吗？事实上，海产品中的重金属多数是生物从海洋环境中通过食物链的富集吸收而来。也就是说，海洋的微生物摄入了含有重金属的食物，它被大鱼吃掉，大鱼又被更大的鱼吃掉，如此富集重金属。通过食物链传递，大鱼中的重金属含量往往更高。另外，贝类也容易富集重金属，这与它们的生长环境和生理机制有一定关系。大量研究显示，我国部分沿海地区存在部分海鲜重金属超标的情况，不同海域、种类、养殖季节的产品中重金属元素含量有很大差异。不过，以目前人们海鲜食用量来看，普遍是安全的。我国居民平衡膳食宝塔推荐每天吃鱼虾类50～100克，只要在这个正常范围内，就不用担心。
>
> **资料来源**：经济日报，2017年7月3日。

15.6 烟草产品营销与推广

15.6.1 我国烟草行业概况

烟草行业经过迅速发展已经成为世界上最稳定的行业之一。我国是世界上生产烟草较多的国家之一。据中商产业研究院的数据显示（图15-13），2018年全年生产卷烟23356.2亿支，虽然近几年产量有所下降，但是总产量仍然巨大。我国卷烟产量占世界产量的1/3左右，产品主要在国内销售。

从种植情况来看，烟草适应性强，种植范围非常广。在我国烟草种植遍布20余个省区，其中云南、贵州两省种植量最大，占全国烟叶产量的半数以上。种植烟草农户逐渐组织化，据烟草专卖局2018年统计数据显示，全国101.9万户烟农中，加入合作社的农户比例超过95%；全年实现烟农种烟总收入为550亿元，

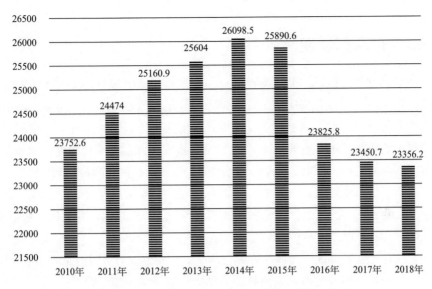

图15-13　2010—2018年中国卷烟产量（单位：亿支）

户均种烟收入为5.4万元。

我国烟草行业规模庞大，属于国家垄断行业。据烟草专卖局统计，2018年全年我国烟草行业规模以上企业实现主营业务收入9291.2亿元，同比增长4.9%；烟草行业实现利润总额达到923.5亿元，同比下降4.6%。2018年烟草行业实现工商税利总额11556亿元，同比增长3.69%；上缴国家财政总额10000.8亿元，同比增长3.37%；实现工业增加值7877亿元，同比增长4.88%。目前，全国烟草行业职工总数约55万人，设有省级烟草专卖局（公司）33家，地市级烟草专卖局（公司）451家，县级烟草专卖局（分公司或营销部）2417家；省级卷烟工业公司19家，卷烟生产点94个；打叶复烤企业26家；各类多元化企业512家；在境外投资设立卷烟工厂和配套企业30家。另有直属科研单位和烟机等生产企业。全国有520多万户卷烟零售户，100多万户种烟农户，烟草产业涉及2000多万人的就业与生计。

我国也是世界上烟草消费量最大的国家之一。根据中国疾病预防控制中心发布的《2015年中国成年人烟草调查报告》，中国15岁及以上成人吸烟率为27.7%，其中男性为52.1%，与2010年数据持平，而吸烟人数却增长了1500万，达到3.15亿。但是近年来，随着控烟呼声增强，国家对烟草行业要求提质减量，这会对烟草市场需求产生长远的影响。《"健康中国2030"规划纲要》中，明确提出了禁烟、控烟方面的具体发展目标，要在2030年把我国吸烟人数比例降低到20%。按照15亿人口算，即要控制在3亿人以下。

第15章　各类农产品营销与推广

15.6.2 烟草产品流通

与其他农产品相比,烟草流通受到国家专卖制度的规制,具有较强的可监控性,且流向、流量和流速均比较稳定。1984年我国设立烟草专卖局,与中国烟草总公司一套机构、两块牌子,体现了市场性和计划性的结合。1997年国务院发布《烟草专卖法实施条例》,以法律形式确立国家烟草专卖制度。烟草专卖局对烟草产品生产、采购、运输、仓储、分销、零售等各个环节严格管理,保证了国家对烟草流通的绝对控制。我国烟草行业基本形成了"统一领导、垂直管理、专卖专营"的流通管理模式,烟草流通呈现出规模化、专业化、网络化、信息化的发展趋势。

烟草流通过程可以分为烟叶流通、烟草生产流通和烟草销售流通三个阶段。第一阶段烟叶流通,是指作为原材料的烟叶供应活动,烟草公司在烟叶产区设立收购站点向分散的农户收购烟叶,将烟叶整理好后运至复烤厂进行再一次烘烤加工,调整烟叶水分,然后将原料烟运往卷烟制造企业。第二阶段烟草生产流通,是指发生在卷烟制造企业内部的烟草流通活动,涵盖了烟叶进入到卷烟产出的整个过程。第三阶段烟草销售流通,是指成品烟的分销、配送和零售的商业活动。烟草销售流通以各级烟草公司和零售户为主体,烟草销售以设置专卖店或代售点的方式进行。零售商户小而多,目前全国有520多万户卷烟零售户。卷烟订单量较小但种类多,配送频繁。烟草产品一般营销渠道如图15-14所示。

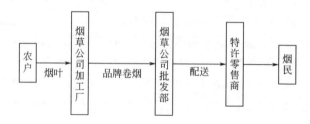

图 15-14 烟草产品一般营销渠道

15.6.3 烟草产品营销与推广的要点

根据以上介绍可知,烟草行业目前发展较为稳定,属于国家垄断行业。烟草流通受到国家专卖制度的规制,具有较强的可监控性,且流向、流量和流速均比较稳定。烟草市场的规模庞大,但是烟草属于有害产品,随着控烟呼声增强和健康生活方式普及，传统烟草产品的需求将会呈现下降趋势，行业盈利水平将会下降。因此，烟草企业应该按照"提质减量"的要求，加大产品的研发力度，根据消费者的不同需求，推出新型烟草制品。据烟草专卖局统计，2017年烟草行业创新产品对销售量增量的贡献率达到362.8%。目前，新型烟草制品可分为电子烟、加热不燃烧烟草制品、湿鼻烟、口服尼古丁替代品和其他烟草制品（如鼻吸、嚼烟）等，这些新型烟草制品有三个共同特征：不用燃烧、提供尼古丁、基本无焦油，这可以极大降低烟草对人体健康的危害。烟草推广主要采取公共关系、事件营销等推广方式，并注重对渠道成员的管理和控制。

案例：四大跨国烟草巨头调整战略方向

2017年，菲莫国际、英美烟草、日本烟草和帝国品牌这四家跨国烟草公司继续垄断全球除中国以外约70%的卷烟市场。伴随着世界各国控烟工作的持续推进，消费者健康意识的不断增强，全球范围内卷烟销量缓慢下降，新型烟草制品市场快速增长。2017年，全球加热烟草制品销售额约50亿美元，电子烟的销售额约120亿美元，预计到2021年加热烟草制品和电子烟的销售额均超过150亿美元。面对日益多变的环境，四家跨国烟草公司及时调整战略，加强新型烟草制品的研发，不断推陈出新，开拓新市场，以期在传统卷烟市场逐步萎缩的背景下保持利润的增长。面对新形势，以世界卫生组织、欧盟、美国为代表的国际组织和国家也进一步加强了对新型烟草制品的研究和监管，措施不断更新。

资料来源：中国烟草总公司网站。

思考题

1. 总结并比较各类农产品供给和需求的特点。
2. 比较各类农产品流通的特点。
3. 总结各类农产品营销与推广的要点。
4. 设想你经营一家农产品企业（先明确经营什么农产品），请阐述你们企业开展农产品营销与推广的一般过程和注意事项。

参 考 文 献

[1] Aslihan Nasir V, Karakaya F. Consumer segments in organic foods market[J]. Journal of Consumer Marketing, 2014, 31(4): 263-277.

[2] Gao Y(Lisa), Mattila A S. Consumer. The impact of stereotyping on consumers' food choices[J]. Journal of Business Research, 2017, 81(12): 80-85.

[3] Sultan Parves, Wong Ho Yin, Sigala Marianna. Consumer. The impact of stereoty Segmenting the Australian organic food consumer market[J]. Asia Pacific Journal of Marketing and Logistics, 2018, 30 (1): 163-181.

[4] 伯特·罗森布罗姆. 营销渠道——管理的视野[M]. 宋华等译. 北京: 中国人民大学出版社, 2006.

[5] 程勤阳. 果蔬产地批发市场建设与管理[M]. 北京: 中国轻工业出版社, 2014.

[6] 戴国良. 图解营销学[M]. 北京: 电子工业出版社, 2015.

[7] 董全, 闵燕萍, 曾凯芳. 农产品贮藏与加工[M]. 重庆: 西南师范大学出版社, 2010.

[8] 董啸天. 中国海水养殖产品食品安全保障体系研究[M]. 青岛: 中国海洋大学出版社, 2014.

[9] 菲利普·科特勒, 凯文·凯勒. 营销管理[M]. 何佳讯译. 上海: 格致出版社, 2016.

[10] 冯章. 市场推广实用手册[M]. 北京: 中国经济出版社, 2008.

[11] 傅兆翔. 中国粮食消费现状分析及展望[J]. 农业展望, 2017, (5).

[12] 甘湘宁. 医药市场营销实务[M]. 北京: 中国医药科技出版社, 2017.

[13] 郭松克. 市场营销学[M]. 北京: 北京大学出版社, 2017.

[14] 过建春. 农产品营销学[M]. 北京: 中国农业出版社, 2007.

[15] 胡逾等. 品牌文化与市场营销[M]. 北京: 光明日报出版社, 2016.

[16] 季柳炎. 近七十年棉花政策简史回顾[J]. 纺织科学研究, 2018, (7).

[17] 贾玉娟, 刘永强, 孙向春. 农产品质量安全[M]. 重庆: 重庆大学出版社, 2017.

[18] 李东进, 秦勇. 现代广告学[M]. 北京: 中国发展出版社, 2015.

[19] 李景东. 现代广告学[M]. 广州: 中山大学出版社, 2015.

[20] 李志荣. 农产品经纪人业务技能[M]. 长春: 吉林人民出版社, 2010.

[21] 理查德·库尔斯, 约瑟夫·乌尔. 农产品市场营销[M]. 孔雁译. 北京: 清华大学出版社, 2006.

[22] 刘兵. 基于农户与消费者利益的农产品供应链整合研究[D]. 沈阳农业大学, 2013.

[23] 刘德军, 张广胜. 现代农产品物流技术与管理[M]. 北京: 中国财富出版社, 2009.

[24] 刘凡. 我国粮食补贴政策的回顾与思考[D]. 西安: 西北大学, 2011.

[25] 刘金福, 陈宗道, 陈绍军. 食品质量与安全管理[M]. 北京: 中国农业大学出版社, 2016.

[26] 刘志宏, 蒋永衡. 农产品质量检测技术[M]. 北京: 中国农业大学出版社, 2012.

[27] 全国人大常委会法制工作委员会行政法室.《中华人民共和国食品安全法》释义及实用指南[M]. 北京: 中国民主法制出版社, 2015.

[28] 申珅. 中国烟草流通特点、模式与规制措施分析[J]. 中国物流与采购, 2016, (24).

[29] 沈雪峰, 舒迎花. 农业标准化体系[M]. 广州: 华南理工大学出版社, 2016.

[30] 唐柏飞. 仓固廪实国泰民安[J]. 中国粮食经济, 2018, (12).

[31] 唐仲明. 农村经纪人[M]. 济南: 山东科学技术出版社, 2014.

[32] 万后芬. 市场营销学[M]. 武汉: 华中科技大学出版社, 2011.

[33] 王曼, 白玉苓. 消费者行为学[M]. 北京: 机械工业出版社, 2014.

[34] 王雯慧. 食品溯源用科技手段助力食品安全[J]. 中国农村科技, 2019, (6).

[35] 席佳蓓. 品牌管理[M]. 南京: 东南大学出版社, 2017.

[36] 徐鼎亚. 市场营销学[M]. 上海: 复旦大学出版社, 2015.

[37] 严旭. 国际市场营销[M]. 上海: 上海财经大学出版社, 2016.

[38] 晏志谦. 农产品营销[M]. 成都: 西南交通大学出版社, 2008.

[39] 杨楠. 中国消费者有机食品购买行为影响因素的实证研究[J]. 中央财经大学

学报, 2015, (5).

[40] 叶敏, 张波, 平宇伟. 消费者行为学 [M]. 北京: 北京邮电大学出版社, 2016.

[41] 于树青, 张华芹. 农产品品牌营销研究 [M]. 北京: 经济科学出版社, 2011.

[42] 张宏, 陆旭忠. 工程建设标准化的经济效果研究 [M]. 北京: 中国经济出版社, 2016.

[43] 张会新. 市场营销: 创造和获取价值 [M]. 西安: 西安电子科技大学出版社, 2016.

[44] 张可成. 市场营销学 [M]. 北京: 中国农业出版社, 2007.

[45] 张昆丛. 公共关系学 [M]. 武汉: 华中科技大学出版社, 2014.

[46] 张淑梅. 期货投资实务 [M]. 北京: 北京交通大学出版社, 2013.

[47] 张正. 从区域品牌到商业品牌, 水果做品牌的唯一选择 [J]. 销售与市场, 2017, (3).

[48] 赵大伟, 景爱萍, 陈建梅. 中国农产品流通渠道变革动力机制与政策导向 [J]. 农业经济问题, 2019, (1).

[49] 赵维清. 农业经济学 [M]. 北京: 清华大学出版社, 2018.

[50] 赵晓燕, 孙梦阳. 市场营销管理: 理论与应用 [M]. 北京: 北京航空航天大学出版社, 2014.

[51] 郑鹏, 熊玮. 外部环境如何影响农产品流通渠道长度 [J]. 华中农业大学学报: 社会科学版, 2018, (2).

[52] 郑锐洪. 营销渠道管理 [M]. 北京: 机械工业出版社, 2012.

[53] 中国农业科学院棉花研究所. 中国棉花栽培学 [M]. 上海: 上海科学技术出版社, 2013.

[54] 周建波. 营销哲学 [M]. 北京: 知识产权出版社, 2015.

[55] 周应恒. 农产品运销学 [M]. 北京: 中国农业出版社, 2006.

[56] 朱耀勤, 孙艳艳, 郭昕. 物流信息系统 [M]. 北京: 北京理工大学出版社, 2017.